教育部人文社科基金项目资助（编号：18YJC890044）

高校武术教育服务供给的优化研究

王 稳/著

中国原子能出版社

图书在版编目 (CIP) 数据

高校武术教育服务供给的优化研究 / 王稳著 . -- 北京 : 中国原子能出版社 , 2020.11

ISBN 978-7-5221-1126-1

Ⅰ . ①高… Ⅱ . ①王… Ⅲ . ①高等学校—武术—体育教育—社会服务—研究—中国 Ⅳ . ① G852

中国版本图书馆 CIP 数据核字 (2020) 第 236468 号

内 容 简 介

本书试图对我国高校武术教育的制度、课程、参与等方面的供给效能不足问题进行透彻分析，以期借助供给侧改革浪潮中的环境与制度优势，通过优化融合相关资源，从我国高校武术教育供给端改革出发，形塑全新的发展理念。其目的在于强调当代大学生从需求侧的“练不练”向注重供给侧的学生“适不适”方面转变，最终从价值理念、实践行动上形成高校武术教育的供给侧改革路径，以此促进武术教育对大学生身心健康、文化滋养、民族认同的效能溢出。

高校武术教育服务供给的优化研究

出版发行　中国原子能出版社（北京市海淀区阜成路 43 号 100048）
责任编辑　张　琳
责任校对　冯莲凤
印　　刷　三河市铭浩彩色印装有限公司
经　　销　全国新华书店
开　　本　787mm × 1092mm　1/16
印　　张　18.125
字　　数　237 千字
版　　次　2021 年 8 月第 1 版　2021 年 8 月第 1 次印刷
书　　号　ISBN 978-7-5221-1126-1　　定　　价　82.00 元

网　　址：http://www.aep.com.cn　　E-mail:atomep123@126.com
发行电话：010-68452845　　

前　言

2017 年在清华大学做访问学者期间，在与导师乔凤杰教授的一次聊天中，聊起了“供给改革”，而当时笔者对供给侧改革并没有太多了解，相关认知来源也只是从新闻中所获知的零散报道而已。自这次与导师的聊天中，耳听心受乔教授所提到的供给侧改革对武术事业所具有的重要意义后，我才真正地去关注什么是供给侧改革。由此，笔者将所熟知的“学校武术”领域发展的一系列问题置于供给侧改革视角进行思考。当然，我也做出了一个大胆假设，即学校武术也与我国经济社会的发展一样，出现了“结构性”矛盾，即我们提供的武术（产品）学生不喜欢，学生喜欢的武术（产品）我们又提供不上来，这就出现了“供需错位”。萦绕于本人思绪中的学校武术发展的核心问题似乎已非常清晰，即随着社会变迁，学校武术在供给端的变化上未能与时代同步，供给内容、质量、效率都远远不能满足社会、学校、学生的需求，其问题根源就是武术教育的产品质量不高、武术文化要素与资源配置的不合理所造成的。这是不是武术教育发展所面临的现实问题呢？带着问题，在乔凤杰教授耐心的指导与支持下，我决定以此为清华大学访问学者期间的研究方向，经过大量的资料搜集、查阅与分析，并最终以“供给侧改革背景下学校武术教育供需错位与调配路径研究”为选题申报 2018 年度教育部人文社科基金，并且顺利获批立项。项目的获批也证明了从供给侧改革视角研究武术教育发展问题的学术价值与现实意义。基金获批后，在前期资料与大量思考的基础上，相关成果也陆续发表，如“错位与平衡：学校武术教育发展的供给侧探析”发表在了《中国学校体育》（高等教育）2018 年第 11 期；“武术赛事媒介对大学生武术态度、行为影响的逻辑分析——基于‘使用与满足’理论”发表于《军事体育学报》2019 年第 2 期；“‘互联网 +’时代学校武术教育供给体系构建研究——基于供给侧改革理论视角”发表于《沈阳体育学院学报》2019 年第 5 期；“承继‘情义’文化：促进大学武术‘课程思政’建设的有效途径”发表于《南京体育学院学报》2020 年第 2 期；在这期间，还完成了人生中第一部学术专著《结构优化：供给侧改革视域下学校武术教育的发展探索》（24.3 万字），并在中国水利水电出版社出版。这些成果的呈现更加坚定了笔者对武术教育发展问题的思考。

当笔者前脚从清华园迈出，后脚便迈进汗马馆（韩国庆南大学）攻读博士学位，与此同时，笔者所主要关注、思考与研究的供给侧改革视域下武术教育问题也并未停止。为了将研究更贴合自身 10 余年的高校武术工作实际，也为了将之前的相关研究再进行细化与深入，使之更加系统化，导师崔松子教授建议我将“高校武术教育”作为研究对象，由此便产生了《中国高校武术教育服务供给的优化研究》博士论文选题，并完成了相关研究。为了便于博士论文研究成果在国内进行分享、传播与交流，笔者决定对其内容进行修改、补充与完善，以《高校武术教育服务供给的优化研究》为题进行出版。本书在立足体育学、教育学、历史学、社会学、人类学等学科背景下，从武术自身变革来创新高校武术教育供给模式，通过分析在制度、课程及参与这三方面的服务性供给，力图解决我国高校武术教育发展的本质性问题，以此为促进高校武术教育长远发展提供理论、政策以及具有可操作性路径等方面的建议。本书则用七个章节进行系统分析与论述，除第一章和第七章为绪论和结语部分，二至六章是本书论述的主体。

在理论探索部分，核心观点提出将“供给创造需求”这一理念引入高校武术教育改革之中，以利于从源头上解决高校武术教育自身供给内容、质量、效益等问题。在历史寻绎部分，核心观点提出，西方文化的强势入侵是催生国人文化自卑的主要根源。尤其是建国以来,武术被当成旧文化而列为重点的革命和改造对象,使武术在发展的源头上出现了严重问题,也进一步加剧了高校武术教育发展轨道的偏离,其“西进东出”整体发展态势,一直延续至今。在制度供给部分,核心观点提出,制度结构调整起到纲举目张的作用,高校武术制度供给应实现“多元共治”“刚柔相济”“武术认同”“扁平管理”。在课程供给部分,核心观点提出,武术之所以被纳入中国高校教育之中,并得以安身立命的主要原因在于其“民族性”,或者说武术作为“国粹”身份的“特殊性”。为此提出:“学科复归:高校武术课程的目标定位”“人本回归:高校武术课程的结构样态”“贴合实际:高校武术课程的内容供给”“质量提升:高校武术课程的实施路径”“情感遵从:高校武术课程的评价效果”“能力提升:高校武术课程师资的供给”这六个部分来有效回应与解决课程的民族性、学科性、高质化等系列难题。在参与供给部分,认为高校武术课外活动参与率不高的核心问题表现在“文化偏离”与“需求偏离”。“游戏—竞技—游戏”是身体活动参与的核心内涵,即竞技不是唯一性,而是在“玩”的过程中呈现具有教育价值的身体活动,这是一种对人需求的最基本回应,并非出于社会需求而刻意地进行。为此,本部分提出了通过提升武术参与文化空间、满足核心需求的武术参与内容,设置多元化、大众化的武术参与活动模式来打造高校武术“大众化”参与体系,以实现让“大多数”同学都能够参加的战略目标,而不是只服务“少数精英”。

本研究的创新点主要体现在四个方面。

第一,从供给侧改革的视角探索高校武术教育的发展问题,基于当前我国经济社会发展的重大发展难题,从现有研究来看具有一定的前瞻性。

第二,基于供给侧改革理论,提出从“供给创造需求”的理念出发,在制度、课程、参与等方面进行顶层设计,以此引领社会、学生等需求,而不是为了迎合某种需求所进行的应急性改革,以此体现出本研究的创新性。

第三，提出要遵循学生的认知逻辑与底层发展逻辑打造大众化的课程和参与体系，这是武术繁荣发展的关键，也是与其他研究的最大区别与亮点所在。

第四，从严谨的逻辑推理中提出优化路径，调查数据、文本分析、图表分析等直观呈现，宏观与微观、理论分析与实践路径让人一目了然。

本书在撰写过程中，参考和借鉴了学界前辈们大量的书籍、期刊等文献资料，在此向有关专家及学者致以诚挚谢意。同时，本专著是教育部人文社科基金青年项目（课题编号：18YJC890044）的阶段性成果，此书出版得到了吉林化工学院出版著作基金资助，在此一并表示感谢。由于作者自身文化与认知水平的局限，文中难免会有纰漏之处，恳请广大读者批评指正！

王　稳

2020 年 11 月

摘 要

武术作为中国传统身体活动方式的典型代表，是中华民族智慧结晶和文化符号，并全面表达了中国人特有的思维定式、审美情趣、文化精神和行为方式。武术也被人们称为中国文化的"全息元"，更被美誉为中国人文版的"四大发明"之一。因此，武术被中国列为各级各类学校体育课的重要教学内容，尤其是中国将武术列为体育学下属的二级学科"武术与民族传统体育学"，将其以学科建设推到一种战略高度，由此形成了从本科、硕士到博士的完整人才培养体系，武术的学科地位已经凸显。但我们沉下心来回顾现实时发现，自武术进入学校教育以来，武术的发展并不乐观，因为对于大部分普通高校大学生（非专业）来讲，他们喜欢武术，但不喜欢武术课，以致很多专家认为，武术在高校的整体性传承方面呈现出一种衰败景象，甚至于"名存实亡"。这些问题的出现已引起中国广大学者的高度关注，也都在积极努力探寻解决高校武术教育"表面繁华"遮蔽中的"名存实亡"途径。据上而观，要找到缓解和解决高校武术教育发展问题的出路，必须抓住问题本质与核心才能破解相关难题。对这个核心问题的思索也就一直萦绕于本人脑海之中。当十九大报告中强调"把深化供给侧结构性改革摆在贯彻新发展理念、建设现代化经济体系这一重要部署的第一位"时，本人做出了一个大胆假设，即高校武术教育也与中国经济社会的发展一样，出现了"结构性"矛盾，即我们提供的武术产品学生不喜欢，学生喜欢的武术产品我们又提供不上来，也就产生了"供需错位"。萦绕于我思绪中的核心问题似乎已经非常清晰，即随着社会变迁，高校武术教育在供给端的变化上未能与时代同步，供给内容、质量、效率都远远不能满足社会、学校、学生的需求。为此，本研究立足体育学、教育学、历史学、社会学、人类学等学科背景，动用“供给侧改革”及“社会治理”理论，提出应以供给侧改革理论为指导，从武术自身变革来创新高校武术教育供给模式，通过分析在制度、课程及参与这三方面的服务性供给，力图解决高校武术教育发展的本质性问题，以此为促进高校武术教育长远发展提供理论、政策以及具有可操作性路径等方面的建议。综上，通过研究得出以下结论。

一、在理论探索部分：供给侧改革理论作为中国特色的一种“理论综合性集成创新”体系，其根本目的是“更好地满足广大中国人民群众对高品质、高质量产品需求”，最终体现“以人为本”发展理念。将供给侧改革理论应用于本研究，具有鲜明的适切性。首先，调整结构矛盾弥补短板作为当前供给侧改革的关键环节，这直接回答了为什么要从供给端层面研究高校武术教育的发展问题；其次，从供给侧理论透视出高校武术教育的失衡结构，这就需要通过改革来协调、平衡“需求侧”和“供给侧”之间的结构关系；再次，引入“供给创造需求”这一核心理念，有利于从源头上解决高校武术教育自身供给内容、质量、效益等问题；最后，引入社会治理理论，这是对供给侧理论解决高校武术结构性问题能够落地与否的关键。由于整个高校武术发展问题过于“复杂”，面对各主体需求“多样”、价值取向“多元”等新特征，导致政府、社会、市场、公众等之间的关系越加复杂化。治理理论则打破了政府垄断的“本位主义”，强调改革与管理的多元化、合作化、互动化，这对于通过供给侧改革有效回应底层学校、教师、学生的实际需要是再合适不过了。

二、在历史寻绎部分：我们对高校武术教育认知不仅需要进行相应的格式塔转换，更重要的是要反思历经百年演进而形成、兴起的社会文化背景，这是高校武术教育发生的逻辑起点。从本部分研究的结果看，清末民初时期民族危亡使武术重新回归的呼声越发强烈，也使得武术又有了用武之地；而随着西方文化的强势发展，人们在教育中愈加关注西方体育，将体育纳入中国教育的重要组成部分，由此产生了国人刻意改造武术，使武术成为体育的一部分，以此借助“体育武术”的身份走进了大学课堂，这是由于当时社会与文化综合交织所造成的。从历史上看，从清末到民国这个阶段都非常重视武术教育在“技击的武术”和“文化的武术”的本位把持，但自近代以来西方文化的强势入侵则催生了国人的文化自卑。尤其是建国以来，武术被当成旧文化而列为革命和改造的重点对象，使武术在发展的源头上出现了严重问题，也进一步加剧了高校武术教育发展轨道的偏离，其“西进东出”整体发展态势，一直延续至今。

三、在制度供给部分：本部分认为制度结构调整在高校武术教育服务供给优化中起到纲举目张的作用。因此，武术教育制度的创新建设与运作成败决定了武术在整个高校系统中的生机与活力。基于资料分析发现，与高校武术相关的政策制定相对欠缺，多体现为学校体育层面，高校武术教育制度供给依附于体育政策层面之下，并且表述过于笼统，以致无法形成制度层面“纲举目张”的统领作用。在问题审视中，政治主宰、刚性不足、认同缺失、多头治理等原因造成制度供给效益难以表达。基于此，本研究从日本武道教育的成功之处进行了政策表达借鉴，尽管中国与日本的武道教育制度供给方式不尽相同，但日本与中国有深刻的文化背景联系。最终，本部分从“多元共治”“刚柔相济”“武术认同”“扁平管理”四个方面提出了高校武术教育制度供给的具体优化路径与建议。

四、在课程供给部分：本部分提出，武术之所以被纳入中国高校教育之中，并得以安身立命的主要原因在于其“民族性”，或者说武术作为“国粹”身份的“特殊性”。但从我们的研究中发现，当前高校武术教育不但未能实现与民族文化契合及代表国粹的身份认同问题，而且在多元文化交错的高校体育文化场域中，甚至出现了武术文化空间“逐渐萎缩”的现实境遇。为此，本部分提出了通过“学科复归：高校武术课程的目标定位”“人本回归：

高校武术课程的结构样态”“贴合实际：高校武术课程的内容供给”“质量提升：高校武术课程的实施路径”“情感遵从：高校武术课程的评价效果”“能力提升：高校武术课程师资的供给”这六个部分来有效回应与解决课程的民族性、学科性、高质化等系列难题。

五、在参与供给部分：基于中国高校武术活动参与供给发展情况，呈现出竞技比赛“一枝独秀”境况，其核心问题表现在“文化偏离”与“需求偏离”。通过中外合璧的寻道之路我们发现，无论中国古代的射艺，还是国外其他民族的身体活动，“游戏—竞技—游戏”都是身体活动参与的核心内涵，即竞技不是唯一性，而是在“玩”的过程中呈现具有教育价值的身体活动，这是一种对人需求的最基本回应，并非出于社会需求而刻意地进行。因此，本部分在回应学生最基本需求的同时，又将武术参与作为一种有效激励手段。通过提升武术参与文化空间、满足核心需求的武术参与内容，设置多元化、大众化的武术参与活动模式，以此超越当前高校开设武术只是为了武术学习与强身健体的狭小范围，真正实现课外武术活动参与是高校武术课程的补充和延续。将对象设定为最大化地满足与引领学生在身体、精神活动等方面的需求，由此采取的是一种文化性、娱乐性、灵活性等多元化的参与模式，这也是本部分所提出的高校武术参与的价值定位。需要指出的是，本部分所提出的这一高校武术活动参与体系既不是现有的竞技武术竞赛体系，也不是传统的学校体育竞赛活动体系，而是专门为普通高校武术习练者构建的武术活动参与体系，以实现让“大多数”同学都能够参加的战略目标，而不是只服务“少数精英”。

关键词：中国高校武术；供给侧改革；服务供给；武术制度；武术课程；武术参与；优化路径

Abstract

As a typical representative of Chinese traditional physical activity, Wushu is the crystallization of the wisdom and cultural symbol of the Chinese nation, and it fully expresses the unique mindset, aesthetic taste, cultural spirit and behavior of the Chinese. Wushu is also known as the "holographic element" of Chinese culture, and it is also known as one of the "Four Great Inventions" of the Chinese Humanities Edition. Therefore, martial arts has been listed as an important teaching content of physical education in various schools at all levels in China. In particular, China has listed martial arts as a secondary subject of physical education, "Wushu and traditional national sports", and promoted it as a discipline construction. This kind of strategic height has formed a complete talent training system from undergraduate, master to doctoral degree, and the status of martial arts has been highlighted. But when we sink our hearts and look back at the reality, we find that the development of martial arts has not been optimistic since martial arts entered school education, because for most college students (non-professionals), they like martial arts but do not like martial arts classes. Many experts believe that martial arts presents a decline in the overall inheritance of colleges and universities, even "existing in name only" . The emergence of these problems has aroused the great attention of Chinese scholars, and they are also actively trying to find ways to solve the "existence in name only" in the "superficial prosperity" of college martial arts education. From the above perspective, to find a way to alleviate and solve the problems of the development of martial arts education in Chinese universities, we must grasp the essence and core of the problem to solve the related problems. Thinking about this core issue has always been in my mind. When the report of the 19th National Congress of the Communist Party of China emphasized that "the deepening of supply-side structural reforms should be placed first in the important deployment of implementing new development concepts and building a modern economic system", I made a bold assumption, namely, college martial arts education Like the development of China's economy and society, there have been "structural" contradictions. That is, students don't like the martial arts products we provide, and we can't provide the martial arts products that students like, which results in a "dislocation of supply and demand" . The core issue lingering in my thoughts seems to be very clear, that is: with social changes, the changes in the supply side of martial arts education in colleges and universities have not kept pace with the times, and the content, quality and efficiency of the supply are far from satisfying the society and schools, and the needs of students. To this end, this research is based on the background of physical education, pedagogy, history, sociology, anthropology and other disciplines, using the theory of "supply-side reform" and "social governance", and proposes that the theory of supply-side reform should be guided by Wushu itself. Reform to innovate the supply mode of martial arts education in colleges and universities. Through the analysis of the service supply in the three aspects of system, curriculum and participation, we try to solve the essential problems of the development of martial arts education in Chinese colleges and universities, so as to provide theories and policies for promoting the long-term development of college martial arts education. As well as suggestions on feasible paths. In summary, the following conclusions are drawn through research.

1. In the theoretical exploration part: The supply-side reform theory is a "theoretical comprehensive integrated innovation" system with Chinese characteristics. Its fundamental purpose is to "better meet the Chinese people's demand for high-quality and high-quality products" . Reflect the development concept of "people-oriented text" . The application of supply-side reform theory to this research has obvious applicability. Firsfly, adjusting structural contradictions to make up for shortcomings is a key link in the current supply-side reform, which directly answers the question of why the development of martial arts education in colleges and universities should be studied from the supply-side level; secondly, Unbalanced structure, which requires reform to coordinate and balance the structural relationship between the "demand side" and the "supply side"; thirdly, the introduction of the core concept of "supply creates demand" is conducive to the source Solve the problems of the content, quality, and efficiency of the Wushu education in colleges and universities; forthly, the introduction of social governance theory is the key to whether the supply-side theory can solve the structural problems of college martial arts. As the entire university martial arts development problem is too "complex", facing the new characteristics of the "diversity" of the needs of various subjects and the "diversity" of value orientation, the relationship between the government, society, the market, and the public has become more complicated. The governance theory

breaks the "standardism" of government monopoly and emphasizes the diversification, cooperation, and interaction of reform and management, which is suitable for effectively responding to the actual needs of low-level schools, teachers, and students through supply-side reforms.

2. In the historical interpretation part: Our understanding of martial arts education in Chinese colleges and universities not only requires corresponding Gestalt conversion, but more importantly, we must reflect on the social and cultural background that has formed and emerged after a century of evolution. This is the occurrence of martial arts education in Chinese colleges and universities. Logical starting point. From the results of this part of the research, the national peril in the late Qing Dynasty and the beginning of the Republic of China made the call for the return of martial arts more and more intense, which also made martial arts useful again; and with the strong development of Western culture, people paid more and more attention to Western styles in education. Sports, the integration of sports into an important part of China's education has resulted in the Chinese people deliberately transforming martial arts, making martial arts a part of sports, and using the identity of "sports martial arts" to enter university classrooms. This is a synthesis of society and culture at that time. Caused by interweaving. From a historical point of view, from the late Qing to the Republic of China, great attention was paid to the basic control of martial arts education in the "martial martial arts" and "cultural martial arts". However, the strong invasion of Western culture in modern times has given birth to the cultural inferiority of Chinese people. Especially since the founding of the People's Republic of China, Wushu has been regarded as an old culture and has been listed as a key object of

revolution and transformation. This has caused serious problems at the source of the development of Wushu and has further aggravated the deviation of the development track of Wushu education in colleges and universities. "The Overall" development trend has continued to this day.

3. In the part of system supply: This part believes that the adjustment of system structure plays an important role in the optimization of the service supply of martial arts education in Chinese universities. Therefore, the success or failure of the innovative construction and operation of the martial arts education system determines the vitality and vitality of martial arts in the entire university system. Based on data analysis, it is found that the policy formulation related to martial arts in colleges and universities is relatively lacking, mostly at the level of school sports. The supply of martial arts education system in colleges and universities is dependent on the level of sports policies, and the expression is too general to form a system-level "programme" command. effect. In the examination of the problem, political dominance, lack of rigidity, lack of identity, and multi-head governance make it difficult to express the benefits of system supply. Based on this, this study draws on policy expressions from the success of Japanese martial arts education. Although China and Japan have different ways of supplying martial arts education systems, Japan and China have profound cultural background connections. Finally, this part proposes specific optimization paths and suggestions for the supply of martial arts education system in Chinese universities from the four aspects of "multiple co-governance" "hardness and softness" "martial arts identity" and "flat management" .

4. In the part of curriculum supply: This part proposes that

the main reason why martial arts is included in the education of Chinese colleges and universities and can settle down is its "nationality", or the "speciality" of martial arts as a "quintessence of the nation". But from our research, we found that the current martial arts education in colleges and universities has not only failed to realize the identity problem of conforming to the national culture and representing the national quintessence, but also in the multicultural field of college sports culture, even the martial arts culture space appears the reality of the situation of "gradually shrinking". For this reason, this part proposes the adoption of "Return of Subjects: Target Orientation of Martial Arts Courses in Colleges and Universities", "Regression of Humanity: The Structure of Martial Arts Courses in Colleges and Universities", "Practicality: Content Supply of Martial Arts Courses in Colleges and Universities", "Quality Improvement: Martial Arts in Colleges" "Emotional Compliance: The Evaluation Effect of College Martial Arts Courses" and "Ability Improvement: The Supply of College Martial Arts Course Teachers." The six parts of the curriculum implementation path are to effectively respond to and solve the series of problems of nationality, discipline, and high-quality courses.

5. Participation in supply: Based on the development of Chinese colleges and universities participating in the supply of martial arts activities, the situation of competitive competitions is "outstanding", and its core problems are manifested in "cultural deviation" and "demand deviation". Through the combination of Chinese and foreign pursuits, we found that regardless of the ancient Chinese archery art or the physical activities of other ethnic groups abroad, "game-competition-game" is the core connotation of physical activity participation, that is, competition

is not unique. It is the physical activity of educational value that is presented in the process of "playing" . This is the most basic response to human needs, not deliberately carried out out of social needs. Therefore, while responding to the most basic needs of students, this part also uses martial arts participation as an effective incentive method. By enhancing the cultural void of martial arts participation and meeting the core needs of martial arts participation content, setting up a diversified and popular martial arts participation activity mode, so as to surpass the current limited scope of martial arts establishments in universities for martial arts learning and physical fitness, and truly realize extracurricular martial arts activities. Participation is the complement and continuation of the college martial arts curriculum. It is precisely to set the object to maximize the satisfaction and lead the students' needs in physical and spiritual activities, and thus adopt a diversified mode of participation such as cultural, entertaining, and flexible. Part of the proposed value positioning of college martial arts participation. It should be pointed out that the college martial arts participation system proposed in this section is neither an existing competitive martial arts competition system nor a traditional school sports competition system, but a martial art specially constructed for ordinary college martial arts practitioners. Activity participation system to achieve the strategic goal of allowing "most" students to participate, instead of serving only a few "elite" .

Keywords: Chinese university martial arts; the supply-side reform; Service supply; Martial arts system; Martial arts courses; Martial arts particpating; Optimization paths

目　录

第一章　绪　论

第一节　研究背景

武术作为中国传统身体活动的典型代表，是中华民族的智慧结晶和文化符号，并全面表达了中国人特有的思维定式、审美情趣、文化精神和行为方式[①]。武术也被人们称为中国文化的“全息元”，更被美誉为中国人文版的“四大发明”之一，是世界文化之瑰宝[②]。作为民族传统文化的典型符号，国家高度重视武术的生存与发展，其中就有了诸如“举全国之力推进武术进入奥运会的国家行为”，这成就了武术成为世界诸多重要赛事的正式比赛项目之一和国家极力倡导并向世界宣传推广的民族体育项目。可以说，当今国家重视武术的程度不亚于历史上任何一个时期。同时，这样的重视还体现在教育上，武术被国家列为各级各类学校体育课的重要教学内容和达标考核内容[③]，尤其是国家将武术列为体育学下属的二级学科“武术与民族传统体育学”，将其以学科建设推到一种战略高度，由此形成了从本科、硕士到博士的完整人才培养体系，武术的学科地位已经凸显。如果单从国家重视武术的高度及武术学科发展看，中国武术和武术教育可以说开展得

---

① 于志钧．中国传统武术史[M]．北京：中国人民大学出版社，2009：1.

② 陈静．中国还有人文版“四大发明”——陈炎教授访谈录[N]．中国社会科学报，2009-9-17.

③ 刘祖辉．武术热及其文化价值论[J]．武汉体育学院学报，2014，48（02）：55-59.

轰轰烈烈，一派繁荣。但我们沉下心来，回顾现实时，发现自武术进入高校以来，武术与文化分离、体操化等趋势越演越烈，“套路”仍是课程主体，内容过于单一且陈旧，以致许多武术特性和价值无从展现，得不到师生的真正喜爱[①]。甚至有专家认为，武术在中国各级各类学校的整体性传承方面呈现出一种衰败景象，甚至于“名存实亡”[②]。这些问题的出现已经引起了中国广大学者的高度关注，并都在积极努力探寻途径来解决学校武术教育“表面繁华”遮蔽中的“名存实亡”。有的学者认为，高校武术教育供给品质不高的实际现状与学生们日益个性化、多样化、高端化、自主化的武术需求产生错位是武术在高校推广效益不高的重要原因[③]。也有学者认为，由于西方“快捷文化”“时尚文化”衍生出的易学、易练、有趣的体育活动，抢占了中国传统体育项目位置，青少年对其钟爱程度已远远超越了本土传统体育文化，而且这种域外体育文化风暴正在“席卷”中国，武术在高校生存的文化空间已遭严重破坏[④]。虽然我们已经注意到了武术在高校教育中的生存困境，那么如何破解学生喜欢武术，不喜欢武术课？如何满足同学们日益多元化的武术需求及越来越强烈的选择性需求？这些尴尬的现实处境并未随着时代变迁而得以缓解，而且致使这些疑问发生的根本原因至今我们仍在苦苦探寻，虽然很多学者给出了这样或那样的建议与对策，但困惑依然持续，而“高校武术发展，到底路在何方？”这一研究议题与对象，自然引起了当今诸多学者的长期关注与思考。

“着力加强供给侧结构性改革”是中国共产党在十九大报告中提出战略思想，强调“把深化供给侧结构性改革摆在贯彻新发

---

① 武冬，吕韶钧．高等学校武术课程体系改革研究[J]．北京体育大学学报，2013，36（03）：92-98+105.

② 邱丕相，王国志．当代武术教育改革的几点思考[J]．体育学刊，2006（02）：76-78.

③ 王稳．错位与平衡：学校武术教育发展的供给侧探析[J]．中国学校体育（高等教育），2018，5（11）：76-82.

④ 温搏，王旭景，石牙牙．“文化空间”视野下的高校武术文化传承研究[J]．首都体育学院学报，2016，28（03）：221-225.

展理念、建设现代化经济体系建设的第一位”①。随之,中国经济领域供给侧改革率先拉开序幕。经济领域改革必然会牵涉中国社会的各个方面,教育领域就是其中之一。民进中央副主席、全国政协常委朱永新就表示:供给侧改革不仅是经济领域的事,也是教育领域的事,当前教育应改变单一结构供给,形成丰富、多元、可选择的供给侧结构,应通过改革化解供需矛盾的办法推进结构调整,从提高供给质量出发,为群众提供高质量、多样化的教育服务,满足不同层次的教育需求②。此观点也充分解释了当前高校武术教育所面临困境根源正是高质量供给短缺和结构性失衡。也就是说,高校武术教育供给体系已不适应时代发展。同时,《国家中长期教育改革和发展规划纲要(2010—2020年)》则明确提出,要办人民满意的教育,就要“关心每位学生,促进每位学生主动地、生动活泼地发展,尊重教育规律和学生身心发展规律,为每位学生提供适合的教育”③。据上而观,要找到缓解和解决高校武术教育矛盾的出路,就需要从根本上入手,从自身的变革开始来改革创新高校武术教育供给模式。在当前国学勃兴、回归传统的时代诉求中,供给侧改革显然为笔者的思考和本文的研究提供了很好思路。因此,本研究尝试从“高校武术教育服务供给如何优化”这一具体问题入手,力图解决高校武术教育服务供给质量不高的问题,为促进高校武术教育的长远发展提供理论、政策等方面的建议与对策。

① 胡鞍钢,周绍杰,任皓.供给侧结构性改革——适应和引领中国经济新常态[J].清华大学学报(哲学社会科学版),2016,31(02):17-22+195.

② 余闯.教育改革也要供给侧发力[N].中国教育报,2016-03-03(001).

③ 顾明远.学习和解读《国家中长期教育改革和发展规划纲要(2010-2020)》[J].高等教育研究,2010,31(07):1-6.

第二节 研究目的与意义

一、研究目的

本研究试图通过对高校武术教育的制度、课程、参与等方面的供给效能不足问题进行透彻分析，并对高校武术教育的服务供给改革予以论述，以期借助供给侧改革时代背景及改革浪潮的环境优势，优化融合资源、协同主体参与，从高校武术教育供给端的改革出发，形塑全新的发展理念。其目的在于强调当代大学生从需求侧的“练不练”向注重供给侧的学生“适不适”方面转变。最终从价值理念、实践行动上形成指导高校武术教育的供给侧改革，以此促进武术教育对学生身心健康、文化滋养、民族认同的效能溢出。

二、研究意义

（一）理论意义

第一，拓展高校武术教育发展研究视角，丰富高校武术教育理论研究。目前，学界对于高校武术教育发展研究主要围绕武术价值论和本质论展开，但其发展的瓶颈问题始终界定不清，因而在理论研究的广度和深度上都有一定局限性。因此，本研究基于供给侧，着眼“供给服务优化”，这为高校武术教育发展研究提供了全新视角，相关研究内容也将有助于丰富武术教育理论体系。

第二，丰富供给侧改革的相关理论研究，有效延伸供给侧改革理论的应用领域。目前，供给侧改革相关研究中关于高校武术教育研究相对较少，针对“高校武术教育服务供给优化的研究”，现有文献资料尚未发现。因此，本研究一方面有助于拓宽供给侧改革应用于高校武术教育发展研究领域，充溢学界关于供给侧改革理论的应用范围；另一方面，本文对于中国整个学校武术教育领域的“供给侧改革”和“可持续发展问题”等研究也具有一定的借鉴作用，这必将充溢和加深供给侧改革理论的研究内容。

（二）实践意义

首先，利于精准改革。本研究将基于高校武术教育发展的“宏观规划、核心问题”进行分析，这些研究内容可为教育决策部门对高校武术教育乃至中小学武术教育等推广的顶层设计以及教师对武术教学体系的把握做出决策参考和理性选择。其次，带动示范效应。本研究可为高校武术教育改革提供蓝本，助力中国武术教育发展。最后，提供实践路径，破解中华优秀传统文化在高校的发展“瓶颈”，为优秀传统文化进校园提供理论依据和实践路径。

第三节　研究对象与概念界定

科学研究的起点首先是要提出“研究问题”，当研究问题明晰后，就要界定和明确研究对象与概念[①]。正如恩格斯所讲“必须先研究事物，而后才能研究过程，我们必须首先知道这是一个什么事物，而后才能观察这个事物所发生的变化”[②]。恩格斯的表述进一步明晰了研究对象的界定与概念梳理是对“研究问题”本质属性的认知，这也是本文顺利开展绕不过去的路径。对于本文所要系统研究“高校武术教育供给服务的优化路径”这个问题，就需要先框定研究对象和对相关概念做出操作性定义，这是本文研究进行的前提和基础。

① 晨钟．“文献资料法”管窥[J].体育科学，2006（03）：97.

② 中共中央马克思恩格斯列宁斯大林著作编译局.《马克思恩格斯选集》第21卷[M].北京：人民出版社，1965：15.

一、研究对象

根据教育部发布《2018 年全国教育事业发展统计公报》数据显示，中国普通高等学校共有 2 663 所（含独立学院 275 所），其中本科院校 1 245 所，高职（专科）院校 1 418 所，在校生总规模达到 3 833 万人[①]。那么，除去少量比例的体育院校、师范类院校及部分高校的高水平武术专业大学生外，其中非专业武术的学生群体占据了绝对比例，这部分学生都是未来可能通过公共课选择武术教育的重要资源群体。因此，本研究对象的界定即为中国普通高校非武术（体育）专业的公共武术选修教育。大学是培养国家建设与发展所需人才的重要基地，其如此众多的高知识文化群体，对传承深厚文化的中华武术具有特殊意义。

二、概念界定

（一）高校

普通高等教育指以全国统一组织的入学考试，被录取者进行全日制形式教学的专业教育[②]。在中国，全日制的普通高等教育是和非全日制的成人高等教育相对应的概念，我国实施普通高等教育的教育机构有普通全日制本科（大学、学院、独立学院）、普通全日制高等专科学校。因此，非全日制以及非全日制成人高等教育形式不是本研究的探讨范围。为了便于本文的研究和行读，本文将“普通高校”统一简称为“高校”。

（二）高校武术教育

要明确高校武术教育概念，我们首先要了解武术的基本内

① 全国教育事业发展统计公报 [EB/OL].2019-08-22.http://www.moe.gov.cn/jyb_sjzl/sjzl_fztjgb/

② 崔艳艳．中国普通高校体育教学环境研究 [D]. 石家庄：河北师范大学，2012.

涵。1988 年中国武术研究院提出的，至今被社会接受和公认的武术定义：“以技击为主要内容，以套路和格斗为运动形式，注重内外兼修的中国传统体育项目。”1990 年《中国武术实用大全》中的概念解读：“以中国传统文化为基础，以徒手和器械的功放动作为主要锻炼内容，兼有功法运动、套路运动、格斗运动三种运动形式的体育项目。”基于以上武术内涵解析，我们就可以初步将学校武术教育概念界定为：在遵循一定的教育规律下，以中华武术为载体，通过武术身体活动对学生进行全面教育，进而促使学生的个体社会化和社会个性化的实践活动。较之传统的耳提面命，模拟血缘的师徒传承，近代以来武术成为一种教育手段走进了学校，学校打破了传统的师徒传承模式，走向了大规模、批量化的武术传承新模式。

高校武术教育作为学校武术教育的下位概念，是学校武术教育的重要组成部分，根据学校武术教育概念，可以将高校武术教育的概念界定为：面向普通高等学校学生，构建以传承中华传统文化为核心理念，以武术课堂教学为主体，课外武术锻炼、校内外武术竞赛和业余武术队建设为支柱，促进学生全面发展的一种教育形式[①]。由于本研究对象是普通高校教育中的公共武术课，公共武术课是面向非专业学生的大学普修课，属于公共体育课的一个门类。2002 年《全国普通高等学校体育课程教学指导纲要》规定高校公共体育课为本科两年、专科一年半必修课学制，学时设置为本科 144 学时、专科 108 学时，基本为每周一次课（2 课时）[②]。因此，这里所讲的高校武术教育范围界定在“普通高校”，并且是“公共普修课”，也就是说专业院校的武术教育“专修”和普通高校武术特长生的训练、比赛等不是本研究讨论的范围。为了便于本文研究和行读，将“中国高校公共武术教育”统一简称为“高

① 李慧敏. 广西本科院校武术隐性课程现状及对策研究 [D]. 桂林：广西师范大学，2018.

② 赵世杰. 网络教育技术在高校体育教学中的应用研究 [D]. 广州：华南师范大学，2005.

校武术教育”。

（三）高校武术教育服务供给结构及服务供给

“供给结构”这一专业术语来源于经济学，是产业经济学的核心概念之一[①]，因此要了解高校武术教育服务供给结构的概念，就需追本溯源，从理解经济学的产业结构概念谈起。产业结构作为社会经济发展水平的一个标准，也是社会经济发展的决定性因素，产业结构主要是指在社会再生产过程中，国民经济各产业之间生产、技术经济联系和数量的比例关系，包括实物产品和服务生产两个部分，具体划分为产值结构、就业结构、供给结构和需求结构等[②]。同时，产业经济学又将供给结构界定为资本、劳动力、技术和自然资源等生产要素在国民经济各产业之间的供应比例，其主要包含服务供给、产品供给和资源设施建设供给三个部分[③]。因此，基于产业经济学供给结构概念，高校武术教育供给结构概念则可以界定为：高校武术教育内部各业态之间可以供应的比例关系，包括武术的服务供给、用品供给和场地设施供给三部分。根据“高校武术教育”的概念及高校武术教育服务供给结构概念，武术制度、武术课程、武术赛事、武术训练队和课外武术锻炼等属于劳动和技术性服务供给，武术用品供给属于实物型产品供给，包括武术的教材、服饰、器材等；武术场地设施供给属于资源性供给方面，包括学校室内外武术场地及场馆建设等。那么，本文所探讨的高校武术教育服务供给结构既是高校武术教育服务供给的制度、课程和武术参与（赛事、训练队、社团等体验武术乐趣与成功的相关活动）方面提出优化策略思考。

① 刘树林．产业经济学［M］．北京：清华大学出版社，2012：357-359.
② 任波．中国体育产业结构的形成机理、演进逻辑与优化策略［J］．沈阳体育学院学报，2018，37（04）：14-20.
③ 任波等．中国体育产业结构的形塑逻辑与供给侧改革路径［J］．天津体育学院学报，2019（1）：52-59.

（四）高校武术制度

制度是指一种行为规范，具有制约、控制与限度效应[①]。制度实质就是一种治理工具，它是实现高校武术教育目标所运用的方法和手段，也是维系高校武术教育制度目标与制度执行的重要环节。因此，高校武术制度也是一种行为规范，即国家高等教育机构和学校及相关高校武术事业的组织系统和领导机构制定、实施的各种关于武术教育政策、法规、条例与措施等体系的总和。

（五）高校武术课程

要了解高校武术课程概念，则必须先从课程的概念谈起。从广义上看，课程就是课业及其进程，是在校学生所有学习科目及其内容与组织实施过程的总和[②]。狭义的课程则单指某一门教学科目[③]。因此，从广义上看高校武术课程是对中华传统文化的一种选择，其主要任务是向在校大学生传递中国传统文化遗产"武术"内容的实施过程。从狭义上进行界定的话，则可以概括为：高校武术课程是以武术身体活动为外在形式，以承继中国传统文化为主要任务，以培养具有民族尚武精神为目标而开设的武术教学科目、内容及实施过程，最终有目标、有计划、有步骤、有组织地实现学生全面发展的武术教育整体规划和教育教学过程。

（六）高校武术参与

G. S. Kenyo 等人（1973）率先提出了"体育参与（Sport involv-ement）"概念，指出：体育就是直接参加体育运动或与体育运动有关的事物，并认为人们对体育的参与程度及好恶态度取

① 雷震．从社会学的角度审视体育制度的构成要素与功能 [J]. 北京体育大学学报，2005（06）：746-748.

② 课程 [EB/OL].2020-03-16.https：//baike.baidu.com/item/%E8%AF%BE%E7%A8%8B/3314872?fr=aladdin

③ 汤万松．人本关怀下的体育课程改革研究 [D]. 长沙：湖南师范大学，2016：18.

决于特定场合，受他者影响①。维加雷洛（2006）认为，体育参与是一个比较复杂的社会问题，是在劳动和休息时间没有规律及明确划分条件下对竞技、娱乐、宗教仪式等一系列与身体有关各种活动的过程表达②。因此，本研究所提出的武术参与，其内涵表达的是以武术身体活动为主要形式，在“身体参与中”追求以身心娱乐与健康的活动过程，有强烈的“身体参与性”。也就是说，作为一种身体活动过程的武术参与，其边界划分相比较武术竞赛而言更复杂，内容更丰富。因此，本研究的武术参与即指高校大学生亲自参与武术各类文化活动，对高校武术课、课外武术、社会武术参与等多种项目类型的武术活动。

第四节　理论基础

理论基础是进行科学研究的依据和出发点③。对问题的科学研究没有定法，其手段也是多样性的，可利用多种理论及学科交叉优势进行综合分析。因为每种理论研究视角不尽相同，其对问题的解释力度与关注的重点也不一样。

一、供给侧改革理论

对于高校武术教育改革、发展等问题上，相关学者多从文化、教育、社会学等视角入手探寻高校武术教育的改革问题，进而提出相关建议，虽然这些研究对高校武术的学科发展及课程建设方面起到了一定的积极作用，但本研究认为还有很大的提升空间，

① 李彬彬，符明秋．家庭影响青少年体育参与的研究进展[J]．成都体育学院学报，2004（01）：12-15.

② 维加雷洛著，乔晀加译．从古老的游戏到体育表演：一个神话的诞生[M]．北京：中国人民大学出版社，2006：8.

③ 黄睿．跨学科视野下中国高校体育科研创新能力研究[D]．福州：福建师范大学，2013.

或者说还有很多困惑与难题还未真正破解。武术作为高校教育的重要组成部分，其改革属于社会领域，是供给侧改革的重要方面，虽然高校武术教育不能称为经济产业，但也具备了市场供求属性。这是因为高校武术教育作为一种准公共服务产品，要为需求方即“学生”提供关于武术技能、知识、活动等相关教育产品，那么高校理应为学生提供高质量的武术产品及优质服务。从这个角度来看，当前学生对武术需求的紧迫性与高校武术发展的平缓性矛盾十分突出，其矛盾根源就在于高校武术教育供给系统长期大量提供“学生不喜欢的产品”，其实质就是落后与低端的武术教育供给过剩，无法适应学生日益升级的武术教育消费需求，这与经济上的供需关系也大致相同①。也就是说，当前高校武术教育的发展困境，必须从自身来解决问题，努力提升自身产品质量才是当务之急。因此，高校武术教育要融入当今特定的时代场域之中，与社会、经济发展协调同步，以供给侧改革为引领，从自身供给服务这一端进行优化调整，进而提高武术产品供给质量，消灭或减少高校武术教育中那些落后与低端的“产能”。

综上，本文试图从经济学视角，将高校武术教育视为产业中“生与产”或“供与需”的关系，也就是一种商品交换关系，但高校武术教育并不具体产出物质产品，其应属于服务性产业。因此，本文重点关注的是高校武术教育服务性“产品”这一端。通过研究高校武术教育的供给方在这种“产品”服务中到底应该干什么、如何干才能更好地创造优质武术产品来满足不同需求的消费者，从而破解高校武术教育发展的某些困境。因此，“供给侧改革理论”作为本研究的理论基础也就最合适不过。

二、社会治理理论

如果说供给侧改革理论是关于对社会、经济改革与转型问题

① 王稳，蒋德龙，李晓华．“互联网 +”时代学校武术教育供给体系构建研究——基于供给侧改革理论视角 [J]. 沈阳体育学院学报，2019，38（05）：123-131.

的理论创新，那么其理论体系建立起来之后则需要探讨与其相适应的社会体制，这是其理论能否最终实践、落地的关键。张康之（2014）认为，社会治理是社会体制的结构要素之一，国家重大改革的实现，需把社会治理置于社会新体制下运行①。因此，在中国当前社会新的体制建设和构建全新的社会治理体系方面，高校武术教育也应有所为。我们知道，当前无论国外、国内，政府简政放权及治理效能提升都是大势所趋，促进供给侧改革是政府为推进国家治理体系和治理能力现代化建设所做的必要努力，其服务于推进国家治理体系和治理能力现代化，昭示着高校武术教育由政府主导“管理”向社会与政府合作“治理”的变迁。治理理论兴起于 20 世纪 90 年代，其理论是伴随着时代变迁所呈现出的整个社会问题的“复杂”、人们需求“多样”、价值取向“多元”等一系列新特征，导致政府、社会、市场、公众等之间关系的愈加复杂化。由此带来的问题是，政府单一管理体制难以解决所有问题，必须依靠多方参与，在统一规则约束下合作处理公共事务，以实现互利共赢为目标。这一现象同样适用于当前高校武术教育的诸多问题。因此，本研究融入社会治理理论，是对供给侧改革理论的进一步回应，以此探寻高校武术教育通过供给侧改革过程及其具体路径的“善治”理念，让社会组织、市场经营主体、社会公众在这一过程深入分享政府权力，参与民主协商与政府展开合作共治，成为影响高校武术教育治理与发展的重要力量，以此“优化”高校武术教育服务供给体系。这正如克罗齐耶在《法令不能改变社会》这本著作中提出的：任何一个社会，无论它多么富有，都不可能运用官僚主义的方式来解决新的社会问题②。因此，在供给侧改革过程中，随着新型社会体制的建立，社会治理创新则是重心和突破口，而高校武术教育服务供给体系则需要打破政府垄断的“本位主义”，确立起“他在性”原则，与其他社会力量合作治理，

---

① 张康之．论主体多元化条件下的社会治理[J]．中国人民大学学报，2014，28(02)：2-13.

② 克罗齐耶．法令不能改变社会[M]．上海：上海人民出版社，2007：231-232.

以此适应社会治理主体多元化的现实要求。同时，要转变高校武术教育的发展理念，通过服务型政府、高校的建设，以满足学生武术教育的多元化、高质化需求。

第五节　相关研究综述

从逻辑学的视角看，要研究高校武术教育服务供给的优化路径，首先要清晰高校武术教育服务相关研究现状、武术教育产品供给与需求之间的矛盾以及武术教育供给质量不高的影响因素等方面前人做了哪些研究，哪方面还有不足之处，本研究还需从哪些地方进行突破，并通过紧扣“问题”的逻辑寻绎与相关研究领域时代进展的认知、把握是本研究顺利开展的必经之路。唯有如此，从一般到特殊的归纳演绎，才可实现对高校武术教育服务供给优化中真实“问题”要素的呈现及其关系的检视。基于此，通过 CNKI 数据库以“高校武术”为题名进行检索，共获得有效文献 3 293 篇，时间跨度为 1991 年 10 月 28 日—2020 年 8 月 25 日，这说明中国对“高校武术”方面的研究是极为关注的。主题词增加“服务供给”“结构优化”“供给侧改革”进行检索，共获得有效文献 5 篇，时间跨度为 2010 年 1 月 15 日—2019 年 12 月 28 日。这说明中国对本主题的直接研究并不多，将“高校武术教育服务供给优化”作为特定研究对象的研究文献相对较少。为了更好地进行研究，本研究将主题词扩展为“供给侧改革”“教育供给侧改革”“体育供给侧改革”等，而根据本研究所确定的“高校武术教育服务供给”概念，并将其具体到“制度、政策、课程、赛事、教学”等，得到符合本主题的研究大多散落于高校改革、高校制度建设、高校体育政策改革、高校教育课程建设、高校武术教学问题对策等相关研究之中。基于此，文献综述将仅仅围绕与本主题相符内容展开。

一、国内的相关研究

(一)关于高校武术教育服务供给现状的研究

通过开展高校武术教育服务供给现状分析,可以了解高校武术教育的过去,发现其发展的矛盾所在,并能够预测其发展的未来趋势,有利于本研究的顺利开展。对于高校武术教育服务供给现状的相关研究,主要从宏观和微观两个层面进行分析。

从宏观角度出发,主要探讨了中国自进入21世纪以来国家从相关制度文件对高校武术教育供给的基本状况。进入21世纪以来,中国高等教育进入了快速发展轨道,这一时期也是高校武术教育迅猛发展的重要阶段①。随之而来的是一系列以国家政策为主导的高校武术相关服务供给建设的推进。2002年8月,教育部重新颁布了《全国普通高等学校体育课程教学指导纲要》(教体艺【2002】13号),文件提出要从2003年开始,"新纲要"需在全国所有普通高校中实施。这次纲要提出的亮点主要体现在:指出了体育课程要多考虑学生身体发展水平的差异,教学目标也要体现出差异性,即基本目标是根据大多数学生的基本要求而确定的,发展目标是针对少数学有所长和有余力的学生确定的,也可作为大多数学生的努力目标②。王飞(2007)通过相关研究分析认为,教体艺【2002】13号文件提出了高校武术要向综合性的方向发展,将武术教学以外的武术活动(如武术训练竞赛工作等),统一纳入武术课范畴,以此来满足学生们的不同需求③。2003年,教育部又对《体育与健康课程标准》进行重新修订,李卓嘉等(2016)认为,修订《体育与健康课程标准》使学校武术教育内容以课程目标、领域目标和水平目标来限定,这样会使学校武术教

① 王小鹏,梁同福,王会儒.通识教育视域下的高校武术教育探索[J].运动,2016(17):86-87.

② 教育部办公厅.全国普通高等学校体育课程教学指导纲要[Z].教体艺[2002]13号.

③ 王飞.普通高校武术公共课教学改革与创新研究[D].济南:山东师范大学,2007.

学内容更加科学与合理，同时对学校武术教育的主导者——教师也提出了更高要求[①]。汤立许（2010）认为，这是学校确定体育课程要树立“以人为本，健康第一”指导思想的根本性方针文件，由此中国普通高校武术教育的指导思想随之趋于统一[②]。由此，高校武术教育内容朝着统一的方向发展。可以看出，这两个文件的提出，统一了高校武术教育指导思想，明确了教育目的，强调高校要合理设置体育的实践课、理论课、健康课、多媒体课等内容，朝向多元化发展。2006 年 9 月颁布的《国家“十一五”时期文化发展规划纲要》中强调：“坚持继承和弘扬优秀民族文化传统，吸收和借鉴世界各国优秀文化成果，形成以民族文化为主体、吸收外来有益文化、推动中华文化走向世界的文化开放格局。”郎勇春等（2011）认为，《国家“十一五”时期文化发展规划纲要》的颁布是高校武术教育发展的一次转向标，高校武术教育作为中华传统文化得以传承和发展的优秀载体，其教育过程与课程建设需体现民族化特征[③]。岳红丽（2012）通过相关调查，得出：2003 年新学年开始在全国所有普通高校施行，截至 2011 年 8 月，《全国普通高等学校体育课程教学指导纲要》颁布实施已整整九年，江苏省绝大多数本科院校都按照 144 学时 4 学分要求设置体育课程，高校武术公共教学课较好地落实了《纲要》规定[④]。丛灿日、付冬梅（2015）通过对 2014 年教育部印发的《高等学校体育工作基本标准》进行分析，文件明确了要将体育教学和学生体质水平的提高作为高校公共体育的工作重点，将体育课、课外体育活动与竞赛、

① 李卓嘉，雷学会，王岗．学校武术教育务实推进的路径选择[J]．北京体育大学学报，2016，39（09）：91-96．

② 汤立许．建国60年来学校武术教育发展的嬗变与走向研究[J]．西安体育学院学报，2010，27（04）：449-452．

③ 郎勇春，张文涛，李伟艳．当代学校武术教育的失范与矫治[J]．上海体育学院学报，2011，35（03）：48-51．

④ 岳红丽．江苏省普通高校实施《全国普通高等学校体育课程教学指导纲要》现状调查与对策研究[D]．苏州：苏州大学，2012．

公共体育的工作管理与评价、基础建设保障等纳入实施范围[①]。

从以上文献资料可以看出，自进入21世纪以来，国家以相关文件的形式和相关规定对高校体育各方面建设给予了一定的政策支持，高校武术教育作为高校体育的重要组成部分，在课程建设、指导思想、供给的多样性方面都受高校体育政策的影响，其发展也是随着高校体育的发展而逐步完善。

从微观角度对高校武术教育服务供给的现状，主要探讨了中国自进入21世纪以来高校武术教育的具体状况到底如何。学者王建华、周庆杰（2004）通过对中国50所高校的武术课程供给方面的调研发现，高校武术课程供给基本上以国家规定武术套路、传统武术、散打和健身气功这四个项目为主，其中38所高校以开设国家规定武术套路为主达到80.9%，其他几项的占比比较低，学生们的可选择性很低[②]。陈琳等（2010）也认为，一直以来在中国学校武术工作中的教学内容设置一直是将学校武术与竞技武术相混淆，以致机械地将竞技武术教学模式推向教育系统中，竞技武术复杂与单调的形式并强制地以课程的形式让学生选择[③]。王智慧（2007）认为，国家规定的竞技武术套路是为了适应武术国际化发展、推广的需要而创编的，是武术“体育化”的产物，这些套路侧重于技术动作的表现力，整体上强调“高、难、美、新”等要素，体操化趋势愈演愈烈的武术套路与学生心中的“功夫”武术相距甚远[④]。那么，国家倡导的将高校武术俱乐部、社团、运动队等课外武术活动归于武术课程建设的情况又如何呢？赖锦松、余卫平（2005）认为，高校武术教育的发展没有达到改革所预想的效果，问题主要表现在：课堂教学无法满足学生需要，个性发展

① 丛灿日，付冬梅．中国高校体育工作失范的归因及应对——《高等学校体育工作基本标准》引发的思考[J].体育学刊，2015，22（06）：93-98.

② 王建华等．普通高校武术公共课教学现状及发展对策研究[J].沈阳体育学院学报，2004（02）：239-241.

③ 陈琳，王智慧，陈盈．学校武术教学内容及思想的演进与启示[J].体育与科学，2010，31（05）：30-34.

④ 王智慧．传统学武程序与现实教武现象悖论探析[J].体育与科学，2007（04）：86-88.

受到抑制，而武术课堂教学、课外武术健身、课余竞技武术三者又相对独立，高校武术教育的发展缺乏方向性指导等①。汤攀、谭明义（2007）进一步利用实证研究对安徽省9所高校课外武术活动的现状进行调查分析，研究表明：高校武术活动气氛不浓，学生兴趣不高，场地设施、器械不充足，课内与课外活动内容难以衔接和指导人员匮乏，武术活动的开展状况与三大球类比较，差距很大②。温博（2016）基于上述问题，则认为，文化空间受到西方体育严重挤压下的高校武术社团、俱乐部，出现诸如不确定朝哪个方向发展、指导教师资源极为匮乏、长期缺乏交流和忽略竞赛平台的构建，以致现在的高校武术课外活动出现“形在，意不在”③。

通过上述文献资料的分析我们可以看到，高校武术教学思想、目标很好，但实际落实情况不如人意，也与学生期望相差甚远。马文国（2008）认为，这是高校武术教育的主旨定位与课程载体明显脱节，导致与学生期望产生严重偏差，以致造成学校武术教育长期出现的“教什么、谁来教、怎么教”等界定不清问题④。这也是著名武术教育家赵光圣、戴国斌（2014）两位教授得出的“学生喜欢武术，但不喜欢武术课”“喜欢武术，却不练武术”尴尬局面的实际图景⑤。

（二）关于高校武术教育服务需求现状的研究

高校武术教育是中国高等教育的重要组成部分，是学生在大学中感受民族体育文化的主要供给主体。了解需求现状的研究

① 赖锦松，余卫平．高校武术运动实施俱乐部一体化改革的思考[J]．湛江师范学院学报，2005（03）：71-74.

② 汤攀，谭明义．普通高校课外武术活动的研究[J]．合肥学院学报（自然科学版），2007（03）：91-93.

③ 温搏，等．“文化空间”视野下的高校武术文化传承研究[J]．首都体育学院学报，2016，28（03）：221-225.

④ 马文国．文化全球化背景下的武术教育与学校武术[D]．上海：上海体育学院，2008.

⑤ 赵光圣，戴国斌．中国学校武术教育现实困境与改革路径选择[J]．上海体育学院学报，2014，38（01）：84-88.

是为了解决具体问题而提出的，学生选择武术教育到底受哪些因素影响。同时，影响高校学生武术需求的关键因素一直是学者们关注的问题，他们希望通过对这些因素的剖析，找出在高校中增强武术需求的解决对策。

从宏观的整个学校教育服务需求视角上看，于颖、陈文文（2018）认为，社会发展阶段不同对教育的需求也会发生转变，而中国经济的快速发展，学生的学习需求也变得更加多样与高质[①]。余胜泉、汪晓凤（2017）认为，“现代化”的社会变迁使学生的教育需求不再是过去一味苦学、只追求成绩、绝对服从的被动过程，而如今他们更加强调尊重、注重品质、追求个性、感受幸福，实质是对“服务体验”的一种更高要求[②]。刘志红（2007）认为，学生对于身体活动更趋向于“求新、求趣、求动、求知”[③]。余智（2015）认为，学生体育需求增长不仅是量的增加，而且还存在需求的多样性。因此，在满足学生体育需求方面则要有更加灵活的方式和手段[④]。从社会的发展趋势看，学生对体育服务供给的需求状况与社会发展有很紧密的关系。

从微观的高校学生对武术服务需求的视角上看，宿继光（2016）认为，从1962年教育部在高校推广初级拳、初级剑、简化太极拳延续至今，武术内容的陈旧、单调让学生望而却步[⑤]。王智慧（2018）认为，随着社会变迁，流行文化元素的“时尚”运动项目是青少年追求的体育生活方式[⑥]。王稳（2018）认为，学生更希望武术教育供给内容少而精、易掌握，即喜欢更轻松、更简单、更

---

① 于颖，陈文文．智慧课堂教学模式的进阶式发展探析[J].中国电化教育，2018（11）：126-132.

② 余胜泉，汪晓凤．“互联网+”时代的教育供给转型与变革[J].开放教育研究，2017，23（01）：29-36.

③ 刘志红．学校体育教学评价体系构建与可操作性研究[D].石家庄：河北师范大学，2007.

④ 余智．从善政到善治的群众体育发展研究[D].上海：上海体育学院，2015.

⑤ 宿继光．学校武术教育的当代困境与出路[D].太原：山西大学，2016.

⑥ 王智慧．尚武精神的消逝：社会变迁下的民族传统体育文化记忆与传承[M].北京：北京体育大学出版社，2018：74-75.

快乐的武术，以缓解课堂学习压力，而不是从课堂学习压力又转向为一种课外锻炼压力[①]。张继生等（2017）认为，当前学生更关注武术学习环境的舒适与优美、体验与乐趣，每位学生都希望在武术学习中体现身份认同与归属，呈现出对武术学习的品质化要求[②]。

通过上述文献资料的整理分析，学生武术需求与武术服务供给不对应、"学生需求"在武术教育当中未得到高度关注、武术教育"供给方式单一"与"形式多样的需求"产生矛盾、"高品质武术产品"与"学生主体需要"无法统一，从而形成现在的高校武术教育服务需求现状学生不喜欢、学校不重视的尴尬局面。由此，季浏、马德浩（2019）认为，基于十九大报告精神，系统论述了新时代要大力解决学校体育发展中的不充分、不平衡问题，切实保障学生在学校体育发展中有更多获得感[③]。据实而现，通过前述分析，如何更好地满足高校学生的美好武术需要是亟待解决的问题。

（三）关于高校武术教育服务影响的因素研究

探寻高校武术教育服务的影响因素，进而为准确把握其影响因素的核心变量是解决高校武术教育服务供需平衡的有效途径，特别是寻找影响高校武术服务供给质量不高或供给错位等的核心抑制性因素，对当前高校武术教育服务供给所必须重点关注的改革方向与优化策略着力点有着重要的启发意义。

从宏观的抑制性因素看，褚宏启（2014）认为，高等教育是教育事业的重要组成部分，学生对高质量教育需求不断增长与政府提供的高质量教育服务不足，是当前中国高等教育迈向国际化进程中的基础性薄弱环节。学生对教育需求的增长不仅是量的增

① 王稳．错位与平衡：学校武术教育发展的供给侧探析[J].中国学校体育（高等教育），2018（11）：76-82.

② 张继生等．身体、情境、认知：武术教学的具身性及其哲学探索[J].武汉体育学院学报，2017，51（01）：67-71.

③ 季浏，马德浩．新时代中国学校体育改革与发展[J].体育科学，2019，39（03）：3-12.

加，而且还存在需求的多样性[①]。具体到高校武术教育服务方面，王稳等（2019）认为，基于政治目的，国家以武术“入奥”为最终目标，但希望能够参与竞技武术的毕竟只是少数人，而当前通过强制性方式让学生接受竞技武术文化供给样态，这严重阻碍了武术在学校中的影响力和传播力[②]。同时，王稳等（2019）还认为，尽管2003年实施《全国普通高等学校体育课程教学指导纲要》后，高校武术改革经历了突出“淡化套路、突出方法、强调应用”“整合拳种、优化套路、强调应用、弘扬文化”“一校一拳，打练并进，术道融合，德艺兼修”等指导思想变化，课程供给内容也有了很大丰富，但在实际的推广过程中，套路仍是学校武术教育的供给主体，我们的武术教育供给内容出现了选择性失语[③]。

从微观的抑制性因素看，杨建营（2016）认为，现有关于学校武术教育的诸多研究把重点放在了通过青少年群体来传承武术文化遗产，但青少年的武术需求或目的并非为了传承武术，研究观点出现了“本末倒置”现象[④]。张峰、赵光圣（2015）认为，由于武术自身复杂性特点，加之学校武术教学学时短是困扰学校武术发展与改革的重要因素[⑤]。蔡蕊（2018）认为，高校武术教育一直未能摆脱增进学生体质、提高学生身体素质等单一化教学目标束缚，在围绕错位的课程目标进行武术课程建设，自然就出现了武术教学结构的单一化、教学内容的竞技化、教学方法的训练化等一系列弊端[⑥]。王岗、李世宏（2011）认为，传统单一与时代变化格格不入，武术缺乏时代性和时尚感[⑦]。杨宝雷（2017）认为，武术

① 褚宏启．教育治理：以共治求善治［J］．教育研究，2014，35（10）：4-11.
② 同上．
③ 同上．
④ 杨建营．普通学校武术教育改革理念探析［J］．沈阳体育学院学报，2016，35（04）：128-133.
⑤ 张峰，赵光圣．学校武术教学改革的实践路径［J］．上海体育学院学报，2015，39（01）：77-80.
⑥ 蔡蕊．公共体育服务视域下潍坊高校武术社团功能审视［D］．石家庄：河北师范大学，2018.
⑦ 王岗，李世宏．学校武术教育发展的现状、问题与思考［J］．成都体育学院学报，2011，37（05）：84-87.

缺乏实用性和娱乐性，并且套路动作太过复杂，以致与当前学生喜欢对抗、竞争、激烈的武术项目产生错位，造成学校武术发展受阻[①]。杨建营、邱丕相（2010）认为，学校武术教育在自然环境和服装、器材、场地等物理环境中过于简陋降，低了学生对武术学习的选择[②]。

通过上述资料发现，无论是从宏观上，还是从微观上，各专家学者通过自己的视角提出了对高校武术教育发展影响因素的策略与建议，但最终导致这种现象的真正原因是什么，各专家仁者见仁智者见智，至今还是尚无定论或者说有一个大多数人认同的观点。

（四）关于教育领域供给结构优化策略的相关研究

本部分综述中国教育领域服务供给结构优化策略的相关研究，为什么要进行这样的一个主题综述，其实质就是本研究在通过相关“高校武术教育服务供给结构优化”的学术梳理发现，基本都是围绕教育领供给侧改革理论进行的，同时还涉及相关交叉学科的研究，如利用公共服务理论来阐释学校武术结构优化的策略，这说明从其他学科领域也在探讨供给侧改革的诸多方面，相关研究基础对本文开展提供了很好的思路借鉴。

从高校推进“双一流”的政策上看，2015 年 11 月，国务院颁布《统筹推进世界一流大学和一流学科建设总体方案》，明确提出在 21 世纪中叶重点打造一批世界“一流大学”和“一流学科”，简称为“双一流”建设[③]。周光礼（2016）认为，“双一流”建设的关键是推进学科专业课程一体化，课程建设是改革动力，必须予以

① 杨宝雷．高校公共体育武术课供给体系创新研究 [J]. 商丘师范学院学报，2017，33（06）：103-106.

② 杨建营，邱丕相．现代化发展对武术造成的消极影响研究 [J]. 武汉体育学院学报，2010，44（05）：67-70.

③ 钟秉林，方芳．一流本科教育是“双一流”建设的重要内涵 [J]. 中国大学教学，2016（04）：4-8+16.

重视①。柳友荣(2015)认为,供给侧改革思路和逻辑定调必然引领教育的变革,也必定会波及当下处于冲击世界"双一流"的高等教育改革②。郭磊等(2018)认为,"高等教育强国建设"与"两个一百年"相协同,要在实现高等教育强国中追逐"两个一百年",并且为推进"两个一百年"目标实现奠定基础。推进高等教育高质量与内涵式发展的结构性改革是中国高校迈进世界一流大学的关键因素之一,高校体育教育的改革是当今高校结构性改革中的重要一环③。2018年12月29日第十三届全国人民代表大会常务委员会第七次会议通过的《高等教育法》明确指出,高等教育任务是培养具有社会责任感、实践能力和创新精神的高级人才,应把推进体制改革和教育教学改革、优化教育结构和资源配置作为促进教育质量和效益的主要抓手④。

从高校体育建设的推进政策上看,耿银贵等(2017)认为,国务院在《关于加快发展生活性服务业促进消费结构升级的指导意见》中提出供给侧改革任务的"十大领域",其中明确了对教育领域有效供给要求,这对当前大学体育改革顶层设计提供了方向指引⑤。周志雄、朱俊玲(2002)认为,要实现"立德树人"的战略需求,中国高等体育教育目标需要做战略性调整,必须实施"科学"与"人文"并重的体育教育⑥。刘亮、付志华(2016)提出,在"国家治理体系和治理能力现代化"背景下要推进从高等体育教育由

① 周光礼."双一流"建设中的学术突破——论大学学科、专业、课程一体化建设[J].教育研究,2016,37(05):72-76.

② 柳友荣.也应重视高等教育的"供给侧"改革[N].中国教育报,2015-12-14(009).

③ 郭磊等.高校公共体育教学中的供给侧改革研究[J].西安体育学院学报,2018,35(04):495-498+505.

④ 中华人民共和国高等教育法[EB/OL].https://baike.baidu.com/item/中华人民共和国高等教育法/2342685?fr=aladdin

⑤ 耿银贵,肖坤鹏,杨勇.大学体育素质教育供给侧改革研究[J].体育文化导刊,2017(02):141-145.

⑥ 周志雄,朱俊玲.中国高等体育院校教育发展的战略研究——中国高等体育院校教育与人才市场的理论探索和实证分析[J].北京体育大学学报,2002(04):506-508.

"管理"向"治理"的改革转向①。叶欣、陈绍军(2017)认为,高等体育教育在原有供给、服务的改造和转型上,只有供给端转型升级成功,才能够真正实现"人民满意"的高等体育教育,这就要结合学生实际、注重个体差异、尊重学生爱好兴趣,在培养目标、课程设置、考核评价等众多领域做出调整和修正,打破原有供给中单一、僵化、缺乏吸引力等做法,进而实现人才培养的"高效率"、育人减负的"降成本"、考核评价的"扬长与补短"等愿景,最终满足人们对高质量体育教育的期待和需求②。

从高校武术作为公共服务产品上看,余智(2015)认为,高校体育是一种公共服务产品,高等体育教育作为中国体育事业的重要组成部分,学生的体育需求不断增长与政府提供的公共服务不足,是当前中国高校体育发展过程中的基础性薄弱环节③。蔡蕊(2018)基于公共体育服务视角认为,高校公共体育服务是体育服务系统中的独特场域,其中武术社团就具有"第三部门"的特征和属性④。范铜钢等(2012)认为,武术供给服务体系理论框架包括功能定位、供给属性、供给主体和服务体制四个方面;武术公共服务体系系统架构包括规划系统、管理系统、保障系统、评估系统四个结构;在武术公共服务体系供求流程框架中,供与求两者之间存在着"服务链""供应链"和"利益链"关系⑤。王竹立等(2015)认为,根据不同的供给形态,社会供给形态主要由以政府主导的权威型、以多元需求为主导的网络型、以志愿为主导的自主型、以私人为主导的市场型这四种供给模式组成⑥。王稳等

① 刘亮,付志华.全面深化体育改革的哲学审视、理念创新与策略选择[J].南京体育学院学报(社会科学版),2016,30(03):79-84.

② 叶欣,陈绍军.高等体育教育供给侧结构性改革的发展理念与策略研究[J].武汉体育学院学报,2017,51(07):85-89.

③ 余智.从善政到善治的群众体育发展研究[D].上海:上海体育学院,2015.

④ 蔡蕊.公共体育服务视域下潍坊高校武术社团功能审视[D].石家庄:河北师范大学,2018.

⑤ 范铜钢等.大国崛起与武术公共服务体系架构[J].南京体育学院学报(社会科学版),2012,26(02):19-25.

⑥ 王竹立等.智能手机与"互联网+"课堂——信息技术与教学整合的新思维、新路径[J].远程教育杂志,2015,33(04):14-21.

(2019)认为,当前中国政府和体育管理部门仍然是各社会供给形态的主导者,而学校武术教育的供给形态就突出的表现为"以政府主导的权威型供给模式"为主导,政治色彩和垄断意味过于浓重,致使学校武术教育供给缺乏应有的效益与活力[①]。

通过上述资料,中国高等教育从宏观到微观都存在结构性改革的迫切需要。尤其是中国高校推进"双一流"建设的任务紧迫,高校各领域供给侧结构优化亟待进行。但同时我们应看到,其他学科领域在供给侧改革研究方面成果颇丰,而高校武术教育的研究却不多,并且相关研究中具体如何提高各自领域的供给质量都缺乏深入分析。

二、国外的相关研究

通过检索 EBSCO 和 SCOPUS 等外文数据库,相关研究主要集中在经济学、教育学等领域。国外利用经济学原理对教育供给关系研究起步较早。Sir Arthur Lewis(1955)提出将生产力供给拓展与延伸到教育供给领域[②]。至此,教育领域"供给关系"研究有章可循。Vidino 等(1996)认为,教育要注重满足人的需求,寻求供给与需求之间的平等[③]。Carrie Leugenia Ham(2003),Chubb John E. 等(2003)认为教育供给决定教育质量[④]。在教育学领域,国外学者对武术在教育、健身等价值方面探讨较多,如 Gill, Kash(2015)从武术对健康的促进,以及帮助青少年平衡能力和视力功能方面的巨大价值,提出了要将武术作为体育教育课程的建议[⑤]。Winkle, Jason M., Ozmun, John C.(2003)通过

① 王稳,蒋德龙,李晓华."互联网+"时代学校武术教育供给体系构建研究——基于供给侧改革理论视角[J].沈阳体育学院学报,2019,51(07):85-89.

② Arthur Lewis. Economic Development with Unlimited Supplies of Labor[J]. *The Manchester School*, 1954, 22(02):139-191.

③ 刘敬严.基于服务营销视角的高等教育质量管理研究[D].天津:天津大学,2009.

④ 李晓影.新疆高等教育服务质量与学生满意度实证研究[D].乌鲁木齐:新疆财经大学,2012.

⑤ Gill, Kash. Make martial arts part of the school day[J]. *Education Journal*, 2015(236): 7-8.

探讨武术在社会中的角色、练习益处及安全事项来分析如何设计一个武术教学单元和教育教学策略，并强烈建议学校开设武术的必要性[①]。Albert Dalia（2011）认为，在演练武术过程中，强调武术演练注重起与落、疾与徐、轻与重等，其目的就是塑造一种生活方式中的“和谐”武术文化范式[②]。

从现阶段研究资料来看，研究内容侧重于运用经济学理论研究教育领域的“供需关系”，较宏观，缺乏细化、必要的经验分析和实证检验，供给侧对高校武术教育研究较少。虽然中国以外的相关学者对中国学校武术教育有一定的关注，但对武术教育服务供给的研究较少涉及，同时系统研究高校武术教育服务供给“结构优化”的文献尚未发现。

三、文献述评

从已有研究文献来看，国外的相关研究相对零散，对本研究有借鉴和参考的资料较少，大多数研究主要集中在国内。国内研究多散落于高校的体育政策制度、高校体育课程建设与学校武术相关改革的议题之中，从而出现研究取向与话语特色的不同。第一方面，在高校武术教育服务供给现状的研究中，在教育学及管理学的语境中开展较多，相关研究重点多围绕于政府在干预体育行为与调控体育教育合理性等方面，作为从属于体育项目的武术受直接影响。第二方面，在高校武术教育服务需求现状的相关研究中，在体育学和教育学的语境中开展较多，对学生武术需求与供给不对应问题进行了一些解释，但都侧重宏观方面，对微观层面的学生实际武术需求关注不够。第三方面，在高校武术教育服务影响因素的相关研究中，在体育学和教育学的语境中开展较

① Winkle, Jason M., Ozmun, John C. Mmartial arts: An Exciting Addition to the Physical Education Curriculum [J]. *The Journal of Physical Education, Recreation & Dance*, 2003, 74 (04): 28-29.

② Albert Dalia. Fighting Heroes: The Core Values of the Xia Tradition in Early China[J]. *Loumal of Asian Martial Arts*, 2011, 20 (03): 9-21.

多，侧重从宏观和微观两个方面的抑制性因素的研究，但最终导致高校武术教育服务供给质量不高，甚至“名存实亡”现象的真正原因是什么，相关研究至今尚无定论。第四方面，在关于教育领域服务供给结构优化策略的相关研究中，在管理学、政治经济学和经济学语境中开展较多，侧重中国高校教育的“服务适应”与“调整优化”，并在内容、主体、模式等优化路径方面进行了诸多有益探索。但从现有相关研究中看，尚有诸多不足，主要表现在以下四个方面。

（一）相关研究专题尚未形成

武术教育体系的金字塔顶端在高校，这是因为高校是文化知识的高地与殿堂，是国家培养高端人才的最高基地，更是知识创新和文化传承的核心力量，对建设文化强国、体育强国和健康中国等有着举足轻重的作用。因此，有必要将高校武术教育服务供给作为专门研究议题，借助供给侧改革理论、治理理论、教育学理论、体育学理论等交叉学科框架分析与解决高校武术所面临的本真问题，从战略高度来系统谋划改革与发展，探索出具有学科层面的合理性与现实层面的“顶层设计”与“系统改革”。然而，现有相关高校武术教育服务供给优化的路径研究相对零散，尚未将“高校武术教育服务供给优化”作为一个专题进行深入式、专门化地探索，这为此领域研究留下了较大空白。

（二）相关研究的关联度不高

高校武术教育服务供给改革有其自身的复杂性和系统性。首先迫切需要理清阻碍高校武术教育服务供给优化的思想、观念等桎梏，从认识上要有战略性。其次，要统筹协调高校武术教育在学生需求、教学结构、教学质量等多元内容的生态优化关系，从而保障武术教育产品的系统性。最后，还需要发挥相关政府、高校、社会等多元主体的协同治理优势，从而保障武术教育产品的高质性。虽然现有研究对高校武术教育服务供给优化所涉及的相关环节进行了有益探索，但研究观点呈现出碎片化态势，而且并未达成一致性认识。例如，在优化的主体方面，主要探索了高校体育结构性改革研究是基于“双一流”建设的重要一环；在优化内容方面，主要针对大学体育改革的顶层设计、培养目标、供给方式进行了较为细致的研究；在具体的高校武术教育方面，相关研究也仅仅局限于高校武术作为公共服务产品的探讨，并且这些研究仅提出了优化机制的某一个或某几个侧面，未将高校武术教育优化路径研究视为一个复杂系统与联动整体，缺乏体系化的论述与解读，以致研究深度不足。

（三）相关研究多倾向需求侧

高校武术服务供给受体育课程教学指导思想的影响比较大，现有研究虽然分析了相关教育部指导文件，提出通过高校武术课来适应不同层次学生的兴趣需求，课程安排上也尽量多元化，但是实际的贯彻实施过程中执行有所偏差，出现目标不明确、行动不到位等问题。其主要体现在：各高校只是紧紧围绕学生体质增强和素质提高进行服务供给，如“健康第一”的目标定位，以至于高校武术教师在设计武术教育服务供给体系时，过于关注以身体素质提高和武术技能增长这两个环节，忽视了武术自身的供给逻辑，或者说我们高校武术教育的提供者没有很好审视武术自身的文化特点，只是供给了武术文化中很小的部分来增强体质和进行身体素质提高，而学生喜欢的格斗与课外武术参与并没有被重视。因此，现有研究多倾向于需求侧方面，要求未来的研究重视从供给侧改革的具体方面进行阐述。

（四）相关研究应用成果较少

现有研究成果过多注重高校武术教育的文化内涵、教育规律、教学模式等一般性理论研究，缺乏应用性强、具有可操作性的对策研究成果。

第六节　研究方法

一、文献资料法

本研究通过CNKI、万方、维普、超星、EBSCO和SCOPUS等数据库,以“供给侧改革”“学高校武术”“供给服务”“结构优化”“体育制度”“武术课程”“武术参与”等相关内容进行主题检索,并对检索结果的经典文献进行深入研读,了解相关研究动态、学术观点和调查数据。此外,本研究还搜集了大量与本研究有关的供给侧改革理论的相关书籍,在文献资料的基础上,确定研究空白,界定本研究相关的核心概念定义。同时,依据相关文献中前人对于大学生在习武目的、课程需求,了解武术途径、武术文化立场,接受武术文化的感受等方面的研究基础,了解普通高校大学生对武术服务供给的一些普遍感受与现实情况。这些丰富的文献为本研究合理选择相关理论奠定了基础,更为能够站在“巨人的肩膀上”探讨高校武术教育服务供给具体优化路径提供了思路和借鉴。

二、历史研究法

依据历史研究法,运用发展、变化的观点分析,研究高校武术教育服务供给的历史发展,通过研读不同时期相关理论成果,梳理高校武术教育服务供给发展变迁过程,厘清理论根源与发展趋势,并以时间为坐标,对高校武术教育的发展史进行回顾,以此更加全面地认识高校武术教育服务供给矛盾及其历史根源。

三、专家访谈法

由于国内研究武术的教育专家及学者分布不均衡，囿于研究条件的限制，研究者于 2017 年 11 月—2019 年 10 月，先后与武术教育研究领域的 11 名专家，通过实地、电话、微信等途径就武术教育演变逻辑、供给侧改革等相关问题进行了开放式访谈和半结构化访谈，访谈时间最短约为 0.5 小时左右，最长时间约为 2 小时左右。通过诸多访谈途径，清华大学乔凤杰教授、中国人民大学王智慧教授、沈阳体育学院于海教授、上海体育学院范铜刚博士、衡阳师范学院蒋德龙副教授、北华大学刘鹏辉博士等为本研究提供智力和资料支持。

四、质性研究法

质性研究是以研究者本人作为研究工具，在自然情境下，通过与研究对象的互动，对其行为和意义建构获得解释性理解的一种活动[①]。基于此概念，本研究所采用的质性研究方法即以笔者本人作为研究工具，通过在高校 12 年的武术一线实践教学中进行的关于高校武术制度、课程、参与活动等方面的改革反思，同时结合作者围绕相关问题进行的专家和学生访谈、教学观察而形成的解释性理解，并对中国高校武术服务供给结构失衡的现象进行深入思考和整体性探究，从而形成一种理论认知与相关结论。

五、逻辑分析法

运用逻辑分析方法分析所获资料，探究中国近代、现代学校武术教育的历史脉络轨迹，将近现代高校武术教育的发展特征进行比较，并分析社会背景和动因，以此来印证和解释高校武术教

① 勾学玲．浅析质性研究方法[J]．学理论，2012（33）：43-44.

育服务供给的特征和现状，总结发展规律和对高校武术教育服务供给优化研究的启示。

第七节　研究思路

本课题运用经济学、社会学、教育学、体育学等学科知识，围绕高校武术教育服务供给结构优化的核心问题，层层递进展开研究，其思路是：1、课题背景（供给创造需求：高校武术教育服务供给优化的理论核心）；→2、提出问题（历史脉络寻绎：从近现代看高校武术教育供给变迁历程）；→3、分析和解决问题（如何优化：围绕制度结构、课程体系、武术参与三大核心问题展开分析）。研究思路如图 1–1 所示。

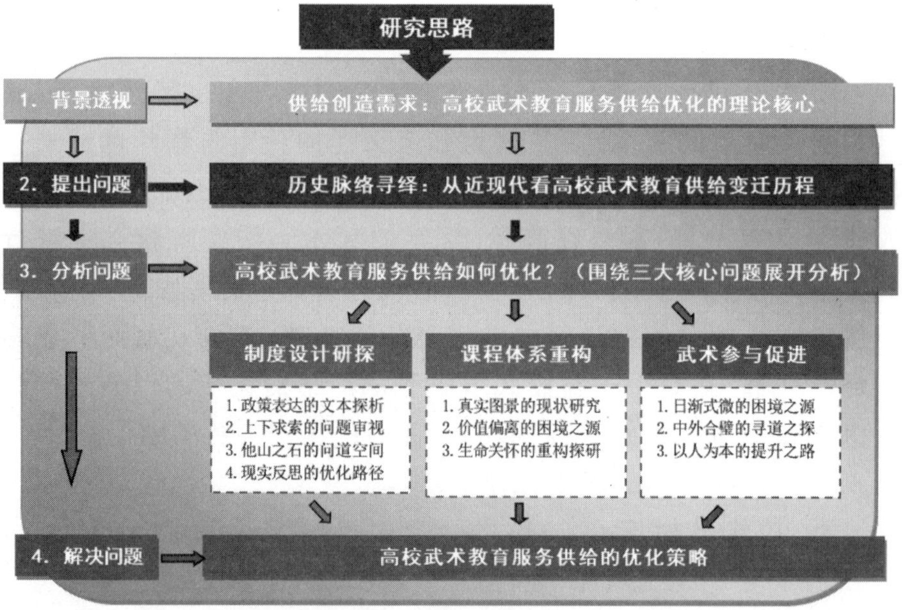

图 1–1　研究思路图

第二章 供给创造需求：高校武术教育服务供给优化的理论核心

十九大报告中强调“把深化供给侧结构性改革摆在贯彻新发展理念、建设现代化经济体系这一重要部署的第一位”①。也就是说，供给侧改革已成为中国在新阶段全面深化改革的主旋律。同时，《国家中长期教育改革和发展规划纲要（2010—2020年）》对中国学校教育则提出要关心每位学生，尊重教育规律和学生身心发展规律，为每位学生提供适合的教育，促进每位学生生动活泼地发展，办人民满意的教育②。面对中国特色社会主义改革的新方向、中长期教育发展的新要求及高校武术教育发展过程中的诸多困境，高校武术教育领域的供给改革亟待进行。要找到缓解和解决这些困境的出路，就需要改革创新传统的供给结构模式，而理论基础则是研究“高校武术教育服务供给优化”的逻辑起点。

第一节 理论探索：供给侧改革的内涵解析

梳理与审视供给学派的发展历程，从最初的“萨伊定律”到“供给学派”再到“供给管理”，相关理论研究逐步深化，呈现“螺旋上升”态势。在西方供给学派渐进发展与传承的源流中，充分把握其内涵核心，以便更好地理解中国供给侧改革实质。

---

① 陈和．深化供给侧结构性改革[N]．经济日报，2017-11-14（010）．

② 顾明远．学习和解读《国家中长期教育改革和发展规划纲要（2010-2020）》[J]．高等教育研究，2010，31（07）：1-6.

一、概念肇始——西方供给学派开创供给侧应用先河

供给经济学派的思想源泉被学界公认为是 19 世纪初法国经济学家萨伊所倡导的“萨伊定律”，也被称为“古典自由主义经济学”①。“萨伊定律”的提出与当时法国因战争困扰而遭遇极为严重的经济危机密切相关，当时的法国生产萧条、货币贬值、购买力下降等。面对如此困境，萨伊提出扩大生产供给，在扩大供给的同时增加有效供给的方法来间接增加需求，从而增加民众收入和缓解失业，这既是最初“从供给角度”解决经济困境的办法，而其核心思想认为“供给会自行创造需求”，这一经济理论观点在 20 世纪七八十年代初盛行于美国与英国②。1929—1933 年，美国出现了长达 10 年的经济大萧条，这被认为是美国历史上最为严重的经济危机，英国经学家约翰·梅纳德·凯恩斯认为这次大萧条的根本原因是“生产过剩”，针对欧美经济大萧条的反思，凯恩斯主张政府应当积极干预经济活动，从“守夜人”变为“调节者”，其政府干预市场的思想及罗斯福“新政”效果，使得“凯恩斯主义”大放光彩，为各国的政界和学界产生重大影响。20 世纪 70 年代，“滞胀”危机再次席卷英、美等西方发达国家，通货膨胀与高失业率共存使得“凯恩斯主义”陷入困境，此时以拉弗和弗里德曼为代表的供给学派认为“滞胀”危机的根源是一味强调需求而忽视了供给，因此他们又认识到了重视供给侧的重大作用，又重新肯定了“萨伊定律”的正确性，经济也逐渐得到复苏。但经济的复苏并未让美国经济出现高速增长，甚至财政赤字和收入分配仍出现持续恶化状况，供给学派又一次渐失人心并走向滑落，而“凯恩斯主义”则重新登上舞台，并一直持续到 21 世纪初。但到了 2008 年，美国发生“次贷危机”，引发全球金融危机，而美国政府再次通过

① 贾康，苏京春．探析“供给侧”经济学派所经历的两轮“否定之否定”——对“供给侧”学派的评价、学理启示及立足于中国的研讨展望[J]．财政研究，2014(08)：2-16.

② 贾康，徐林，李万寿，姚余栋，黄剑辉，刘培林，李宏瑾．新供给经济学理论基础的比较与分析[J]．现代产业经济，2013(05)：8-14.

对“供给管理政策”的组合运用，逐渐消除了金融危机影响。回顾西方供给经济学理论的发展脉络，供给学派的源流呈现了萨伊定律→凯恩斯主义→供给学派兴起→凯恩斯主义复辟→供给管理的“否定之否定”发展轨迹[①]。

二、概念内涵——供给侧改革是中国的一种理论创新

2015年11月，党中央综合根据世界及中国经济发展规律与实际，做出了“着力加强供给侧结构性改革”的战略判断，“供给侧结构性改革”这一名词在中央财经领导小组会议上被习近平主席正式提出[②]。自此，中国社会发展在“供给侧结构性改革”方面的研究成为重要课题，并将其摆在建设现代化经济体系、贯彻新发展理念相关战略部署的第一位[③]。所谓“供给侧结构性改革”，就是遵循“以人为本”的发展理念，通过提高供给质量、扩大有效供给、减少无效供给来促进供给结构各要素对需求变化的适应性和灵活性，同时还要协调推进结构的调整与改革，矫正结构配置错位，进而提高全要素生产率，以满足中国人民对高品质、高质量的产品需求，最终实现社会经济发展的可持续性[④]。可以说，供给侧改革与当前中国经济、社会等方面发展的局势密切相关，供给侧改革理论在当前中国特定的历史时期必将面对着独特的国情、背景与任务，其目的主要是通过“改革”和“创新”来解放和发展当前中国的生产力。因此，“供给侧结构性改革”的概念内涵体现了中国经济、社会发展“新常态”下对“萨伊定律”理论的一种“理论综合性集成创新”[⑤]。供给侧结构性改革常简称为“供给侧

① 贾康，苏京春．探析“供给侧”经济学派所经历的两轮“否定之否定”——对“供给侧”学派的评价、学理启示及立足于中国的研讨展望[J].财政研究，2014(08)：2-16.

② 胡鞍钢，周绍杰，任皓．供给侧结构性改革——适应和引领中国经济新常态[J].清华大学学报（哲学社会科学版），2016，31（02）：17-22+195.

③ 陈和．深化供给侧结构性改革[N].经济日报，2017-11-14（010）.

④ 贾康，苏京春．探析“供给侧”经济学派所经历的两轮“否定之否定”——对“供给侧”学派的评价、学理启示及立足于中国的研讨展望[J].财政研究，2014(08)：2-16.

⑤ 刘元春．论供给侧结构性改革的理论基础[J].理论导报，2016（03）：16-19.

改革”,这两个专有名词之间一般不予严格区分,为了方便,本文在主体论述部分统一采用“供给侧改革”一词。

三、概念价值——供给侧改革亟待解决提质增效难题

人民日报从2016年开始刊登对中国供给侧改革进行解读的评论文章,认为从马克思主义理论角度提出供给侧改革的根本仍然是解放和发展社会生产力,并将把握中国特色社会主义市场经济方向作为供给侧改革的基本原则①。我们知道,社会主义的本质是解放和发展生产力,从而实现共同富裕。因此,中国社会主义供给侧改革就要紧紧围绕“解放和发展生产力,从而实现共同富裕”的这一根本路线。那么,在中国社会各领域的供给侧改革中,要实现“解决和发展生产力”的根本任务,其实质就是各个行业都要坚守自身“质量”提升,将“质量提升”作为解决和发展生产力的根本,这样各个行业的“生产力”都会随之提升,进而自然可实现各行业人的梦想与共同的幸福。我们还可以认为,从供给侧改革角度,就是通过“创造新供给、满足新需求”来解放和发展生产力,以此实现现阶段人们日益增长的物质和文化需求。也就是说,“促发展、提品质”的中国社会各领域供给侧改革原则的总体把握,其实都是始终围绕促进中国社会的整体发展而进行的。总而言之,无论从微观层面的产品质量提升,还是中观层面的行业竞争力提升,最终到宏观层面的中华民族的伟大复兴,其实质也都是各层级的发展与品质提升,以此实现全中国人民寻求美好生活的向往。因此,在实现这一目标的过程中,供给侧改革亟待解决“提质增效”这一难题。

① 本报评论员．坚定不移推进供给侧结构性改革[N]．人民日报，2016-12-19(001)．

第二节　理论迁移：供给侧改革适切性分析

对供给侧改革理论的探索，其目的是为本研究的优化路径找到核心理论依据，并在此理论基础上“守正出奇”，构建适用于本研究的理论框架。“守正”即遵循供给侧改革的基本逻辑和共性规律；“出奇”则是基于本研究需要进行合理、恰当的理论取舍和改良。从供给侧改革所涉及的制度、技术、土地、资本、劳动力、创新等要素，在本研究所讨论的要素改革，着重体现为高校武术教育在制度的治理层面、技术的课程层面、劳动力的师资层面、资本的参与层面、创新的手段层面，当然还有这些要素如何进行结构性改革等方面问题。

一、调整结构矛盾来弥补短板是当前供给侧改革环节的关键

在经济新常态下，随着现代社会的不断发展，社会结构转型加速，其结构变化朝着更加多元化的方向发展，而供给侧改革的重要目的就是通过解决供给结构中所突出的深层次矛盾，以实现发展模式的“新旧转换”①。因此，本研究认为结构优化便成为“解放和发展生产力”中极其重要的或者说关键环节。结构优化应该说包括了社会与经济领域的各个层面，从社会领域来看就诸如城乡结构、区域结构、消费结构、人口结构等方面。也就是说，无论经济范畴，还是社会范畴，其发展与进步的实质就是通过不断在各个领域、层级的结构优化中所创造出来的。因此，在过去的中国无论是在经济领域、社会领域乃至教育领域，其发展逻辑突出“量”的增长，而忽略“质”的提升。因此，就表现出“低端产品产能过剩，高端产品供给不足”，也可以这样进行理解即“人们想要

① 张为杰，李少林.经济新常态下中国的供给侧结构性改革：理论、现实与政策[J].当代经济管理，2016，38（04）：40-45.

的产品我们提供不上了，我们提供的产品看似很多，但群众不喜欢”，即一种严重的结构性矛盾。正如在新常态下，中国居民消费呈现出从量的满足向质的提升，注重服务、凸显个性、多样化等一系列转变。尤其是中国现在对高品质物质和精神需求的不断提升，但我们自身的有效供给仍存在很大缺口。那么，中国社会中各产业（包括教育业）必须通过提高产品、高质量的有效供给来解决高端化供给不足的突出矛盾。因此，面对结构优化问题，我们补什么、怎么补就成为一个非常现实而且亟待要解决的问题。

二、从供给侧理论视角可透视高校武术教育结构失衡的现状

党的十九大报告指出，当前中国社会的主要矛盾已转化为人民日益增长的美好生活需要和不平衡不充分发展之间的矛盾[①]。这一重大科学论断深刻揭示了中国经济社会发展中的供需矛盾。具体到武术教育领域，学生的需求也呈现出多元化、个性化、高端化等新变化[②]。但现有的高校武术教育供给体系又无法满足学生的实际需求，以致出现了“学生喜欢武术，但不喜欢武术课”的尴尬局面，这其实就是一种因高校武术教育的结构失衡而导致的“供需错位”现象。这种供需错位的结构失衡现象在作者本人2019年10月发表于《沈阳体育学院学报》的《“互联网+”时代学校武术教育供给体系构建研究》做了详细论述，从供给的层面来看，表现如下。（1）供给内容过于陈旧。当前，武术教育课程内容大量供给20世纪五六十年代创编的各类套路技术，其严重滞后于时代发展的陈旧内容和单一的套路化形式，被众多专家、

① 习近平．决胜全面建成小康社会 夺取新时代中国特色社会主义伟大胜利[N].人民日报，2017-10-28（001）.

② 吴宝元，丁雨．新时代社会主要矛盾转化背景下体育与娱乐融合发展研究[J].广州体育学院学报，2018，38（03）：20-23.

学者及教师诟病[1]。同时，这种陈旧、单一的武术内容体系使得学生的自主选择性很低，而且需要压制个性进行适应。（2）供给方式不够灵活。由于受大纲限制，“教材化套路”供给内容的统一化与竞技化，在此影响下，现在的大学武术课重复武术基本功训练和现代长拳教学，繁难枯燥的“填鸭式”教学严重扼杀了学生练武积极性[2]。（3）供给形态过于僵化。长期以来，政府主导并承担着武术教育的一切，因此武术教育更多的是突出“国家战略”，由此“竞技化”的入奥是国家关注重点，以致供给形态只是突出竞技比赛，而大众能够在参与性、游戏性、文化性的武术活动却很少供给，使得作为需求方的学生们在学习意志方面得不到充分表达，忽视了“以学生为中心、为学生服务”的本质，以致造成武术教育在学校中处于“失语”状态[3]。从需求的层面来看，表现如下。（1）学生对武术教育内容的需求逐渐多元化。随着社会变迁，中国社会生活水平的普遍提升，学生运动需求正伴随着社会结构变革朝着“健康、时尚、个性、社交”的方向发展[4]。在这种社会变迁中，具有“时尚”象征的体育项目是青少年向往与追逐的体育生活方式，学生身体活动或训练的快乐更多地体现在对肢体动作的直接感受和体验能力上，总结起来便是喜欢更轻松、更简单、更快乐的武术，而不是从课堂的学习压力又转向为另一种课外锻炼的压力[5]。（2）学生对武术教育需求方式的更加个性化。现代化是中国社会变迁的主要表征之一，现代化促进了中国经济的发展及人民群众生活水平、质量的提升，这种社会变迁使得学生不再是

① 康戈武等.《中国武术段位制系列教程》的学校教学指导方案研究[J].武汉体育学院学报，2014，48（10）：62-69.

② 洪浩，田文波.现代化进程中武术教育新理念与体系重构[J].武汉体育学院学报，2013，47（11）：52-58.

③ 杨建营，王家宏.三种武术教育改革思想辨析[J].武汉体育学院学报，2015，49（08）：5-12.

④ 姜静静.中国体育服务业转型升级：机遇、挑战与路径[J].西安体育学院学报，2018，35（02）：179-184.

⑤ 王稳.错位与平衡：学校武术教育发展的供给侧探析[J].中国学校体育（高等教育），2018（11）：76-82.

过去那种只追求成绩、一味苦学、绝对服从的被动教育需求，其需求转向更加凸显个性、强调尊重、注重品质、追求幸福[①]。(3)学生对武术需求形态的选择更加自由化。在科技高速发展的今天，任何事物的形态表达都可以千变万化，而不是固定不变的。现有的高校武术教育供给形态无论是从课程内容的供给，还是学生的课外武术参与，一直没有发生太大变化，而是始终通过强制性的方式让学生接受竞技武术文化供给样态，不能符合普通学生的认知需求表达。

从以上分析可以看出，当前高校武术教育出现了和当前中国社会、经济领域共同的结构性问题——“供需错位”。因此，这同样需要利用供给侧改革来协调、平衡“需求侧”和“供给侧”之间的结构关系。据实而观，要干好让学生满意的高校武术教育工作，就要正确认识高校武术教育结构性失衡的基本事实，进而探寻高校武术教育未来发展所要遵循的普遍规律。

三、供给创造需求是解决高校武术教育供给优化的核心理论

通过前面的论述与反思，在中国社会经济平稳发展的背景下，对于高校武术教育来说，供给侧改革理论涉及方方面面，我们不可能面面俱到地进行具体应用。基于理论研究“从实际出发”的实质，这就需要特别重视怎样回应现实需求，既从实际出发体察各种相关事物，也要注重事物发展中的经验和教训。马克思说：供给本身就是对具有一定价值产品的一种需求[②]。这与“萨伊定律”的核心思想“供给会自行创造需求”不谋而合。也就是说，供给不仅能够适应和引领需求，其灵魂在于创造需求，如利用高科技方法提升产品和服务性能与质量，利用时尚的外观设计深度挖掘产品的附加值，提供人性化的服务刺激产品的二次或深度消

① 余胜泉，汪晓凤．“互联网 +”时代的教育供给转型与变革 [J]. 开放教育研究，2017，23（01）：29-36.

② 中共中央马克思恩格斯列宁斯大林著作编译局．《马克思恩格斯文集》第 1 卷 [M]. 北京：人民出版社，2009：93.

费，打造独特的文化来塑造品牌价值以增加消费者对产品忠诚度等。基于“供给创造需求”的理论核心，对消费者需求变化趋势进行灵活反应并主动调整供给端结构，从而能够影响需求端的消费习惯、偏好、潮流等方面，这样就会最大化或者最优化地推动供需结构均衡发展。具体到中国高校武术服务供给方面，我们应顺理成章知道国家、学校、教师、学生等各有所为和各有所需，这是中国高校武术服务供给优化的客观现实，但如果都要照顾各方需求利益来完全满足需求，这是一个非常复杂且难以协调的问题。因为我们知道这些需求利益中固然有真实且合理的现实需要，但也会有假象的现实需要，即不合理的、虚幻的诉求，正如恩格斯所说：需求和供给始终力图互相适应，但却从未有过互相适应，双方尖锐的对立，使供给和需求永远不相适[①]。因此，从这个观点上，我们可以转化一下视角，既然从需求方照顾相关利益很难完全实现，那么从供给端发力来创造并引领人们的需求则是一种非常有效的解决途径，我们可以通过中肯、深入的分析，以供给创造需求、引领需求的逻辑思维来对中国高校武术服务供给进行培育和发展，通过供给端变革来引发需求结构调整，以此来最大化地满足各方利益团体的需求。

因此，从供给端进行改革，并运用“供给创造需求”的核心理论是研究中国高校武术服务供给优化的最佳理论。从这个层面，这就需要充分依据当代大学生对武术教育的需求变化趋势来研究高校武术教育未来趋势，同时还要研究国家对武术的政策支持、制度供给及对武术需求整体布局调整的方向与方式，甚至包括武术课程供给变化、武术师资供给变化、武术参与供给变化与政治、社会、经济发展的关系是一个什么情况，尤其是在当前巨大的社会变革中，武术服务供给的有效创新方面需要予以参考。因此，我们从了解当代大学生对武术课程的消费心理与需求变化趋势上看，在当前方兴未艾的经济全球化和科技革命等方面的推动

① 中共中央马克思恩格斯列宁斯大林著作编译局.《马克思恩格斯文集》第1卷[M].北京：人民出版社，2009：74.

下，社会变革呈现日新月异之势，而学生作为社会中的消费群体，当代大学生对武术课程的需求呈现出多样化、个性化、新异化，甚至在西方体育文化冲击下，大学生的武术需求呈现快餐化、娱乐化、符号化、崇洋化等倾向[①]，这就势必造成学生们需求的武术服务供给产品也希望能呈现出这种日新月异之势，来满足自身的需求变化，因此这就迫使高校武术服务供给生命周期需要相应缩短，才能适应这种需求变化，反之亦然。这就出现了马克思所说的“无形损耗”情况[②]，我们再从国家对武术制度供给、政策支持及对武术需求整体布局调整的方向与方式上看，“制度”作为供给侧改革研究的基本视点之一，制度性障碍是制约中国经济、社会发展水平与质量的重要因素，制度作为典型的供给侧改革的重要方面，它是改革龙头，起到决定性作用，因此如何做好制度顶层设计就是本研究极其重要的一个课题，而武术界众所周知的中国武术长期趋向“进军奥运”的制度供给，导致了中国武术对自身文化的迷失，以致高校武术教育服务供给出现价值偏离，这是中国武术上千年发展中一件非常遗憾的事情。从武术课程供给变化、武术师资供给变化、武术参与供给变化上看，中国高校武术原来那种几十年一成不变的在制度、课程、参与等方面的服务供给，这些供给未能很好地满足学生们在课程、参与等方面的需求，同时武术教育服务供给的渠道、方式等方面也很难适应新时期的社会发展，因而这注定会被时代抛弃，这就是现如今高校武术教育中“学生喜欢武术，但不喜欢武术课”尴尬局面出现的最直接原因。因此，利用“供给创造需求”的核心理论在参照当代大学生对武术课程消费心理与需求变化趋势时，制度供给的灵活性、开放性显得尤为重要，这样才能激活武术服务供给在课程、师资、参与等方面的灵活性。

① 王稳，蒋德龙，李晓华．“互联网＋”时代学校武术教育供给体系构建研究——基于供给侧改革理论视角[J].沈阳体育学院学报，2019，38（05）：123-131.

② 中共中央马克思恩格斯列宁斯大林著作编译局.《马克思恩格斯文集》第1卷[M].北京：人民出版社，2009：465.

四、引入社会治理理论是高校武术教育供给改革的实践路径

高校武术教育突出的供需矛盾，其根源在于长期以来政府作为唯一的管理主体，实行计划、统一、单向度的政策、制度、课程等供给，其总是以“全能型”角色出现在高校武术教育发展的方方面面，以致高校武术教育出现供给不足、供需错位、结构同质化与单一化、区域失衡及供给效率低等问题，最终造成有效供给不足和无效供给过剩①。供给侧改革的重点之一，即如何使各行业高质量发展，而高质量发展并不是政府所完全能够赋予的，政府有政府的角色，政府应该清晰自身该干什么，不该干什么，要认清其影响和能力是有限的。因此，只有变革僵化的体制机制、消除制度性矛盾，才能从源头上消除高校武术供需错位的致命因素。所以，高校武术亟待化解突出的供需矛盾瓶颈，激发发展活动，促进武术教育事业持续健康发展。但供需矛盾治理是一项长期性、复杂性和系统性工程，实现高校武术教育服务的供给侧改革总体目标需建立在“优化政府职能”“扫清制度障碍”“盘活存量，提高增量”“减少无效供给，扩大有效供给”“提升供给质量和效率”。这些目标的实现仅依靠政府这一主体更是难以实现，因此需要多元主体协同参与完成。基于这一观点及现实状况，将治理理论引入高校武术教育供给侧改革是应然之需，也是供给侧改革理论在高校武术教育中的“落地”之需。因为在社会治理理论中，供给改革主体除政府外，还包括社会组织、市场、公众等，破除了原有政府权力自上而下的单向度运行，治理理论更强调多元主体之间的齐抓共管，其运行模式则表现为包容与合作。因此，高校武术供给侧改革研究融入治理理论，强调政府、学校与学生之间进行良好合作，在参与武术管理方面实现合作、互动的管理方式，尤其是提高底层学生、教师对高校武术教育发展的参与意识，最终实

① 王稳，蒋德龙，李晓华．“互联网+”时代学校武术教育供给体系构建研究——基于供给侧改革理论视角[J].沈阳体育学院学报，2019，38(05)：123-131.

现高校武术教育的可持续发展。

【本章小结】

综上所述,找到高校武术教育发展困境的核心理论是本研究的逻辑起点。在供给侧改革理论探索中,我们清晰了西方供给经济学理论的发展脉络,其源流呈现出“否定之否定”与“螺旋上升”发展轨迹。虽然供给侧改革不是由中国首次提出的理论体系,但在中国经济、社会发展“新常态”下的不断实践与创新,现已成为具有中国特色的一种“理论综合性集成创新”体系,其根本目的就是更好地满足广大人民群众对高品质、高质量产品需求,最终体现“以人为本”的发展理念。将供给侧改革理论应用到“高校武术教育服务供给优化”中,具有鲜明的适切性。一方面,调整结构矛盾来弥补短板作为当前供给侧改革的关键环节,这直接回答了本研究为什么要重点从供给端层面来进行研究高校武术教育的有关问题;另一方面,从供给侧理论视角透视出高校武术教育结构失衡的直接现象,当前高校武术教育出现了和当前中国社会、经济领域共同的结构性问题“供需错位”,因此这同样需要利用供给侧改革来协调、平衡“需求侧”和“供给侧”之间的结构关系;而更为重要的是,通过供给侧改革理论框架探寻了“供给创造需求是解决高校武术供给优化的核心理论”,这引入了一种全新的分析视角,有利于更科学地分析高校武术教育服务供给态势,从源头上解决供需错配、供需失衡等结构性问题。总之,由理论到实际,既强调基于学理,更强调理论密切联系实际,拒绝简单化标签,注重从实际出发,从供给端发力来审视高校武术教育服务供给优化全局。同时,引入社会治理理论,强调高校武术教育改革与管理的多元化、合作化、互动化。这源于我们对历史性问题、现实性问题都要深入考察,力求客观、中肯、视野开阔、思想开放。由此,通过供给侧改革有效回应底层学生的实际需要,以此完善中国高校武术治理体系。作为一种底层治理体系的改革,也是对国家治理体系的一种完善，充分体现本文对高校武术教育改革与发展研究视域（如图 2-1），体现了一种研究创新。当然，我们决不是为了创新而创新，而是面对高校武术教育当前困境和挑战的有感而发，要为中国武术新时代发展做出理应追求的创新。

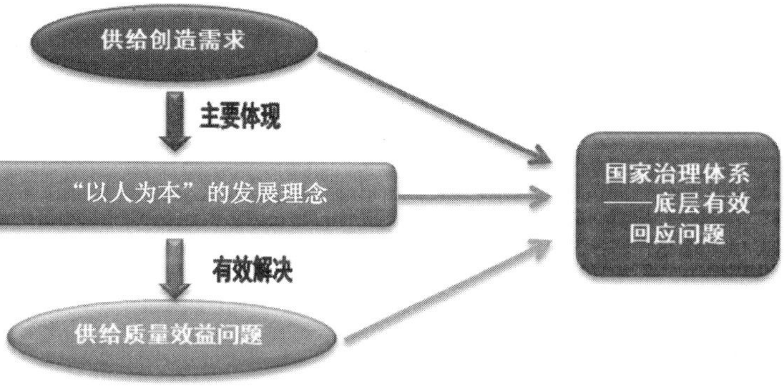

图 2-1　高校武术教育改革与发展研究视域

第三章　历史脉络寻绎：从近现代看高校武术教育服务供给变迁

高校武术教育产生并不是偶然发生的，而是与武术这一事物的发展本身有关，确切来说更与学校武术教育的历史变迁密切相关。对于这一并不是偶然现象的发生，正是科学研究的根本任务——揭示自然界客观事物的本质，而事物的发展机制又与时代特征有着紧密关系①。武术作为中国文化的重要符号，它是中华民族千百年来对人体运动探究与实践的结晶。所以，武术的发展是一个历史范畴，而这种历史范畴是我们今天探究武术发展的必要前提。对高校武术教育服务供给变迁的历史脉络寻绎，其目的就是探寻历史变迁轨迹与发展规律。因此，本章试图以历史变迁为基本脉络，从近代至现代的高校武术教育历程与演进主线中，对高校武术教育服务供给轨迹展开一次理论探索，以期为高校武术教育服务供给优化的后续研究提供史料参照。正如习近平所言："历史研究是一切社会科学的基础，承担着'究天人之际，通古今之变'的使命。知古才能鉴今，因此重视历史、研究历史、借鉴历史，可以给人类带来很多了解昨天、把握今天、开创明天的智慧。"②

依据高校武术教育服务供给结构概念，其内容包括制度供给、课程供给和参与供给三个部分，因此本部分紧紧围绕这三个方面进行变迁梳理。基于历史轮廓，本章以时间为轴线，将高校

① 汪海波．论科学技术的历史发展 [J]. 中国浦东干部学院学报，2015，9(06)：75-94+104.

② 刘跃进．繁荣哲学社会科学再创中华文化辉煌 [N]. 文艺报，2016-06-08(002).

武术教育服务供给变迁历程大致分为两个时期，但每个时期的分割不可能是绝对准确和精细的，而是为了阐述供给变迁所进行的大致划分，即清末到建国的近代、从建国到当今的现代。划分的原由是：清末，1903 年清政府颁布了《奏定学堂章程》，开始实施新学制，以京师大学堂、北洋大学堂、山西大学堂等为代表的一批近代大学的建立，标志着中国高等教育的正式形成[①]。基于此，根据中国近代史划分，近代史是第一次鸦片战争 1840 年到 1949 年南京国民党政权迁至台湾、中华人民共和国成立的这段历史，清朝 1912 年灭亡，所以清朝末期属于近代，即 1840 年到 1912 年的这段时间[②]。根据研究需要，清末至建国前归于近代研究历史范畴，建国至今为现代研究历史范畴。因此，通过这两个阶段的历史划分，试图在追溯历史变迁中找寻那种执拗的历史低音、逆耳的时代忠告。

第一节　制度供给的历史变迁

晚清以来，我国传统文化面临西方文化亘古未有的严峻挑战，国人觉得非尚武不足以立国，非图强不足以雪耻。正是在这样的民族危机下，高校教育将武术教育制度纳入其中也自然成为迫切之需。但随着新中国成立，随着社会稳定、经济发展等因素，人本主义中人的身体健康与民族体育成为发展重点，其制度供给逐渐向“文化自觉”之路回归。

一、近代制度探寻：民族危机的迫切要求

1903 年，清政府颁布的“癸卯学制”中增设了体操科，从此

① 房保俊．百年中国大学理念的变迁及启示[J]. 现代大学教育，2010（01）：66-70+112-113.
② 周新伟．历史教科书叙述研究[D]. 漳州：闽南师范大学，2019.

揭开了中国近代高校武术教育的开端。1905 年成立的清政府学部,1906 年为了推进新教育的实施,完成了《学部奏请宣示教育宗旨析》,并拟定了更具体的教育宗旨,分二类五条。第一类为忠君,尊孔二条;第二类为“尚公”“尚武”“尚实”三条。“忠君”“尊孔”被认为是,“中国政教之所固有”,“尚公”“尚武”“尚实”则被认为是“中国民质之所最缺,而亟宜针砭以图振起者”。1907 年 4 月,该教育宗旨以光绪帝“上谕”的形式批准颁行[①]。1907 年创立的“大通师范学堂”和 1908 年创立的“中国体操学校”“重庆体育学堂”都开设了武术教学内容,“凡中小学堂各种教科书,必寓军民主义”,使学生养成严明纪律和强壮体魄,以达到人人皆兵[②]。也就是说,这一时期武术课的开设,“尚武”是针对“军民主义”提出的,更多的是为了救国图存,这也从另外一个事实说明了“尚武”教育在“癸卯学制”中的地位还是非常重要的。也就是说,这一时期的武术教育并没有因为“武举制”废除而消失,而是以西式“体操科”的形式重新进入了另外一种教育模式。虽清政府“废科举”,“癸卯学制”的出现,却是揭开中国近代学校武术教育的一个重要开端。

1911 年辛亥革命后,孙中山先生倡导的“强种保国”“尚武精神”,使武术成为学校体育的重要内容之一,各学校开设有拳勇、刺刀术等课程,学校“尚武”之风逐渐兴起。1914 年,徐一冰在《整顿全国学校体育上教育部文》中,建议把武术列为小学、中学和师范学校的正课。1915 年 4 月,北京教育会在全国教育联合会第一次会议上提出了“拟请提倡中国旧有武术列为学校必修课”的议案,教育部当年就明令“各学校应添授中国旧有武技”,自此武术正式成为体育课内容[③]。此后,教育部陆续颁布了各类学校体育课程标准,并对武术内容和所占比例做了一定要求。这时

① 扈中平，刘朝晖．挑战与应答：20 世纪的教育目的观 [M]. 济南：山东教育出版社，1996：209-210.

② 罗时铭．中国体育通史（第三卷）[M]. 北京：人民体育出版社，2008：233-234.

③ 邓凤莲，杨辉．中国近代学校体育课程与教学沿革回望 [J]. 教学与管理，2008（27）：64-65.

虽强调“注重国技”，但同时要求按照西式教育改革教法，将原来师徒相承的传习方法改为课堂式的团体教练法[①]。1918年秋，经国会反复辩论表决，将《中华新武术》列为全国正式体操[②]。随着1919年发生的“五四运动”，这是一场旨在改变人们思想观念的反封建的新文化运动。在“科学”“民主”的旗帜下，促使了民族现代意识的觉醒和思想价值的空前解放。面对自鸦片战争以来“欧风美雨”“西学东渐”以及时代巨变的现实，“西学东渐”成为这种特定历史环境交织中的必然结果，这一时期以武术为代表的中华传统文化逐步退出主导地位。到了国民党时期，大批要员联名呈请政府，要求改“武术”为“国术”，他们认为要恢复对武术的重视[③]。由此，“中央国术馆”这一官方武术组织孕育而生。随之，由国民政府教育部整合人力物力重新研制的《大中小学国术课程标准》（以下简称《标准》）予以实施，《标准》对教学目标、内容、时数、方式和要求都做了进一步说明，此《标准》成为中国第一部关于各级学校武术课程的官方纲领性文件[④]。

从清末到建国的近代高校武术发展变迁史料上看，这一时期并不是真正意义上的高校武术教育制度形成期，高校武术教育是在学校武术、社会武术中被以制度的形式在大学中设立的体操科，并成立专门组织、专门课程、专门教材等等，这些都凸显了现代高校武术教育制度的雏形。从清末到建国的近代学校武术教育制度变迁，也使得高校武术教育的社会形态开始逐渐地过渡到“社会武术教育”“军事武术教育”，并与“学校武术教育”共同存在的多元一体的时期。但这一时期的高校武术教育制度总体来看受西方体育思想影响较大，尤其是“五四运动”的影响。从以上资料我们来看近代高校武术教育的形成与发展，主要取决于四方面因素。（1）有识之士的大力举荐。武术进入学校与很多有

① 周伟良．中国武术史[M].北京：高等教育出版社，2003：106.
② 徐才，张文广，周西宽等．中国武术史[M].北京：人民体育出版社，1996：244.
③ 周伟良．中国武术史[M].北京：高等教育出版社，2003：108.
④ 吉灿忠，孙庆祝．民国《大中小学国术课程标准》及其当代启示[J].上海体育学院学报，2016，40（02）：46-50.

识之士和民间体育团体的大力支持是分不开的，如著名体育家徐一冰的鼎力举荐、北京教育会的重要提案。（2）强国强种的历史之需。辛亥革命后，东亚病夫的称谓让国人受到莫大的耻辱，加强“尚武精神”“强国强种”成为必然的历史需要。（3）政治运动的爱国思潮。近代中华民族所遭受的屈辱教训迫使资产阶级改良派从抵御外侮的爱国思想出发，提出“尚武”教育，唤醒大众“爱国精神”。（4）政要名流的鼎力支持。从历史上看，无论是民国时期的孙中山、黄兴，还是北洋军阀时期的徐世昌、冯国璋，乃至国民党政府时期的蒋介石、于右任、冯玉祥等人，都非常提倡武术、重视武术，认为尚武精神是民族之魂，绝不能抛弃。可以说，政要名流的提倡对当时的学校武术教育政策的影响也是相当巨大的。因此，近代是中国武术教育转型的一个重要时期，在中国武术教育史上具有重要的里程碑意义。

二、现代制度探寻：民族复兴的应然之需

我们知道，民国时期军阀混战，各军统占地为王，社会秩序混乱，虽然政要名流、有识之士、知识分子等强调武术制度的改革，推动武术发展，但其是在教育事业发展都得不到保障的情况下，更无从谈起高校教育中的武术。高校武术教育制度的发展是国家在学校武术和社会武术工作逐渐成熟后而进一步分化出来的专门性武术教育制度，正式确立是在1957年，当时也只是国家体委和教育部提出对部分体育学院和师范学院体育系列入武术教育，而这里并没有形成制度性文件，直到1961年，在原来1957年确定的《中小学体育教学大纲》的基础上，增加了大学体育教学大纲，但这一教学大纲的出现，也预示着学校武术教育机制列入正常轨道，形成了大、中、小学校武术教学大纲的全面制度化。因此，这个文件的出台对现代高校武术发展来说意义重大。1963年，教育部批复北京体育学院招收武术研究生，这对高校武术的学科来说意义重大，提升了武术在高校中的层次，具备了培

养一定科研精神的武术专业人才。到了1966年，随着“文化大革命”爆发，武术发展受到了冲击和摧残，这期间基本处于停滞状态。直到1977年高考制度恢复，高校武术教学才逐步回归常态。1978年，新修订的《大中小学体育教学大纲》，国家首次将武术列为普通院校的选修课和必修课，这一文件出台使高校武术由此开始走“专业武术”和“大众武术”相向而行的发展轨道。自此，武术同其他体育项目一样被列为高校体育教学的主要内容，从而进一步确立了武术在高校体育教学中坚实的地位①。而后的1982年、1996年，国家又分别批准授予上海体育学院为武术硕士点和博士点。至此，高校武术教育上升为学科建设的最高阶段，武术学科也与其他学科一样受到了应有重视，而武术学科的成立对武术发展来说具有历史性意义。武术博士的培养充实到大学教育中，这对高校武术教育的科学化及对推动高校武术教育发展都是不言而喻的。自此推动的一系列改革，如1998年国家教育部颁布新的《全国普通高等学校本科专业目录》和2004年颁布的《普通高等学校本科体育专业主干课程教学指导纲要》则是为了更好地突出武术专业人才培养，为未来各级各类武术培养更为专业的人才提供保障。2006年中宣部、教育部颁布的《国家“十一五”时期文化发展规划纲要》，则更加强调了高校武术教育要融入中华优秀传统文化内容，以此培养具有民族文化认同的时代大学生。此后2007年、2011年、2012年、2013年出台的一系列政策，都是基于武术如何走进学校、走进课堂的针对性文件，这也看到了国家一直在高度重视武术在学校的开展状况。2014年教育部颁布的《完善中华优秀传统文化教育指导纲要》和2016年举行的《全国高校思想政治工作会议》，又再一次重申与强调了中华优秀传统文化融入课程和教材体系，来实现高校全课程育人的最终目标。2019年9月，国务院办公厅印发的《体育强国建设纲要》（国办发〔2019〕40号），提出建设体育强国要推动民族体育文化

① 邱丕相等．中国武术教程[M]．北京：人民体育出版社，2004：41-48.

建设。2019年10月,教育部又印发了《关于深化本科教育教学改革全面提高人才培养质量的意见》,意见指出:严把考试和毕业出口关,不能达到《国家学生体质健康标准》合格要求者不能毕业。中国是极少数由国家强制推行大学体育必修课的国家之一[①],这项硬性"国规"的出台,对高校武术来说可谓意义深远,而基于国家一系列的战略需要,国家各项政策的出台对高校武术教育的发展来说是民族复兴的应然之需,也必然受到这些政策制度影响。

第二节　课程供给的历史变迁

一个时代的教育与一个时代的政治息息相关,教育具有政治性[②]。近代中国从所面临的"亡国亡种"及建国后的逐渐稳定,直至逐渐走向复兴的当今,高校武术课程供给的历史变迁都体现出一种特定时代、特定社会的政治诉求,并传递出特定的政治理念与态度。

一、近代之探寻

(一)从课程内容上看,体现"军国民"特征

清末民初,鉴于国人体格孱弱,西学东渐,学步列强,提倡体育。1906年3月,清政府制定的《学部奏请宣示教育宗旨折》,提出"尚公、尚武、尚实",其中尚武效仿"东西各国,全民皆兵",将"体操"寓于学堂之中,而体操课程供给内容主要包括普通体操、兵式体操和游戏,名为体操,实际是军事训练,晚清统治者谕学堂

① 林向阳.全球化背景下中国当代体育发展的质疑与思考[J].体育文化导刊,2004(03):33-36.

② 王华倬.论我国近现代中小学体育课程的发展演变及其历史经验[J].北京体育大学学报,2005(07):937-941.

以舶来体操培育尚武精神[①]。1911年6月，在《请定军国民教育主义案》中特别强调各类学堂一律把体操科列为主课，规定武术课程供给的主要内容为兵式体操、打靶实习、讲授武学等。清末时期"兵式体操"为主的课程供给内容一度引起部分国人的心理排斥。他们认为，"袭他人之形式，未克振己国之精神"。随着1915年西方列强的炮火，使国人觉得非尚武不足以立国，由此各学校添授旧有武技，以振国民勇往直前之气[②]。此时，武术课程供给内容又回归于"中国旧有武技"，而兵操"废与存"的激烈争论也为武术课程进入学校提供了契机。在1919年第4届全国教育联合会上达成的《推广体育计划案》提出"提倡武术，发展国人特殊之运动"，为《推广中华新武术案》奠定了基础[③]。1922年"壬戌学制"废除了"军国民教育"内容，至此"兵式体操"课程供给形态发生改变，此时以《中华新武术》为主体的全新武术课程供给则以燎原之势向学校体育蔓延开来。《中华新武术》是马良从传统武术拳械套路中，抽取并修改部分基本动作创编而成，主要包括拳脚、率角、摔跤、棍术、剑术五大部分内容。授课过程则使用"带数口令"的方法来分解动作和控制练习速度和节奏，这使得中华新武术又回到了"兵式体操"演练的老路，使之失去了武术应有韵味。为了真正回归旧有中国武技，中央国术馆在1934年1月议定创编相关教材。到了1936年2月，国民党政府教育部颁布了《暂行大学体育课程纲要》，包括形意拳、八卦掌、少林拳、太极拳、棍术、刀术、枪术等中国旧有武技在大纲中得以呈现[④]。1939年，由国民政府重新研制的《大中小学国术课程标准》予以实施（具体内容见表3-1），并规定武术课每学期每周2小时，共3学年，而大学

① 杜舒书，张银行．中国武术教育的近现代转型研究[J]．西安体育学院学报，2016，33（06）：715-720.

② 刘帅兵．民国时期体育议决案对武术教育发展的影响[J]．体育科学，2017，37（10）：32-40.

③ 刘帅兵．民国时期体育议决案对武术教育发展的影响[J]．体育科学，2017，37（10）：32-40.

④ 国家体委体育文史工作委员会编．中国近代体育史[M]．北京：北京体育学院出版社，1985：203.

和专门学校武术课每学期每周2小时，共2学年，第3学年每周1小时①。同时，在课程内容供给方面还要特别提出的是，由马良编订的《中华新武术》也被认为是第一本具有近现代意义的专门武术教材，使得人们开始关注要用“科学方法和教育力量来改造我国的固有体育”，这套基于对传统拳械套路整理、创新而编写的武术教材，也促进了武术理论研究，这对后期武术教育逐渐走向西方式教育的“标准化”“体育化”“教育化”“科学化”等都产生了深远影响②。

表3–1　民国政府时期《大中小学国术课程标准》课程供给主要内容

学段	主要培养内容
小学	简单的八段锦、少林十二式、桩步和挑打等基本功入手，然后再练岳氏拳、形意拳。
中学	初中：罗汉行功法、弹腿、少林拳、查拳、捷拳、六合拳等，以及六合刀、捷刀、梅花刀、少林棍、夜叉棍、六合棍；高中：太极拳、七星拳、通背拳、双刀、对刀、六合枪等，还增加了武术理论。
大学	形意拳、信拳、二郎拳、劈挂掌、对枪、鞭术等，以及各种拳术应用手法，相关武术理论。

从以上课程供给内容可以看出，自清末以来，随着“武举制”的废除和军队“兵式体操”的大量引进，以及民国初期各种思潮充满了激烈交锋和东西方文化的剧烈争斗，尤其是1904—1905年日本在日俄战争中取得胜利，国人认为日本“武士道精神”是取得胜利的重要原因之一。这使国人又开始关注武术教育，并试图用西方体育思维来改造武术。在这样的背景下，出现了“土洋体育之争”大讨论，这个时期也是学校武术课程内容供给演进的变革期。这一时期，无论是从军国民教育中的“兵操式武术”，还是废除兵操而出现的“中华新武术”，到恢复旧有武技，再到最终形成的《大中小学国术课程标准》，这除了是一场全新的身体运动改造，也是对武术课程西式化“改造”的过程，但无论课程供给的

① 吉灿忠，孙庆祝．民国《大中小学国术课程标准》及其当代启示[J]．上海体育学院学报，2016，40（02）：46-50.

② 周伟良．中国武术史[M]．北京：高等教育出版社，2009：117.

样态如何变化，这一时期也都是始终围绕如何将“国家”这个概念植入武术课程的供给之中，进而塑造成为一种“身体忠诚”的教育目的。

（二）从课程师资上看，渐显“班级制”表征

自清末将“体操”寓于学堂之中后，逐渐出现了具有现代意义的专门武术师资培养，主要有从民间聘请和官方专门培训两种。在1915年教育部颁布通令前，都是直接从民间或武术社团聘请拳师到各类学校任教（见表3-2）[①]。可以看出，全国各类院校此阶段争相聘武术名家、拳师传授武术成为一种风气[②]。自此，武术以课程的形式走进学校并有专门的师资授课，千年以来中国武术半封闭式的“师徒传承”逐渐开始向开放式的“师生传承”转变。

表3-2 部分武术名家受聘学校情况一览表

姓名	受聘学校
李剑秋	清华学校
李雅轩	南京国民体育学校
靳云亭	工艺学堂、育德学校
刘殿琛	北洋法政学校、清华学校
李存义	南洋公学（上海交大前身）
梁振蒲	河北省立14中学、东鹿女子师范学校
纪　德	北京高等师范学校、医学专科学校、北京体育学校
陈子正	黑龙江第一中学、第一师范学校、上海广肇公学、圣约翰中心
耿继善	河北赵县中学
郝月如	南京中央大学
马金镖	南京中央大学
刘风春	北京体育学校
于振声	南京高等师范

① 徐才，张文广，周西宽等．中国武术史[M]．北京：人民体育出版社，1996：348.
② 王智慧，蔡宝忠．对我国近现代学校武术内容及活动变迁过程的研究[J]．北京体育大学学报，2004（10）：1399-1401.

官方专门培训方面，伴随“体操科”的确立，政府和社会对武术教育逐渐重视起来，使之学校武术得到快速发展，因此急需大量的武术师资，而武术教师资源从民间聘请的方式还是不能满足要求。在此背景下，教育部提出了“此项武术教员于各师范学校养成之”的批示，专门的武术师资培养教育机构和师范制度进而出现，如这个期间最早的官方武术师资培训是马良等武术家在1900年创编的《中华新武术》，为配合推广《中华新武术》，马良于1914年在济南创办“武术传习所”，培养师资分派各地，这对武术的普及起到一定作用；1916年、1917年在高等学校中出现了专门进行武术师范生的培养，即在北京高等师范学校和南京高等师范都将拳术和柔术列为必须课程，每周进行5小时训练，培养出来的体育科毕业学生大多可胜任武术教学；1928年国民政府组织召开第一次全国教育会议上修订通过了《改订体育课程提高体育师资案》（具体内容见表3-3），并成立了以“国立国术体育师范专科学校”和“中央国术馆”为代表的培养单位，专业性的武术师资培养体系逐渐形成[①]。另外，1932年，中国历史上第一所专门学习武术的学校“国立国术专科学校”正式成立，10年间共培养毕业生约600名，均成为大专院校及各省、市国术馆的业务骨干，如北京体院的张文广、复旦大学的李锡恩、上海体院的吴玉昆、广州体院的张登魁、武汉体院的温敬铭、安徽大学的蒋浩泉等，这些人们耳熟能详的当代武术教育开拓者皆毕业于此，他们为武术在当时学校的推广起到了巨大作用。这也是后来全国体育院校和师范院校培养师资的基本模式，是真正现代意义上的专门性武术师资培养机构[②]。这些学校的建立，为当时学校武术和武术活动开展以及武术师资培养做出了巨大贡献。由此，具有现代意义上的“武术师资”得以呈现。这一时期的武术师资培养主要以技击对抗为主。例如，易剑东教授指出，1928年第一届国术国考就包括

① 吉灿忠，孙庆祝．民国《大中小学国术课程标准》及其当代启示[J]．上海体育学院学报，2016，40（02）：46-50.

② 周伟良．中国武术史[M]．北京：高等教育出版社，2003：108.

徒手对抗性项目："摔角斗"和"拳脚斗"，持械性对抗项目有："棍枪斗"和"刀剑斗"，并且"当时的武术培养多以军国民思想为主，武术师资培养也是以军事为目的，以培养练武者勇敢、顽强与拼搏精神"①。

表 3-3 民国政府时期武术师资培养主要内容

单位	主要培养内容
国立国术体育师范专科学校	技术：太极、八卦、形意、少林、弹腿、岳氏拳术（散手和连拳）、各式长拳、短打、擒拿法、拳术对练、新武术（拳脚科、摔跤科）、各项武术器械对练等；理论：武术理论和各种教授法、心理学、教育学、中外体育史、生理学、解剖学等。
中央国术馆	技术：形意、太极、八级、查拳、新武术（拳脚科）、连步拳、行拳、戳脚、劈挂掌等拳种、各项武术器械对练、格斗项目和外来格斗项目等内容；理论：国文、历史、国术源流、国术学、生理等相关理论。

二、现代之探寻

（一）从课程内容上看，"套路"成为"主脉"

新中国成立初期，我国以苏联体育教学大纲为蓝本，制定、颁布了新的体育教学大纲（内含武术项目），武术课程内容主要有：武术基本功、各类拳术（如步型拳、少年拳、武术操等）、对练、武术器械（如棍术、剑术等）。1961 年，国家体委组织武术专家编写第一部全国体育学院本科《武术》专业教材；1963 年，《简化太极拳》《太极拳》《青年拳》《华拳》《查拳》《武术运动基本训练》等学科著作相继出版，进一步充实了学校武术课程供给内容。1978 年，国家体委又组织了蔡龙云、张文广、温敬铭等武术专家，对 1961 年编写的《武术》讲义进行修改补充，使内容更加丰富与完善。此后，受韩国跆拳道项目化发展启发，武术进行了散打和套路的项目拆分，武术散打作为一个独立项目走进高校武术课程体系。1991 年对教材分别进行了改动和丰富，2004 年又出版了体育学院通用教材《中国武术教程》，这本教程也是普通高校武术

① 易剑东.民国时期武术竞技述论[J].成都体育学院学报，1995（03）：7-12.

教学的重要参考。2009年，为了解决武术进校园问题，由国家体育总局武术研究院和教育部体卫司等部门合作的《关于学校武术教育改革和发展的研究》课题研究，以此为基础，提出了学校武术教学内容的创编原则，制定了与大中小学各阶段武术教学内容相统一的《中国武术段位制系列教程》（见表3-4）[①]，并实施推进"段位入校"政策，把段位制教材中的长拳、短棍、剑术、趣味武术等作为学校武术教学内容进行改革。2015年，武术与民族传统体育专业，除了套路、散打这两个传统的课程供给内容，又增设了"中国跤"项目，这进一步拓展了学校武术课程内容供给。

表3-4　武术段位制进校园课程内容对应表

段级	学校类别	年级	备注
段前级	小学	1~3年级	普通学生
一段	小学	4~6年级	普通学生
二段	初中	1~3年级	普通学生
三段	高中	1~3年级	普通学生
四段	综合性大学	1~4年级	普通学生
五段	综合性大学体育院系	2~3年级	体育特长及具有一定武术基础的学生
六段	体育专业院校	1~4年级	具有武术二级（含）以上运动员水平

从以上武术课程供给内容变迁上看，建国以后至今，我国高校武术教学课程供给发生了深刻变化，"自卫应敌"不再是提倡武术的主要依据。因此，武术课程供给也就从"致用之志"转向了"卫生之方"，即"健身"成了武术教育的"主脉"，而"技击"则成了"旁支"。更由于西方科学思想的渗透及国人对武术入奥运的迫切需求，武术可谓进行了最为彻底的"西式化"改造。这个时代的武术内容供给实则是一种体操化的武术或武术套路的组编，偏离了武术技击之本质。虽进入新世纪以来，国人呼吁民族传统文化的回归，但高校武术教育课程内容供给所体现出的体育

① 高小军.国家体育总局武术研究院工作报告（2008—2011）[J].中华武术（研究），2012，1（01）：8-12.

化、操化为“主脉”的基调并未改变。

（二）从课程师资上看，“单一”走向“多元”

新中国成立后，百废待兴，国家对学校武术教育事业越发重视起来，随着1952年国家体委正式把武术列为推广项目，学校武术师资出现明显的短缺状况。在建国初期，全国仅有南大、北师大、河北师大等高校开设体育系，培养学生远远不能弥补武术师资缺口。在此背景下，国家借助苏联办学经验，发展专门学院和专科学校，整顿和加强综合性大学，中国高等学校开始出现了轰轰烈烈的院系大调整，由此中国历史上第一所专业体育高等学府——华东体育学院（后改为“上海体育学院”）在上海诞生，此后北京、武汉、西安、沈阳、成都等体育高等学府先后建立；同时还恢复和建立了全国28所师范院校的体育系、科①。1957年，国家体委和教育部又联合发文，提出体育学院和师范学院体育系列入武术课程的要求，这时武术师资的培养才算真正进入正常的发展轨道，初步形成了武术人才培养体系，这也大大缓解了全国对武术师资需求的缺口。

随着1958年成立中国武术协会及对学校武术教育开展的深入（1961年《大中小学体育教学大纲》规定了武术学时数）等，可见国家对武术工作的重视。因此，这些工作的顺利开展则需要大量的具有更全面、更专业的武术人才。为此，1963年北京体院开始招收武术专业研究生，开创了此时高层次武术师资培养的历史高峰。但受十年动乱影响，1967年至1971年间全国武术师资培养工作被迫停止。文革过后，随之而来的是全国教育事业大规模发展，因此这一时期，武术师资培养也迎来了进一步扩展的有利时机，如教育部恢复和新建了一批师范院校体育系、科，如湖北大学体育系、杭州大学体育系、山西大学体育系等。随着1982第一次武术工作会议的召开，认为现行学校武术师资水平还是不够，

① 王晓晨.学校武术教育百年变迁研究（1915-2015）[D].上海：上海体育学院，2017.

要求进一步加强武术专业师资教育。根据这一要求,1983 年北京体院、上海体院、武汉体院、成都体院、沈阳体院等相继成立了武术系,这使得武术师资培养朝向更加专业化方向发展,形成了研究生,本科生、专科生、函授生、教练员进修班以及各类中外武术人员短训班等不同层次、不同类型的武术师资培养体系。随着武术师资的专业化发展趋势,师资培养仅仅胜任一般武术教学工作已经远远不够,武术师资还需更多且更具理论深度的武术科研人才。由此,1997 年,上海体院开始招收武术学科博士(后改名为“民族传统体育学”),这表明武术的学科地位又迈向了一个历史新高度。可以说,新中国成立以来,学校武术教育师资的培养是逐渐向规范化、规模化、层次化、学科化的一个变迁过程,由原来的单一逐渐走向了多元,也可以说历史上任何一个时期都没有当今如此对武术及武术师资培养的重视高度。

第三节　参与供给的历史变迁

高校武术参与供给是在武术整体发展变迁过程中逐渐分化出来的不同层次的供给内容,但因社会和政治等原因,武术参与情况也只是群体内“擅武者”因时制宜、自发开展的一种“表演式”身体活动,只是因时代的不同,所表现的程度不一,对外界的影响力也较为有限。正如当今,这种“表演式”展现出强烈的“竞技性”,以致严重影响大众学生群体的参与性。

一、近代之探寻:呈现出“西式化”的模仿

从 1895 年袁世凯在天津新建陆军全面使用枪炮开始,军事训练就完全放弃了旧式兵器,武术的参与情况也就发生了重大变迁,其重视程度明显式微。例如,1904 年 11 月(清末),在湖北召开的“新军营兵运动会”,仅有马术、摔跤与武术有一定关系,其他

绝大部分项目为体操和田径[①]。由此也影响到了学校层面的体育参与形式与内容，呈现“西式化”倾向。例如，1907 年，江南第一次学校联合运动会，69 个竞赛项目，与武术有关的仅有刺枪、击剑与柔术这 3 个项目[②]。直到 1911 年审定通过的“定军国民教育主义案”，提出“高等小学以上应兼习拳术”后，学校教育中的武术参与情况才逐渐有所好转（见表 3-5）。到 1923 年 4 月，中国武术史上的第一次武术单项运动会“中华全国武术运动大会”在上海举办，但这次运动会未制定评判规则，并未体现近代运动竞赛的意味；1924 年 6 月，北京体育研究社对北京、河北、辽宁、山东、河南、江西、广东等地区 40 所大、中学校进行的武术活动调查结果表明，开展课外武术活动的占 22.5%。从这些数据中可以看出，1915 到 1924 这 9 年间，随着武术逐渐被重视，学生武术参与情况得到了一定改善；1933 年，全国综合性运动会将武术列为正式竞赛项目，促使武术按照西方体育运动竞赛要求来选定项目并制定竞赛规则，使武术开始借鉴西方运动竞赛形式发展的重要标志；汉口市政府 1937 年 5 月举办的“联合运动会”即汇集了来自各学校国术队健儿达 8 000 人，1938 年国民党临时全国代表大会通过《抗战建国纲领》，将体育与军训、童子军训练合二为一，并强迫开展包括国术在内的课外运动，至 1940 年全国体育会议宣言中再次明确了改进与推行卫生教育、国术教育与童子军教育[③]。但 1940 年，张之江在全国国民体育会议上指出：查全国各级学校，列有国术课程者，统而计之，不过十分之一、二，并且多为课外活动[④]。随着抗日战争的爆发，1940 年，解放区的中学，把小红拳、花枪等列为军体项目，而延安中央党校，将太极拳、石锁等列为训练、比赛项目，延安女子大学则经常进行表演。1942 年 9 月，朱德、贺龙发起的延安“九一”扩大运动会，其中丈八大竿、刀术和摔跤

① 邓先海．清末湖北新军的营兵运动会 [J]. 体育文史，1995（03）：40.
② 易剑东．中国武术百年历程回顾——面向 21 世纪的中国武术 [J]. 体育文史，1998（01）：22-27.
③ 牛犇．抗战时期陪都体育史料 [M]. 重庆：重庆出版社，1989：135-138.
④ 徐才，张文广，周西宽等．中国武术史 [M]. 北京：人民体育出版社，1996：244.

等是重要内容，这使得武术在解放区各级学校中，发挥了独特的健身和自卫作用①。从这个情况大致也可以看出，随着抗日战争爆发，学校武术课外活动逐渐退步。

表 3–5　民国时期开展武术参与的活动项目概况

时间	学校运动会	参与活动项目	参与者
1913 年 12 月	上海工业学校、徐家汇高等工业学校秋季运动会	刀、枪、棍、剑、拳等表演	多数为在校学生
1914 年 11 月	江苏省第一届省联合运动会	弹腿、功力拳、刀术、柔术、雄刀等	多数为在校学生
1915 年 11 月	江苏省第二届省联合运动会	武术占竞赛项目的 1/6	多数为在校学生

可见，在清末到建国前的相当一段时期内，虽然国家特别提倡武术，但因社会和政治等原因，武术教育并未真正地朝向正规化发展。但从历次的武术表演活动中，武术参与情况也在发生重大转变，即不断地向竞技体育方向靠拢的这一变迁逻辑。同时，我们可以确认的是，这一时期的武术在教育中的地位较以前明显衰退。

二、现代之探寻：群体内“擅武者”的游戏

新中国成立以后，可以说国家对武术的重视是空前的，而学校武术参与供给则是在武术整体发展变迁过程中逐渐分化出来的不同层次的供给内容，尤其是武术赛事参与的供给变迁是这一时期最重要的内容。1953 年，在天津举办的“全国民族形式表演及竞赛大会”被视为是武术作为一项表演类项目进入竞技体育领域的重要事件②。1956 年 11 月，在北京举行的武术表演大会，这次比赛创新性地将武术项目进行分别评议，分拳术、器械两类，并且制定了 5 条 40 字的评分标准，对参赛选手的技术水平进行了

① 王智慧，蔡宝忠．对我国近现代学校武术内容及活动变迁过程的研究 [J]. 北京体育大学学报，2004（10）：1399-1401.

② 王德磊．中国武术现代流变历程及其规律探索 [D]. 武汉：武汉体育学院，2009.

“实验性”评判，并按成绩中最优一项进行评奖，这是对“竞技武术”的一次尝试，也为后来竞技武术竞赛规则制定朝向规范化方向奠定了基础。1957 年，国家体委将武术正式列为体育比赛项目，同年 6 月 16 ~ 21 日在北京举行了全国武术表演评比大会，这次大会也开启了武术参与主体朝向竞技化模式发展。随着中国武术协会成立，1959 年由中国武术协会组织相关专家审定的《武术竞赛规则》由国家体委正式批准公布施行，《武术竞赛规则》的实施标志着武术正式步入现代竞技体育行列[①]。随后，1959 年全国青少年运动会和第一届全国运动会进行了武术比赛，这两次比赛为习练武术的青年学生提供了展示空间，也开启了学校武术活动参与的竞技化趋势[②]。

高校中的武术活动参与供给的真正开展则是在 1979 年上海市高教局举办的首届上海大学生武术比赛，本次比赛首次为大学生的武术参与提供了一个专有平台。特别是进入 20 世纪 80 年代，大批武术专业毕业生被分配到各大学任教，保证了武术教学活动的开展，掀起了一股校园武术热，1982 年上海同济大学和北京大学武术协会的相继成立，起到了一定的引领与示范，紧随其后全国各高校也陆续成立了自己的武术协会。1985 年，沈阳中医学院举办了全国首届中医院校武术比赛，比赛内容除了武术套路外，还增加了传统的武术功法。1987 年、1990 年又先后在黑龙江中医学院、山西中医学院举办第二届、第三届全国中医学院武术比赛，至此全国中医院校的武术比赛形成。1992 年，武术被列为第四届全国大学生运动会正式比赛项目。1994 年 5 月 29 日，北京高等学校武术比赛在北京中医药大学举行。同年 12 月，由国家教委主办的首届全国高等学校武术比赛在北京中医药大学举行，且决定每隔一年举行一次；特别是武术被列为 1987 年第六届全运会和 1990 年第十一届亚运会正式比赛项目，更加促进了竞技武术的发展。在各种政府主办的正规比赛带动下，高校除了

① 国家体委武术研究院编纂：中国武术史 [M]. 北京：人民体育出版社，1997：352.
② 国家体委武术研究院 . 中国武术史 [M]. 北京：人民体育出版社，1997：397.

武术协会、武术队的参与,部分高校还逐渐成立了武术高水平运动队;2014 年 8 月南京青奥会期间,作为国际奥委会的文化教育项目,国际武联成功举办了“南京 2014 青少年武术比赛”,2017 年武术正式成为世界大学生运动会的比赛项目……。虽然从以上内容的相关统计看,高校武术参与状况呈现出层次不同、形式多样状态,但从高校武术参与的实际状况来看并不乐观。其缘由主要是高校武术参与性质的特殊性,即主要针对普通学生进行的武术身体活动,不太适合照搬竞技武术比赛的规则。这也就出现了虽然每年的武术参与活动很多,但参与人数、参与观众却寥寥无几,与高校诸如足篮排等传统项目还是相差甚远[①]。目前,高校武术参与活动的内容、组织方式等显然不能满足高校武术教育发展的需要,亟需针对高校武术参与体系、方法及规则等问题进行与之相匹配的改革。

从建国至今,国家层面对武术参与的重视可谓绝无仅有,而随之也带动了高校武术参与的态势,有力地推动了高校武术事业的发展。但这里不得不提出,我们看到的参与盛况还是群体内“擅武者”的游戏。因为国家、各类高校重视的也只是竞技武术,为国家、为学校争得荣誉,而大众学生群体的武术参与性并未得到真正提升。也就是说,当前高校武术参与供给出现偏离,以致并未真正起到引领学生习武兴趣的作用。

【本章小结】

“在科学革命的时候,常规科学的传统发生了变化,科学家对环境的知觉必须重新训练——在一些熟悉的情况中他必须学习去看一种新的格式塔”[②]。正如科学家在科学革命中需要改变自己的认识一样,虽然高校武术教育的开端发生于新中国成立

① 吉洪林.学校武术竞赛研究[D].上海:上海体育学院,2015.

② 托马斯·库恩著.金吾伦,胡新和译.科学革命的结构[M].北京:北京大学出版社,2012:94—95.

之后的现代时期，但高校武术教育的产生是中国高等教育在百年历史变迁过程中的时代产物，高校武术教育作为武术传承与发展的重要途径，它随着武术的产生而产生，也随着武术的发展而发展。因此，我们对高校武术教育认知不仅需要进行相应的格式塔转换，更重要的是要反思历经百年演进而形成、兴起的社会文化背景，这也是高校武术教育发生的逻辑起点与滥觞之源。从本章的研究内容与结果来看，清末民初时期民族危亡，使武术重新回归的呼声越发强烈，使得武术又有了用武之地；而随着西方文化的强势发展，这使人们在教育中更加关注西方式体育，体育成为中国教育的组成部分，由此产生了国人刻意改造武术，使武术成为体育的一部分，但这也为武术走进大学课堂提供了平台与空间，这是由当时的社会与文化综合交织所造成的。从历史上看，从清末到民国这个阶段都非常重视武术教育在"技击的武术"和"文化的武术"的本位把持，但自近代以来西方文化的强势入侵，又进一步加剧和催生了国人的文化自卑，以致建国以来，武术被当成旧文化而列为重点的革命和改造对象，使之武术发展的源头上出现了严重问题，也进一步加剧了高校武术教育发展轨道的偏离。自近代以来，武术教育所呈现出"西进东出"整体发展态势，一直延续至今。可以说，百年来高校武术教育发展全貌并不令人满意，甚至更有殊为可惜之感。但从这个艰难的过程梳理之中，本研究还是发现了诸多有价值的发展及变迁规律（图 3-1），这为后续本研究所要探讨的"高校武术教育服务供给优化"提供了有益启示，正如梁启超所言："历史所以要常常去研究，历史所以值得研究，就是因为要不断的予以新意义及新价值以供吾人活动的资鉴"[①]。

① 梁启超．中国历史研究法补编[M].北京：中华书局出版社，2010：3-5.

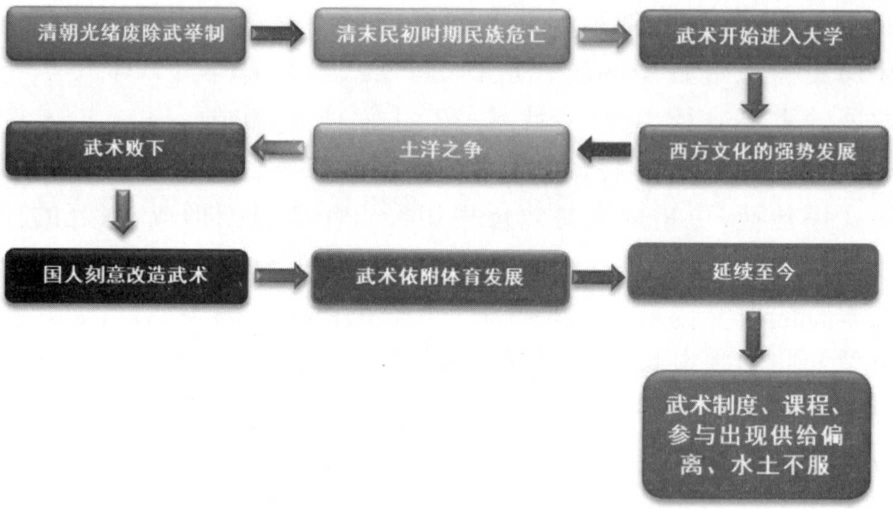

图 3-1　高校武术教育发展及变迁规律

第四章　制度设计研探：高校武术教育服务供给优化的纲举目张

从制度层面看，新中国成立以来，中国各项制度建设不断发展。尤其是十八大后，各项制度建设有了新的提升，为执政党和国家长治久安奠定了制度基础。从世界范围上看，所有大国的崛起都是因为其内部制度体系建设的崛起，而不断完善与创新的制度带来了支撑大国发展的巨大力量。现如今，中国所创造的世界经济奇迹，正是源自中国在政治、经济等制度背后的强有力支撑。制度供给属于政治社会文化层面，直接与社会管理的主体相关联。因此，制度供给现实决定着社会的发展水平。从竞技武术层面看，国家在制度上的倾斜，举全国之力发展竞技武术。因此，竞技武术事业取得了巨大成就，虽然至今并未进入奥运会，但其发展速度、世界影响力等都有可圈可点之处。但从高校武术教育传承层面看，武术发展并不尽如意，因此这就与中国的武术制度供给密切相关。那么从这个角度去看，高校武术教育制度供给的规划与顶层设计，也就决定了武术在高校的发展水平。正如著名武术学者王岗教授所言：学校武术教育真正振兴的开端，这一切取决于政府的决心，因为一个民族文化的兴衰，制度起着关键的作用①。

---

① 王岗，田桂菊．中国武术：20世纪的传统流失与当代的回归及振兴[J].北京体育大学学报，2007（09）：1156-1160.

第一节 政策表达——高校武术制度供给的文本探析

制度的实质就是一种治理工具，是统治阶级维系制度目标与制度执行的重要环节，是为实现政策目标所采取的手段与方法，而制度工具的选择又决定了制度目标的实现。由此可见，高校武术教育的良性运行，不仅需要良好的制度体系，而且更需要合适的制度工具来实现制度目标。因此，就出现了以会议、文件等为核心内容的制度供给。高校武术教育制度供给主题则可以理解为高校武术教育制度文本所蕴含的主要内容，从高校武术教育制度供给的文本梳理与系统归纳上看，其核心思想内容过多指向了党和政府所预设的政治表达方向。

一、制度供给的文本梳理

为了研究需要，本文系统梳理了涉及高校武术发展的制度供给的相关重要事件、规划和政策文件等，经过筛选和梳理，共有 37 件 / 份（见表 4–1）。

表 4–1 建国以来高校武术教育教育制度供给的部分政策及内容

序号	时间	名称 / 部门	内容
1	1949	中华全国体育总会	体育运动“要广泛采用民间原有的许多体育形式”
2	1952	全国武术工作会议（国家体委）	首次以体育职能部门正式提出把武术列为推广项目
3	1955	国家体委运动司专门设置武术科	负责武术运动的普及与推广工作
4	1956	筹备建立中国武术协会（国家体委）	负责组织全国群众性武术活动和武术挖掘整理工作
5	1956	《中小学体育教学大纲》（教育部）	中国第一部全国通用的《中小学体育教学大纲》武术是课堂教学内容

续表

序号	时间	名称 / 部门	内容
6	1957	国家体委和教育部	提出体育学院和师范学院体育系列入武术课程
7	1958	成立中国武术协会（国家体委）	武术发展纳入国家体育行政管理体系
8	1961	《大中小学体育教学大纲》（教育部）	学校武术教育机制列入正轨
9	1963	教育部	北京体育学院开始招收武术研究生
10	1977	恢复高考制度	高校招生正常化，进而使高校的武术教学正常化
11	1978	《大中小学体育教学大纲》（教育部）	各高校武术课程均可列为选修课和必修课
12	1982	第一次全国武术工作会议（国家体委）	制订了新的历史时期发展武术工作的政策和任务
13	1985	筹建中国武术研究院（劳动人事部）	武术最高学术研究机构成立
14	1986	确定武术在体育院校专业中的位置	北京等 6 所体院成立武术系，武术师资培养正规化
15	1988	《大中小学体育教学大纲》（教育部）	增加了五禽戏与八段锦内容
16	1988	《全国普通高等学校本科专业目录》	武术进入目录，大学武术人才培养朝向专业化发展
17	1990	《学校体育工作条例》国务院	学校体育工作的法律性文件
18	1993	《普通高等学校本科专业目录》	武术（代码 040306）被列为适当控制设点专业
19	1994	成立武术运动管理中心(国家体委）	武术管理最高机构，武术竞技化成这一时期主流
20	1996	国务院学位办公室	上海体育学院为首家武术博士学位授予点
21	1998	国家教育部颁布新的《全国普通高等学校本科专业目录》	武术专业拓展为民族传统体育专业，学科完善提升了武术在高校中的地位。
22	2004	《普通高等学校本科体育专业主干课程教学指导纲要》（教育部）	教学要“淡化套路、突出方法、强调应用”； 同时推进武术“六进”，促进武术的教育化改革

续表

序号	时间	名称 / 部门	内容
23	2006	《国家“十一五”时期文化发展规划纲要》（中宣部、教育部）	各级各类学科课程都要结合学科特点融入中华优秀传统文化内容，推动武术走向世界的开放格局。
24	2007	《中共中央国务院关于加强青少年体育增强青少年体质的意见》	启动“全国亿万青少年阳光体育运动”，课外体育锻炼常态化的开端
25	2011	《武术工作管理手册》和《中国武术段位制手册》（体育总局）	推动武术标准化管理和武术段位制进校园
26	2012	《国家体育总局武术运动管理中心工作报告 2008—2011》	研究武术教育问题，以武术健身操和段位制为突破口，实质性地推动武术在学校的发展。
27	2013	全国学校体育武术项目联盟（教育部）	由上海体育学院牵头、26 所高校组成为完善学校武术教育系统，推进“武术进课堂”活动。
28	2014	《高等学校体育工作基本标准》（教育部）	体质健康标准成为高校体育考试内容，且权重不少于 30%，学生体育成绩低于 50 分按照肄业处理
29	2014	《完善中华优秀传统文化教育指导纲要》（教育部）	要求把中华优秀传统文化融入课程和教材体系，有序推进中华优秀传统文化教育。
30	2014	《关于全面深化课程改革落实立德树人根本任务的意见》（教育部）	首次提出将“核心素养”作为深化课程改革、落实立德树人的关键领域和主要环节加以推进。
31	2016	《全国高校思想政治工作会议》（教育部）	推进“课程思政”建设，将各方力量、资源和各类课程与思想政治课同向同行，实现高校全课程育人
32	2016	《关于强化学校体育促进学生身心健康全面发展的意见》（国务院）	广泛开展乒乓球、羽毛球、武术优势项目，进一步挖掘整理民族民间体育，充实和丰富体育课程内容。
33	2016	中共中央、国务院印发《“健康中国 2030”规划纲要》	“健康中国，全民健身”将成为国家顶层战略
34	2017	《普通高等学校健康教育指导纲要》（教育部）	将高校体育与中国梦、健康中国紧密结合
35	2019	《体育强国建设纲要》（国办发〔2019〕40 号）	提出建设体育强国要推动运动项目文化建设，促进体育文化繁荣发展，弘扬中华体育精神。

续表

序号	时间	名称 / 部门	内容
36	2019	《关于深化本科教育教学改革全面提高人才培养质量的意见》（教育部）	《意见》指出，严把考试和毕业出口关，不能达到《国家学生体质健康标准》合格要求者不能毕业
37	2019	《关于完善安全事故处理机制维护学校教育教学秩序的意见》	解决体育课因对抗性项目容易造成损伤而不开设的情况

二、制度供给的系统归纳

基于供给侧改革理论，本章将从供给端为出发点的制度和需求端出发点的制度政策进行归类，同时将“激励性”制度作为平衡面，以此探究中国高校武术制度供给的现状和效能，审视制度供给的问题所在。那么，何为“供给端为主”的制度？本研究将其界定为：政府和学校等相关部门通过完善武术学科建设，营造良好武术文化氛围等服务性手段在武术课堂教学、课外活动、师资培养等实施的一系列措施，来促进学生武术参与的要素供给，以此推动高校武术的整体发展的制度政策和机制；以“需求端为主”的制度则是以实施如何能够顺利开展大学生武术活动计划来激发学生武术参与的动机和热情、促进学生武术自主参与自我发展而采取的制度政策和机制；平衡面的激励性制度供给则是凸显在资金配备、武术教师和学生考核激励机制等法规管理手段的策略性制度供给，以此规划、监督高校武术的实施效果，具体如图4-1所示。这三种制度供给归类反映了制度供给工程中为使目标达成而采取的各种方法、措施和手段。因此，本章结合中国高校武术制度供给的相关文本，对其进行充分分析。

通过表4-1量化分析，以“供给端为主”的制度界定条目共计27条，占比73%，条目如下：1956年国家体委《筹备建立中国武术协会》负责组织全国群众性武术挖掘整理和武术活动；1956年教育部编订并颁布的第一部《中小学体育教学大纲》将武术作为课堂教学内容；1957年国家体委和教育部提出一些体育学院和师范学院体育系列入武术课程；1958年国家体委成立中国武术协会，将武术发展纳入国家体育行政管理体系；1961年教育部颁布实施《大中小学体育教学大纲》，标志高校武术教育列入正轨；1963年北京体院招收武术研究生被教育部批准；1977年恢复高考制度，高校的武术教学逐步正常化；1978年教育部颁布实施的《大中小学体育教学大纲》，将武术在普通院校列为选修课和必修课；1985年成立的“中国武术研究院”是武术最高学术研究机构；1986年确定武术在体育院校专业中的位置，武术师资培养正规化；1988年教育部颁布实施的《大中小学体育教学大纲》，将八段锦与五禽戏纳入教学大纲；1993年国家教育委员会《普通高等学校本科专业目录》将武术列为适当控制设点专业；1994年国家体委成立的武术运动管理中心使武术管理体制进一步完善，武术竞技化成为这一时期的主流；1996年国务院学位办批准上海体院为武术博士学位首家授予点；1998年，教育部颁布《全国普通高等学校本科专业目录》，原武术专业拓展为民族传统体育专业；2004年教育部颁布《普通高等学校本科体育专业主干课程教学指导纲要》，提出“淡化套路、突出方法、强调应用”的武术教育改革；2006年以后主要以强调融入中华传统文化、立德树人、课程思政等文化思想建设的教育内容为主的改革。

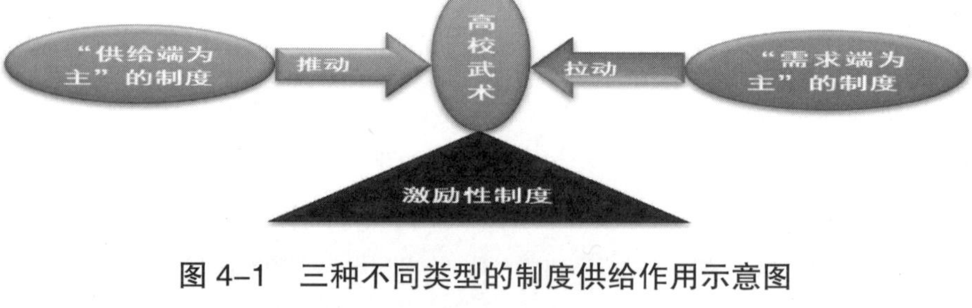

图 4-1　三种不同类型的制度供给作用示意图

以“需求端为主”以实施如何能够顺利开展大学生武术活动的制度共计7条，占比18.9%，条目如下：1949年中华体育总会提出的体育运动“要广泛的采用民间原有的许多体育形式”；

1952 年国家体委主持的《全国武术工作会议》将武术列为推广项目；1955 年国家体委专门设置武术科负责武术运动的普及与推广工作；1982 年国家体委《第一次全国武术工作会议》制定了新的历史时期发展武术工作的政策和任务；2007 年中共中央国务院《关于加强青少年体育增强青少年体质的意见》，启动“全国亿万青少年阳光体育运动”；2012 年《国家体育总局武术运动管理中心工作报告 2008–2011》将以武术健身操和段位制为突破口，实质性地推动武术在学校的发展；2019 年教育部等 5 部委联合印发的《关于完善安全事故处理机制维护学校教育教学秩序的意见》，解决体育课因对抗性项目容易造成损伤而不开设的情况。

平衡面的激励性制度供给则是凸显在资金配备、武术教师和学生考核激励机制等法规管理手段的策略性制度供给共计 3 条，占比 8.1%，条目如下：1990 年国务院颁布实施的《学校体育工作条例》，这是首部学校体育工作的法律性文件，从法律层面保障了有关武术教师权益及相关工作的开展；2014 年教育部实施的《高等学校体育工作基本标准》，明确提出对高校体育课及课外活动要采取强制性措施，并规定每节课要达到一定运动强度，其中促进学生心肺功能的锻炼项目不得少于 30%，并将这些锻炼项目纳入考试内容，并且考试分数权重占比不得少于 30%，学生体育成绩低于 50 分按照肄业处理；2019 年教育部《关于深化本科教育教学改革全面提高人才培养质量的意见》指出，严把考试和毕业出口关，不能达到《国家学生体质健康标准》的学生不能毕业。

从以上高校武术教育制度供给类型、供给主体以及供给内容来看都比较单一，尤其是专门针对高校武术的制度供给主体和内容的供给量明显缺失，相关制度供给都是依附于体育门类之下，表述相对笼统。而且，以“供给端为主”的制度占比具有绝对优势，达到 70%，而需求端制度供给和激励性制度供给相对较少，其制度供给也多以法规、纲要、意见的形式进行供给，而以法律为主的权威制度供给只有 1990 年国务院颁布的《学校体育工作条例》这一部。总体上看，建国以来并未形成完整的高校武术教育制度供给体系，而现有的各个制度又多体现在体育层面，这自然就使得相关制度供给对于高校武术教育层面来说既缺乏协调性，也缺乏详细的供给内容，造成了制度供给的严重失衡，这也就很难以制度供给的合力来促进高校武术教育的发展。尽管高校武术教育制度供给单一和不完整，但我们也应当看到中国通过制度供给促进高校武术教育发展的力度还是有的，这对我们未来进一步研究和完善高校武术教育或者说整个高校武术教育制度供给优化积累了有益的经验。

第二节　上下求索——高校武术制度供给的问题审视

高校武术教育制度供给主体可以理解为高校武术教育制度文本所蕴含的主要内容，其核心思想内容过多指向了党和政府所预设的政治表达方向，同时还表现出“刚性不足：制度供给的结构低效”“认同缺失：制度供给的效应不足”“多头治理：制度供给的权责不清”等一系列问题，其实质体现出忽略“以人为本”的制度设计。

一、政治主宰：制度供给的主体垄断

制度是在一定历史背景下，人为设定而让人们共同遵守的一种行为准则或规范，决定着国家、社会与人之间的关系结构，这种规范随着社会发展逐渐渗入到各行各业，由此便产生了正式制度，如政治、法律、教育等制度，具有一定的强制属性[①]。自从人类开始群居模式的那一刻，以制度化维护相应秩序稳定而构建的制度体系即是政治的发轫。制度的建立与维护则需要经历一段时间的政治手段，但随着社会变迁及生产力的发展，又会有新的阶

① 谢明远. 制度变迁对我国民办武术学校教育发展的影响研究[D]. 天津：天津体育学院，2018.

级矛盾生成，如果制度不能与时俱进，则无法有效调节这种新的阶级矛盾。由此，便会出现因阶级矛盾无法调和之时的反抗与斗争，进而通过推翻已有制度或政治改良来重构一套遵循本阶级利益的制度体系。高校武术教育制度供给也遵循于此，始终在满足着政治的要求，延续着体育武术、民族武术的轨迹发展。从图 4-1 中看，无论从供给端为出发点的制度供给、还是从需求端出发点的制度供给、亦或"激励性"的平衡面制度供给，高校武术教育作为学校教育的组成部分，其管理模式、课程设置等都与国家教育制度密切相关。因此，在高校武术教育供给制度的历史变迁中，政治对其影响和演进至关重要。我们知道，教育的制度供给主要目的就是对人的一种教化与培育，高校武术教育的制度供给亦是如此。制度起到主导性作用，这从本研究的资料搜集与分析中即可体现。从清末至今在高校武术教育的变迁历程直接受政治形态、社会制度、经济发展、文教政策等影响。其中政治形态又是影响武术教育制度发展的根本或前提。例如，清末"武举制"的废除是"武举制"不适应社会发展而采取的一种政治措施，虽然"武举制"废除，但"兵式体操"武术教育制度新样态又进而产生，直至新中国成立后高校武术教育供给的制度产生等，而这种社会结构变化又作用于武术教育制度方面，政治手段在其中的作用必不可少，甚至有时会起到一种决定性作用，这也是中国武术得以千年承继或者发展中也会受到某种阻碍的重要原由。

从上述对政治与武术教育制度供给之间的关系梳理可以看出，每一个时期的武术教育制度供给都与当时的政治息息相关。"教育具有政治性"可谓一语道破实质①。这也充分说明在任何时期任何社会制度中，其教育制度供给都体现出当时时代与社会的政治诉求，而不能超越特定的政治范畴。王华倬（2003）认为，任何政治团体推进课程改革，都是为了本阶级的根本利益，统治阶级必然会运用各种课程改革手段来传递政治理念、政治态度，以

① 张应强．论传统文化与高等教育改革[J]．高等教育研究，1996（03）：6-12+55.

维护其政治通协与安定[①]。但是，这里我们除了认识到政治的主宰作用，有时也要看到这种主宰作用的两面性，政治主宰武术教育制度也要符合一定的社会现实，否则这种只是单纯且强制的制度供给也会出现诸多与现实不适的问题，甚至难以推行。比如，我们知道，甲午战争和八国联军的入侵，使中国的国民心态在对传统文化的一种坚守与现实境遇产生的自卑之间游离，但“必须向西方学习”的思变心理似乎更加强烈，以致崇尚西方兵操的强烈愿望压过了回归武术传统的微弱呼声，虽然清政府在1907年颁布的教育制度中明确了“尚武”，但晚清此时的制度供给已经无法占据社会思潮主流，而“土洋之争”异常激烈的最终结果是人们对兵操教育的重视程度显然超过武术，以致清末政府运用“兵式体操”弘扬武术，甚至到民国时期，国民党政府通过西方体育方法改革传统武术的做法来培养青少年尚武精神。因此，没有社会思潮主流的制度供给显然是不可能成功的。这种情况即使在新中国成立之后，政治对高校武术教育的开展仍然表现出较明显的渗透痕迹。比如，建国初期，中共中央就提出了体育运动是向劳动人民进行共产主义教育的重要手段之一，并制定了《准备劳动与卫国体育制度》，其中就特别强调了通过劳卫制训练使人们成为勇敢、健壮、坚毅的祖国保卫者和社会主义建设者[②]。从表4-1的相关制度供给梳理上看，武术制度供给数量的第一个峰值是在1949—1957这个阶段。可以说，新中国成立，各项事业百废待兴，这有力地推动了武术事业的制度供给。另外一个峰值就是1978年改革开放以后，中国社会各界迅速达成了加快经济发展和体制改革的共识。为了适应这种改革趋势，在高校武术层面，《第一次全国武术工作会议》、筹建《中国武术研究院》、确定武术在体育院校专业中的位置、武术内容在大中小学校的确立、武术进入本

① 王华倬．论我国近现代中小学体育课程的发展演变及其历史经验[D]．北京：北京体育大学，2003．

② 杨文轩．论中国当代学校体育改革价值取向的转换——从增强体质到全面发展[J]．体育学刊，2016，23（06）：1-6．

科招生专业目录等制度文件相继提出。尤其是进入21世纪后，随着中国的崛起，中国文化迫切需要走出去，第三个峰值出现，如2006年中宣部、教育部联合下发的《国家“十一五”时期文化发展规划纲要》强调形成以民族文化为主体；2014年教育部下发的《完善中华优秀传统文化教育指导纲要》，要求有序推进中华优秀传统文化教育，并融入课程和教材体系；2016年教育部在《全国高校思想政治工作会议》中要求高校要推进“课程思政”建设，将各方力量、资源和各类课程与思想政治理论课同向同行，实现高校全课程育人；直至最近2019年国务院又颁发《体育强国建设纲要》中提出建设体育强国要推动运动项目文化建设，促进体育文化繁荣发展，弘扬中华体育精神等制度性文件，都渗透着政治影响的痕迹。这也印证了当前我国武术界的一句谚语“武术自古无机证，全凭官府一点通”，这也直接说明政治对武术制度供给演进与发展起着主宰性作用。

因此，我们可以最终确认，国家和意识形态等元素的需求和供给一直萦绕在高校武术教育制度的变迁与演进中，这也是统治者使自身利益最大化刻意设定的结果。但仅靠国家观念和意志形成的制度体系显然是不够科学的，因为这里没有关照公众对政策与法令的不同反应。因此，在新中国成立后实施的相关学校武术教育制度变迁效果也会有很大的不同。长期以来，由于泛政治化的原因，让武术承载了非本质性的功能作用，更多时候，武术作为手段性的工具而存在并起作用，正因为如此，武术的本质性因政治因素被规避了，取而代之的便是“举国体制”下的以“竞技武术”为主的发展模式，这种政治主宰的最终结果是武术教育在中国高校中展现出“表面繁华”遮蔽中的“名存实亡”的尴尬境地[①]。因此，制度创新是推动高校武术教育乃至中华武术获得发展的必要前提，起到纲举目张的作用。

① 王岗，李世宏．学校武术教育发展的现状、问题与思考[J]. 成都体育学院学报，2011，37（05）：84-87.

二、刚性不足：制度供给的结构低效

在前面章节所探讨的制度变迁探寻中可以非常清晰地了解到，自我国的高等教育出现以来，还没有形成专门的高校武术教育或学校武术教育的法律法规，其发展都是依附于体育政策法规之下的。在北洋政府时期，颁布了3份关于高校的相关制度性文件，分别是《高等师范学校规程》《师范学校规程》和《师范教育令》，其中就有对在校大学生“健全之精神寓于健全之身体”的明确规定，还对体育课时的规定，男女分别为4学时/周和3学时/周[①]。随着国民党政府于1929年4月颁布的《国民体育法》，中国第一次出现了体育领域最高层次的专门性法令。随后不久《国民体育实施方案》的出台，又进一步对《国民体育法》进行具体阐述和说明，首次提出要将“运动习惯和终身体育”“娱乐和体育”有机结合起来，使人们对体育政策的认识更加深刻而全面。同时，国民党政府又颁布了《暂行大学体育课程概要》体育法令，被认为是中国依据法律管理高校体育事业的雏形，使大学体育管理有章可循、有法可依[②]。新中国成立后，国家领导人高度重视在校大学生的身体情况，并把高校体育作为教育事业不可缺少的重要组成部分纳入国家发展规划中。例如，1953年，毛主席对大学生提出了“身体好，学习好，工作好”的具体要求，传递出身体健康的重要性[③]。自此以后，关于高等学校体育政策法规开始出现，如1961年，《大中小学体育教学大纲》重新修订，这部教学大纲第一次以文件的形式对普通高校武术教育做了规定，武术教育机制可谓从法规高度列入高等教育轨道，这对于规范高校武术教学、促进在校大学生身心健康起到推动作用。由于“文革”原因，

① 罗时銘，赵浅华．中国体育通史[M]．北京：人民体育出版社，2008：8.

② 刘海峰，李木洲．教育部直属高校应分布至所有省区[J]．高等教育研究，2012，33（12）：17-25.

③ 毛泽东．中国新民主主义青年团第二次全国代表大会[N]．人民日报[EB/OL]．人民网授权发布 http：//www.people.com.cn/GB/historic/0817/1953.html

高校在体育方面的组织和管理一度停滞，而“文革”中“破四旧”狂潮，更让刚刚燃烧起来的武术火苗遭遇瓢泼大雨而奄奄一息。直到“文革”结束，1978 年《大中小学体育教学大纲》的再次修订，规定各高校可列武术为选修课和必修课，自此武术真正意义上全面进入高等教育轨道。但此后很长一段时期，因教育部门对各高校的武术教育并未严加管理，以致对武术课程的要求、标准、内容等产生较大差异，导致高校各行其是、各自为政。即使步入 21 世纪，如 2003 年开始的《体育与健康课程标准》的试点，也没有对武术内容进行硬性规定，造成实际意义上的武术内容缺失，使得具有丰富民族文化内涵的武术内容被弱化，这不能不说是一个极大的遗憾。

综上，从建国以来至今，我国高校武术政策在法律法规建设上明显滞后，政策工具以国家文件为主，以致权威性不足。目前，从权威性制度工具的“法律法规”上看，只有《体育法》与《学校体育工作条例》，而专门针对高校武术建设或者武术教育的法规文件并没有出现。这两个文件属于“法规性文件”而不是“法律性文件”，即政策的“权威命令”占比过小，主要以“劝诫引导”的“行政命令”来推行工作，因此出现了“刚性不足”与“弹性有余”的特性，致使高校武术教育领域仅有的法规性文件约束力有限。制度供给的“法律性”权威工具缺失便成为高校武术教育陷入弱化与边缘化的重要原因之一。正如张文鹏（2015）所认为的：彰显某项公共事务重要程度的指标就是看某项公共事务是否上升到国家法律层面，这直接影响着人们的判断与实际行为[①]。事实上，作为公共事务的高校武术教育，由于缺乏高层次的法律制度保障，其在社会公共事务中的象征性地位得不到彰显，这也直接导致了在社会运行实践中被边缘化及居于次要地位。郭玉成（2013）认为，跆拳道的在韩国国内及国际的繁荣发展与韩国政府将跆拳道发展上升到国策层面密不可分，《传统武艺振兴法》

① 张文鹏．中国学校体育政策的发展与改革研究 [D]. 武汉：华中师范大学，2015.

与《跆拳道公园及振兴跆拳道法案》这两部权威性的专门法律的制定、颁布、实施，为跆拳道的国际化发展提供了刚性的法律保障，清除了前行的障碍[①]。因此，从政策的权威性上看，高校武术教育或者武术教育的立法保障应是一种常态，而且是亟需供给的一种权威性法律法规制度，否则高校武术教育服务供给依然会呈现出“刚性不足”态势。

三、认同缺失：制度供给的效应不足

当一种文化生态走向极端时，它的发展或早或迟会遭遇挫折，甚至产生覆灭之危[②]。长期以来，囿于国人对西方体育的过度崇拜，导致其对本民族传统的武术文化信仰不足，这自然导致了利益相关者对高校武术教育政策的文化认同、社会认同以及心理认同的缺失，以致高校武术教育制度供给对做好高校武术工作和促进大学生弘扬传统文化的效果甚微。尤其是中国在进行社会转型时，国人把目光投向国外，将国外的相关体育制度供给经验“拿来”，清末民初我们模仿日本，新文化运动以后我们则效仿俄罗斯、美国等。由于时代、认知、环境、历史等种种差别因素，“拿来主义”必然会产生“水土不服”，以致中国文化生态环境被西方文化占领。在此影响下，从体育领域到民族武术，渐渐地“趋附于他者，迷失了自我”，并寄生于西方体育的文化场域之中，而在西方体育文化强烈辐射之下的武术，则完全运用现代科学原理和方法进行了彻底的“西方式”改造而演变成了“竞技武术”，并迅速成为当代武术文化的标志[③]。“竞技武术”的大行其道，价值一元化与二元对立论等西方哲学观念对武术本土文化的“整体性”思维产生了曲解。而且，实用性、效率性、标准化的教育思维对传

① 郭玉成．中国武术与国家形象[M]. 北京：高等教育出版社，2013：183.

② 刘文武．论“本体与人本统一”的武术发展理念[J]. 武汉体育学院学报，2017，51（03）：56-60.

③ 郭玉成．传统武术在当代社会的传承与发展[J]. 上海体育学院学报，2008（02）：51-57.

统武术教育伦理规范造成了严重侵扰，中国武术固有的文化生态遭到了改变。武术按照西方竞技体育模式，进行“项目化”处理，将武术技术与武术文化机械地分解开来，割裂了武术所体现出的“整体性”思维，令其丧失自身特点，造成理论与实践的“两张皮”。由于西方体育文化的入侵与武术自身文化的“西方式改造”，武术按照竞技体育模式将其归于为体育门类之下的一个“运动项目”进行发展，在这种利益格局下，中国武术本土文化传承土壤遭到了严重破坏，进而造成了武术文化前所未有的传承危机。甚至有学者指出，由于近100年来在西方体育思想的侵染，国人对武术的本质属性与文化归属问题一直界定不清，甚至产生严重分歧，在这一过程中，武术自身的主体形象逐渐被“去中国化”以及“他者化”①。我们知道，武术的传承与发展是要具有一定的本土文化背景的，离开了这种文化背景，其自身也就失去存在的土壤与意义②。这由此也就造成了当今武术教育发展始终捆绑在西方体育教育的主体之下，这使得武术教育发展出现很多问题，诸如用西方自然科学作为量化评价武术教育效果的唯一标准③、武术的身体文化教育趋同西方的身体教育，武术不在是“中国的武术”④、西方体育文化要义思想直接植入武术教育过程⑤等，以至于武术进入学校教育后，也是一直将其作为一种体育项目进行传承，并用西方体育价值观对待武术，进而使武术教育丧失了自己独有的民族文化特色，致使人们缺乏对武术有效承载中国传统文化的认知，武术教育的文化承载功能受到了越来越多人的质疑。

---

① 金玉柱，王岗．主体性阐释：中国武术发展的自在路径与必然选择[J]. 武汉体育学院学报，2017，51（04）：61-66.

② 王岗，邱丕相．重构中国武术教育体系的理论研究[J]. 上海体育学院学报，2008（03）：61-66.

③ 侯志涛，黄银华，金宁．近代武术发展之启示[J]. 山东体育科技，2017，39(02)：27-30.

④ 郭玉成，郭玉亭．当代武术教育的文化定位[J]. 武汉体育学院学报，2009，43(06)：69-71.

⑤ 洪浩，田文波．现代化进程中武术教育新理念与体系重构[J]. 武汉体育学院学报，2013，47（11）：52-58.

四、多头治理：制度供给的权责不清

从表 4-1 中我们可以看出，自建国以来，党和国家还是非常重视武术的发展，先后成立了诸多武术管理的职能部门，如 1949 年成立的中华全国体育总会就有专门负责武术发展的职能；1952 年国家体育运动委员会（简称“国家体委”，1998 年改组为“国家体育总局”）成立伊始就以体育职能部门召开《全国武术工作会议》，并正式提出把武术列为推广项目；1958 年又成立了中国武术协会；1985 年成立“中国武术研究院”作为专门的武术研究机构。可以说，相关武术职能部门成立对武术推广工作做出了巨大贡献。但由于我国高校的武术管理职能并不在体育部门，而是在教育部门，因此武术部门只能是对武术推广、技术、赛事等进行管控，而高校的武术管理则无权进行。那么，我们再来看教育部的制度供给，主要涉及武术学科建设，包含课堂教学、课外活动、教学调控等关于高校武术教育制度供给的贯彻与落实，但事实上，从教育部门在以课堂教学、课外活动与教学调控为主题内容的制度供给运行机制看，可以说起到了一定的权威且刚性的政策调控作用，但这些政策又缺乏对学校、武术部门及整个社会层面的支持，也就是说图 4-1 所指出的激励性制度供给欠缺，这就限制了高校武术制度供给的效应溢出，以致高校武术教育无论从效果层面还是效益层面都不尽人意。从国务院所供给的制度层面来看，如《关于强化学校体育促进学生身心健康全面发展的意见》《“健康中国 2030”规划纲要》《体育强国建设纲要》等这些制度多以“意见”和“纲要”等形式出现，较为宏观，其仅起到了政策导向的作用。由此我们可以看出，参与高校武术教育制度供给的部门主要包括国务院、教育部、国家体育总局，同时还有相关文件需要其他部门协调配合，如最高人民法院、最高人民检察院、公安部、司法部、团中央、国家发展改革委、财政部等。从制度供给的部门上来看，由国务院（办公厅）、教育部、国家发展改革委、国家体育总局等政府职能部门制定的发展意见、规划、纲要、标准等为主。最高人民法院、最高人民检察院、公安部、司法部等主要作为权威性制度供给的法律保障部门，这也就出现了“九龙治水”的多头治理格局，各部门责权不清、效率低下的局面，这就是典型的行政隶属、管理与被管理的制度供给关系，如图 4-2 所示。多头管理现象严重，而且参与管理和审批高校武术涉及多个部门，如教育部门、体育部门、武术管理中心等，每个部门都有职责进行管理，但实际上又都没有管的尴尬境界。这种治理层级较为复杂，显得冗余和不够简练，这极其不利于相关武术教育制度的制定与执行，由此产生的制度供给环境为高校的武术教育带来了以政府为主导的纵向约束，形成了政府集中控制和逐级向下强制服从的局面，继而形成权力高度集中、主体颠倒、按照权力来架构制度供给的事实，最终到落实的高校执行层面，高校对武术制度供给的条例约束及法规职能的发挥、功能的实现不依赖于管理能力和武术自身发展规律，而是注重对上级意图、文件精神的领会程度以及与行政系统、权利价值的顺应度，这就很自然地导致高校武术服务供给的设置、规模和方式没有相应的约束，甚至出现各部门隔岸观火、互相推诿态势，使其运行效率低下，也就最终出现了高校武术教育的随意性发展和教学质量的逐步下滑的现实境遇。

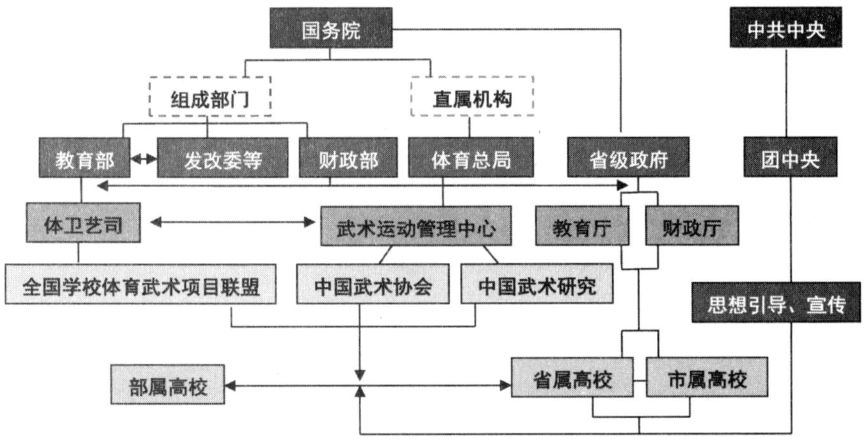

图 4-2　高校武术教育参与制度供给部门示意图

第三节 他山之石——日本武道教育制度供给的问道空间

由于世界范围的大学体育必修课正逐渐消亡，中国是世界上为数不多开设大学体育必修课的国家[①]。因此，国外相关高校武术教育制度供给的研究资料就极为少见，只能参考其他学科或相关研究成果作为本部分借鉴资料。与中国同属于儒家文化圈，日本武道教育却在明治维新以后经过系统改良成为日本民族文化与精神培育的最重要代表，其“武士道”精神更是成为日本民族立国与兴国的一种信仰与追求。日本作为武道教育最成功的国家，武道在日本有着高贵而又根深蒂固的基础，只要经历过日本学校教育的学生，几乎都接受过武道教育，可以说至今世界上还没有任何一个国家如此重视武道教育的作用及对武道教育这样广泛的开展[②]。因此，从这个角度探寻日本武道教育制度供给经验再合适不过。

一、从制度供给主体上的经验审视：由政治主导到多元共治

从日本武道教育制度供给主体的经验上看，1886 年日本文部省就公布了以国家主义思想为核心的一系列学校法令，把从小学到大学的教育体系制度化。由此，体育制度地位开始确立。他们认为剑道和柔道作为日本固有武技，具有培养顽强勇敢作风及刚健国民精神效果，其中武道“爱国心”教育被认为担负着“民族存亡”的使命，并在体育课中确立了“必修化”地位，1950 年和 1952 年日本文部省将“武道”确认为“民族文化教育”的高度。

① 林向阳．普通高校体育教材设计与编写的理论探索 [D]. 福州：福建师范大学，2006.
② 郑旭旭，袁镇澜．从术至道——近现代日本武术发展轨迹 [M]. 厦门：厦门大学出版社，2011：190.

日本学者高岛指出："体育既要致力于强健的身体，也要培养活泼的精神，一旦国家处于危急时刻，就必须努力为国奉献义勇之精神，体育是振奋国民的精神，培养爱国精神的最有效的方法"①。因此，日本武道教育的政治意图非常明显，深受政治影响，为政治服务。

纵观世界历史，教育在强调教育性作用的同时，又隐喻出对教育纯粹性弱化与掩埋，表征出教育作为一种维持国家体制的措施和手段，为政治、经济发展服务。同时，资本主义的发展追求实用教育，他们希望用教育培养出更多的政治家、科学家、军人等，为其服务。因此，教育往往受国家需求支配。从这方面看，全世界无论是教育领域还是体育领域，制度供给主体都脱离不了政治，受各国政治制度制约。政治作为一种上层建筑对教育产生极大的影响力，能控制教育使其成为政治的工具，为政治利益服务。所以，教育本身也是政治体制的维护者，政治也不会让教育反对国家政治制度的推行。"教育具有政治性"成为古今中外各国所共同遵守的法则②。但从另一个方面来看的话，不管出现了多么优秀的政治制度，很多事情必须借助教育力量的推行才能得以实现，如果教育不能培养优秀人才，则无法执行政治制度，政治进步就会成为空谈。由此来看，教育与政治是同等重要、相辅相成的关系。我们知道，历史上一段时期，日本在民族主义高涨的时势下，是日本国家意识主导并造就了社会对武道支持的局面，也促发了官民双方从更多的渠道提出更为成熟的学校武道教育改革与推进议案，进而使武道普及的呼声愈加强烈，使之为推动武道体系进入学校教育领域并成为正式教科的进程产生了巨大作用，也就是说日本武道的成功离不开日本的政治主导。

韩白璐（2016）提出：一个国家的政治经济制度制约着其教

① 潘冬．中日文化交流视域下的日本武道现代化转型及其启示[J]．暨南学报（哲学社会科学版），2016，38（07）：95-102.

② 吗凤岐．政治教育学[J]．北京：人民教育出版社，2007：60.

育目的性质和思想道德教育内容[①]。日本武道也是随着日本经济的发展而快速成长的。20世纪70年代，日本经济取得了令世界瞩目的发展，从事武道练习的人数也迅速增加。以政府为主导的制度体系显然已不能满足武道教育治理的需求，众议院议员正力松太郎提出建设一个“通过传统的国技武道打造优秀青少年，培养建设国家的基础人才场所”，由此成立了“武道会馆建设议员联盟”，以此通过武道振兴，磨炼青少年身心，进而为民族发展做出贡献。1977年日本武道协议会在东京成立，协议会的成员就包括全日本柔道联盟、全日本剑道联盟、全日本弓道联盟、日本相扑联盟、全日本空手道联盟、全日本合气道联盟等，全日本各级各类学校的武道教育管理统一有各协会进行具体负责，主要宗旨就是加强武道联盟的团结和振兴武道，尤其是学校武道活动的开展与具体政策加强都由各自协会具体制定。随着日本社会经济的腾飞，其武道教育在由政府为主导、各协会分治的武道联盟体系中得到了进一步发展，日本武道协议会在多年的发展之下于1987年制定了《武道宪章》，《武道宪章》提出了“武道作为日本自古以来的尚武精神，是从术至道的一种文化发展，武道要基于‘心技一如’的原则，通过‘修行礼仪、磨炼技艺、锻炼身体、铸造胆魄’的修业之道提升”制度原则，各协会在《武道宪章》的共同指导下，独立而又协作地开展各项武道工作；同时，日本武道还成立了“议员武道联盟”，而这些议员都是来自政府和社会的精英阶层，他们的决策对武道发展有着举足轻重的作用，更为武道发展的相关政策制定产生了重要影响[②]。可以说，日本武道教育的制度供给发展，随着社会、经济的发展与变迁，经历了服从政治的单一主导到当今的政治主导、多元共治的联动模式，最终形成了日本独特的武道教育制度供给样态。

① 韩白璐.近代日本中小学军事体育教育[D].长春：东北师范大学，2016.
② 郑旭旭，袁镇澜.从术至道——近现代日本武术发展轨迹[M].厦门：厦门大学出版社，2011：146-154.

二、从制度供给结构上的经验审视：由刚性不足到刚柔相济

日本明治初期在向西方学习过程中，发现自身与西方人在体质方面有很大差距，遂对国民身体教育加强重视，并以“兵式体操”形式开启近代体育教育之路。根据日本1911年颁布的《改正中学校令施行规则》中规定：“体操以养成坚忍、守规律与尚协同等习惯为宗旨，使四肢机敏、身体发育完全、强健身体”。1912年，根据《改定师范学校规程》，体操课增加了击剑及柔术，但这一时期日本武技还处在“体操科”的附属地位，各校采用与否存在一定随意性。“二战”结束后，随着日本经济复苏和出于保护自身民族文化的需要，1989年日本文部省将“格技”恢复为“武道”，武道也逐渐成为学校教育中的必修课。这一时期的日本武道教育制度供给结构比较单一，主要是基于文部省相关文件进行的，并没有形成一定的法律性制度供给，日本武道依然依附于西方体育。法律性制度供给不足导致了制度效应的“刚性不足”，导致不能满足武道教育治理需求。为了解决这一问题，日本除了从《基本教育法》《教职员资格法》《体育振兴法》等方面，对武道课程、师资标准、经费使用以及管理等方面做出了权威性的界定外，而且还特别针对某个实际问题进行专门性的法案制度供给，如2008年7月，日本专门针对“武道”项目在《教育振兴基本计划》中以法律形式确定了《对我国（日本）固有传统文化武道的振兴进行援助》和《对武道必修化在初中保健体育实施中的设施整备和教师进修的援助》具体方案，可以说这些制度供给都是针对某个实际问题进行单独立法。此外，日本还提出在教育上必须施行奖励体育的政策，因为他们认为“增强国民体质”是“殖产兴业”要旨[①]。尤其是日本《国家总动员令》《国民精神总动员实施纲要》等权威制度的供给，将全体青少年纳入国家总动员体制中，

① 潘冬．中日文化交流视域下的日本武道现代化转型及其启示[J]．暨南学报（哲学社会科学版），2016，38（07）：95-102.

“武道文化”和“武士道精神”成为日本道德教育的主旨，这些制度措施很好地保存了日本的传统文化教育，也很好地保持了自己民族的特性，使之成为日本国民共同认可的主流思想①。

从日本武道教育的制度供给上看，立法更为频繁和多样，而综合性法案在日本学校武道教育制度供给中则较少运用，其供给更多的是专门性法案。也就是说，日本武道教育的制度供给体现出了以综合性制度权威性立法中硬性规定的“刚”和多样丰富且专门性武道振兴具体方案“柔”的一种互动结合体，充分体现了“刚柔相济”的武道教育制度供给结构。这种“刚柔相济”的武道教育制度供给结构，首先这能够很好地保障从国家层面的立法到通过各项专门武道推动法案、纲要等推动“运动振兴计划”在学校的落实。因为日本政府和精英阶层非常清楚武道教育的基础，从中央到地方，对武道教育发展都提出了规定性要求。其次，“刚柔相济”的武道教育制度供给，还能够得到日本企业界、社会精英界的强力支持，使大、中、小学校的武道课程与武道俱乐部等得到有效制度供给保障和经济支撑。“刚柔相济”的武道教育制度供给，还可以很好地体现日本政府、地方与学校之间的法律关系，日本政府可以有效地实现对学校武道教育的宏观治理，同时通过颁布系列法案，引导满足相关法案要求的社会力量进行资助，尤其是企业家和社会精英阶层的推介，形成了对武道特殊教育作用的价值共识，这也是高校武术教育制度供给中极其缺失的内容。还有其中很重要的一个方面就是日本的武道协议会由法律授权组建，法律明确了其权利与义务范围，只要在法律界定的范围内进行活动，并不因经济上接受政府资助而受到政府对其具体事务开展的干预。因此，日本武道教育成功的经验之一就是这种独特的“刚柔相济”的武道教育制度供给结构，这为高校武术教育制度供给优化带来了很好的启示。

① 李想．近代日本道德教育及其与日本军国主义的关系研究［D］．武汉：中国地质大学，2015.

三、从制度供给效应上的经验审视：由文化迷失到文化认同

1873 年由日本国民征募士兵组成的日本国家武装力量被人笑称为“百姓兵”，却击败了正规的“武士兵”，由此在日本出现了武士道精神衰落现象[①]。此时正值明治初期，日本开启了向西方学习的思潮，并成功进行了“明治维新”运动，开始全面西化政策，武道作为封建落后的产物被社会淘汰，由此武士作为一个阶层被废除，武道作为武士阶层教养的象征也逐渐消失于边缘。明治维新后，日本全面采用西方教育制度，1972 年颁布了《新学校令》，西方竞技体育项目随之大量引进，“体操”开始占据统治地位。这一时期也有不少日本精英人士提出体育课中恢复“剑术”，如文部大臣关重郎治向议会提出“将剑术列为正课”，但有人认为在文明开化之时，剑术被认为是“顽固和野蛮的”而未被批准[②]。文化的演变必然会受到社会变革影响，这种西式文化模仿的发展经历了 10 年左右之后，日本社会对这种文化模仿与全盘借鉴产生了反思，认为全盘西化会产生“文化迷失”现象，由此从官方到民间都表达出强烈的“回归传统”的呼声，而《国粹保存旨义》（1888）的发表则是终结全面西化的重要标志，其中日本民族文化的象征——“武士道精神”重新受到重视和提倡[③]。

日本的做法并不是搞两个极端，并没有完全抛弃西方体育思想，而是在日本民族深受“武士道”文化的影响下，从本民族文化中汲取营养，然后再在西方体育思想上进行学习，将一些适合自身的西方制度进行引入，并最终在技术上进行改良，从而重新塑造出一种新颖的武道来复归日本民众心中一直存在其具有神圣地位的“武士道”文化。这表现出日本武道教育的“拿来主义”经验是他们擅于对外缘异质文化的吸收、转化，这促使日本武道

① 郑旭旭，袁镇澜．从术至道——近现代日本武术发展轨迹 [M]. 厦门：厦门大学出版社，2011：146-154.
② 同上，第 33-34 页．
③ 同上，第 36 页．

教育制度供给的现代化转型之路较为顺畅，很好地将武道中特有的道德情感、礼仪价值、无惧无畏等进行创造性转化，因而被日本的国家管理者和教育者们认可，其地位也随之不断提高和加强。例如，日本武道对民族精神产生的巨大作用得到了日本文部科学大臣中山成彬的肯定，并提出“日本武道在世界各国广受欢迎，我们不仅要练习武道，还要以通过武道培养受世界尊重的日本人为目标，提高日本人素养”[①]。正是日本文部省在制度供给的同时，形成了从官员到社会的一种特有武道文化氛围，使日本武道教育的各项审议决策结果及倡导起到了很好的认同效应。据上而论，日本武道制度供给的效应益处，首先是考虑和设计了符合自身民族文化特点的政策，其制度设计上就很好地体现了这一点，如柔道“精力善用”“自他共荣”的思想本体，就是来源于西方合理主义的“经济效率性”，受英国功利主义学派影响，并将这些理念提升到具有普世意义的社会道德体系中，并通过制度形式予以确定、应用和推广[②]。这表征日本传统武道文化是经过扬弃、筛选和转换来适应现代西方文化，它实际上是日本传统文化与现代化关系的生动反映，也反映出日本传统文化与西方文化的拼接与融合并没有出现过多的文化抵制现象。这种制度供给的根本目的就是为自己本民族文化“忠君爱国，忠孝一本”传统儒教伦理作为主轴的价值取向进行弘扬和传播的基本方略，并将其他文化融合其中，而不是割裂民族文化，这就很好地满足了服务于政治的供给主体需求。作为教科形式的日本武道发展，从动机上看带有明显的国家意识，并把它上升为“富国强兵”及“国策”高度来加以重视[③]。因此，作为“国策”的武道得到了政府和社会的广泛关注。总而言之，日本社会随时反思制度供给的效应问题，如出现不符合民族文化发展的状况则及时进行纠正和调整，因而其最初的对

---

① 孙喜和，李柏．武道必修化过程中的教育投资研究——兼谈对我国武术教学的启示[J]. 体育与科学，2013，34（02）：89-93.

② 韩璐．嘉纳治五郎武道思想研究[D]. 太原：中北大学，2017.

③ 本多雄治．清末民初日本武文化对中国影响[D]. 广州：暨南大学，2006.

西方体育“文化迷失”并没有一直持续下去。

四、从制度供给权责上的经验审视：由统一管理到扁平治理

1944年3月24日，日本提出《关于将厚生省的武道行政统一移交文部省管理的建议》，自此武道的行政管理及相关发展在日本实现了由文部省统一管理①。同时，进行的还有日本教育机制改革，并提出了国家放权、地方主导、学校自主的三级管理制度②。特别是日本在学校武道教育必修化过程中，正是在三级管理制度供给下展开的，而这种三级制度管理可充分体现出“权责分明”，即国家承担政策建设及经费、地方政府提供师资培训及产地器材维护等，各级试点学校积极开展武道教学，这为学校武道教育必修化提供了最有力的人、财、物保证。简单说来，就是文部省出钱，各地方政府进行相关资源整合，各级学校全力开展教学的三级管理格局，如图4-3所示。日本文部省按照三级结构分工明确的原则非常容易地在学校中开展武道文化宣传。同时，日本为了更好地执行及监督相关政策情况，从1981年开始日本文部省还成立了“武道振兴委员会”，几乎每年的3月中旬，在东京都要举行“武道振兴大会”，而大会主题基本都是围绕武道教育的发展，提出了要“高举起武道作为教育途径的旗帜，特别是武道对青少年人格的培育，在学会如何专注、如何克制、如何宽恕、与人如何相处等方面，突出武道教育的特殊作用”，而武道大会的相关议案，在文部大臣的直接监督和咨询下对有关武道振兴事宜进行调查和审议，而最终形成的决议就是当年日本武道教育的行动纲领和基本策略③。从这些经验中得到启发就是日本的制度供给过程中管理

① 郑旭旭，袁镇澜．从术至道——近现代日本武术发展轨迹[M]．厦门：厦门大学出版社，2011：278.

② 孙喜和，李柏．武道必修化过程中的教育投资研究——兼谈对我国武术教学的启示[J]．体育与科学，2013，34（02）：89-93.

③ 郑旭旭，袁镇澜．从术至道——近现代日本武术发展轨迹[M]．厦门：厦门大学出版社，2011：179-180.

层级是相对较少的，而且有专门的“武道振兴委员会”来组织每年的“武道振兴大会”，这很好地处理了一些宏观和微观制度上的缺陷，使相关武道制度、政策、计划等能够及时落地，有效发挥制度供给的宏观调控作用。从日本制度供给权责上看，其制度框架多体现“促”而不“统”，多元的、宽松的环境，让各种武道以“武”作为内容，采用多种表现形式、多种组织与管理方式，并借助经济发展，在各级各类学校中得到广泛普及。

我们再来看一下其他部分发达国家的学校体育治理层级也比较少。例如，英国的学校体育采取的是三级责权治理方式，而美国、德国的学校体育等则是采用两级责权治理方式，主要由州政府与学校来实施，联邦政府在学校体育具体事务治理中则相对居于超然地位，这样的好处就是学校层面的执行与管理幅度较大[①]。因此，无论是从日本学校武道教育还是其他发达国家体育制度供给在责权治理的层级上看，其治理方式具有明显的扁平化趋势，这有利于提高学校武道教育和体育教育的治理效率。

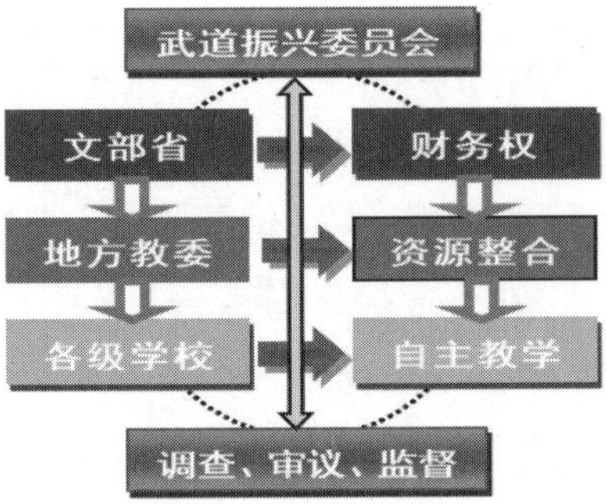

图 4–3　日本学校武道教育制度供给权责的三级管理示意图

① 张文鹏．中国学校体育政策的发展与改革研究[D].武汉：华中师范大学，2015.

第四节　现实反思——高校武术制度供给的优化路径

供给侧改革所提出的有效制度供给，这是高校武术教育如愿完成民族文化传承效应扩大和质量提升的关键，并以制度创新打开管理创新的空间，才能有效合成供给侧改革的“第一动力”，也可以说制度优化是高校武术教育服务供给优化路径的“龙头”。当我们审视前文所论述的“政策表达——高校武术教育制度供给的文本探析”时，看似供给了大量的制度政策，但对高校武术教育的治理效果并不明显，出现了需求端制度供给和激励性制度供给相对较少，其多以法规、纲要、意见的形式进行，其核心思想内容只是指向了政治表达，忽略了“以人为本”的制度设计。制度供给作为一种政治社会文化层面，直接与社会管理的主体相关联。俗话说“不破不立”，高校武术教育制度供给路径优化需要借鉴国内外相关领域成功的改革经验，并且必须在如何有效提高制度供给的整体协同性上下功夫。

一、制度供给主体的优化路径，需实现“多元共治”

李克强总理在2014年《政府工作报告》中首次提出，“要实行多元主体共同治理”的制度模式，这是中国在新的历史发展、实践及未来改革的一种“新境界”[①]。随着民主政治、政治参与、社会资本、分权等概念的介入，国家政治主导与社会多元主体参与的对抗及零和博弈已经过时[②]。同时，由于作为个体的大学生们对武术教育需求的差异化，而由政治主导所产生的统一性制度明显会

① 张璐．马克思主义公平正义观视域下新时代社会治理创新研究［D］．兰州：兰州大学，2019．

② 王名等．社会共治：多元主体共同治理的实践探索与制度创新［J］．中国行政管理，2014（12）：16-19．

产生供给偏颇。因此，高校武术教育要想取得实质性效果，其制度供给变革必须基于“政治主导”的单一主体向“多元共治”思想上进行转变，以此才能设计出满足绝大多数相关需求者和利益相关者的制度体系。

（一）由“一元”主体参与向“多元”主体参与转变

“临渊羡鱼，不如退而结网”，促进高校武术教育的繁荣发展是全面落实2013年由教育部主持推进的“全国学校体育武术项目联盟”工作、2014年教育部重新修订的《高等学校体育工作基本标准》、2014年教育部实施的《完善中华优秀传统文化教育指导纲要》、2017年教育部实施的《普通高等学校健康教育指导纲要》和国务院2019年颁布实施的《体育强国建设纲要》等重要战略任务，而这些战略的提出与实施也是国家关注学生身体健康和身心健康的重要体现。但众多政策的实施如果单纯靠政府的一元主体进行落实，其效果必然会出现监管无章可循、服务粗放等现象。基于此，政府是高校武术教育的领导核心，但其并不是唯一参与主体，其他诸如市场、社会组织、精英人物等都可以成为政策落实主体的一部分，同样可以肩负发展“高校武术教育”的重要使命。“多元主体参与”特征使得日本武道教育在世界上独树一帜，这就得益于日本的政治家、企业家等精英人物对日本武道教育的关注，如日本前首相桥本龙太郎，他就被称为“剑客首相”，他对日本武道发展发挥了重要的个人影响力，而与日本武道共生的企业家、民间团体对日本各武道联盟形成了强大的人力、物力和资金等支持，以保障各项日本武道教育政策的有效落实①。中国现阶段主要以教育部体卫艺处和国家体育总局武术运动管理中心的力量在高校中推广武术，是远不能比较的。因此，我们可以思考建立多层级主体参与来进行责任分担的制度模式，即由国务院、教育部、体育总局等政府机构的某种治理权力或服务管理，委

① 王晓晨，吉灿忠．日本武道近现代转型中对技击的处理及启示[J].山东体育学院学报，2014，30（01）：61-65.

托给地方政府和相关高校，或者政府委托市场、社会组织和私人机构。这里本研究需要指出的是，多元主体参与模式并不是简单的政府与市场、社会组织、私人部门之间的合作，而是这些主体之间的一种多元主体间对话、融合后而采取集体行动的过程。同时，多元主体参与的过程还需要加强高校武术教育的监督管理制度建设，明确多元主体角色、职责与相互关系，以有序的组织形式实现社会协同、问责机制、法治保障的监督管理格局，进而协调各主体间的利益关系，从而形成促进高校武术教育发展的共同行动与建设，其结果为所有参与主体共同拥有，呈现出一种彼此利益边界消解，实现一种全新的利益共同体，如图 4-4 所示。这里需要指出的是，政府的激励、保障机制要到位，从而实现学校、学生和第三方机构等有意愿、乐参与的局面，这样就会避免出现现有高校武术教育看似鼓励多头参与，却无人参与的局面。因此，这种多元主体参与模式，不是自上而下的指挥管理过程，而是服务责任落实和多元参与意愿、能力的紧密相连。

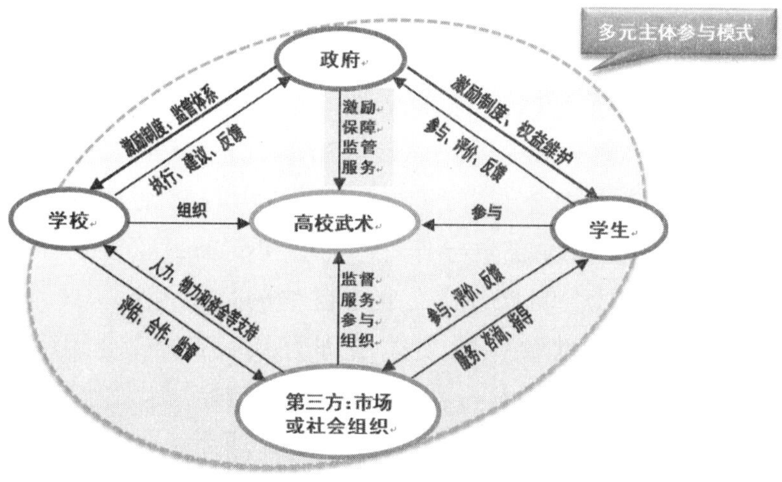

图 4-4　高校武术教育制度供给主体“多元”主体参与模式表述图

（二）由“它治”治理模式向“自治”治理模式转变

一定程度上，自治是共治的前提条件，因为缺乏一定自治权的多元主体无法摆脱自上而下的“刚性”政治主导控制，即无法限制公权力的扩张，这就限制了各主体发挥各自的功能和优势，会产生重新折回到一元治理模式，这也与“多元共治”所体现的开放、平等、协商等理念背离，也就无法实现共治目标。王岗（2006）认为，武术教育发展至今的诸多复杂矛盾其实就是自身体系问题，即便在现有的学校教育制度环境下，武术自身也是可以或应该做得很好的[①]。这也与2009年在哥本哈根召开的奥林匹克代表大会所提出“体育项目的组织、管理和运作的‘自治’议题”不谋而合[②]。“自治”作为突出以独立和自给自足为特征的一种治理理念，这种治理方式无须外部力量强制性干预，其发展动力是内部驱动力[③]。那么，高校武术供给主体或组织有必要脱离现如今国家政治层面的“刚性”要求，即国家政治权力的束缚与控制，要彰显一种向适应学生“情感逻辑”的方向前进。如果高校武术供给主体或组织仅依附于国家的权力意志，就无法保证自身优势的充分发挥和利益最大化的现实要求，也无法达到武术作为凸显中华民族文化的一种特殊性运动来弘扬民族文化的要求，这势必会消解各主体或自身组织参与武术的行动共识。也就是说，当今高校武术教育“他治”的重要表征若仅是凸显“政治主导”，那么只会削弱高校武术教育发展活力，葬送中华武术的美好前程。十八届三中全会提出“社会能办的事交给社会办，将治理还给社会”的治理理念，要发挥政府主导作用，鼓励和支持社会各方面参与，实现政府治理和社会自我调节、主体自治的良性互动。具体而言，即是改进高校武术教育供给主体治理方式，激发社会组织活力，激活武术协会及高校武术行业协会的自治功能，这就需要建立武术行业协会的“自治”治理模式，如图4-5所示。一方面，要明确

① 王岗，邱丕相．中国武术：尴尬的境遇与发展的新策略[J]．体育与科学，2006(04)：26-29.

② 黄璐．国际体育组织自治问题审视——以奥林匹克善治改革为背景[J]．天津体育学院学报，2016，31（01）：6-11.

③ 王允武等．“自治”理论及其中国实践[J]．西南民族学院学报（哲学社会科学版），2002（07）：21-32+276.

自身自治的事务范围，通过会员代表大会制定协会或社会组织的自治规章、许可批准权与日常管理、组织发展规划与政策、各级竞赛管理、违规违纪处理事务、内部纠纷解决机制等。另一方面，要明确自身自治的效力限度，自治是高校武术行业协会范围内局部的自我管理，因此其权力效力具有有限性，不能越权；其管理权力必须来自法律的明文规定，法律没有授权的不得为之，法律禁止的更不得为之；对于私权利而言，凡法律不禁止的即为自由。自治需要政府的分权、让利，调动高校武术教育自身的发展，但同时还要提出的是，要避免高校武术自治体系“各自为政，也就是自家孩子自己抱”问题，即“自治”管理改革一定要深化集中统一协调问题，制定好相关的监督体系，避免“自治”过程中的“乱为”与“不为”，更要避免高校武术行业协会作为教育部、国家体育总局的延伸机构而出现的“官民二重性”。因此，从“单一型它治”到“多维型自治”的转变，是提升高校武术教育治理能力之要旨。

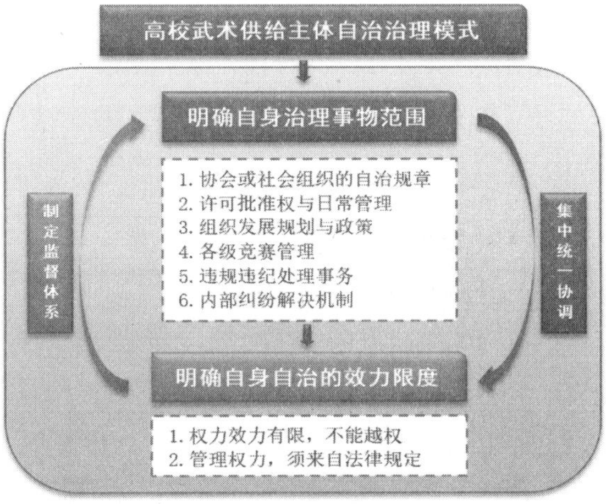

图 4–5　高校武术教育制度供给主体“自治”治理模式表述图

二、制度供给结构的优化路径，需突出“刚柔相济”

从追溯高校武术教育制度供给的逻辑中可以发现，直至今天，拥有历经近百年历史的高校武术教育在不同的历史时期都带有明显的国家意志和民族主义功能印记。当然，我们在回顾前面章节的分析中，无论是中国还是日本，甚至其他国家，其制度供给主体都体现出政治主宰的特征。因此，未来高校武术教育制度供给主体的优化路径探寻中同样绕不开“政治”这一因素，要为“政治”服务。但是，如何有效进行“行政干预”则是当局必须解决的问题。对此问题，本研究认为可从以下两个层面进行思考。

（一）由“刚性”政治主导向“柔性”人文关怀的转变

在前文的分析中我们已经了解到，在特定条件下形成的“政治主导”式高校武术教育制度供给主体已成为一种“刚性”要求，那么改革势必就意味着要打破原来的利益结构，并于此产生因调整变革所带来的困难重重局面，尤其是我们分析得出的一些碎片化的文件、意见、指导方案等制度供给使局部性、适应性的改革和打补丁式的制度供给做法将难以为继。但当我们审视日本武道教育在制度供给主体上的经验时，日本非常恰当地处理了武道教育如何体现出“政治主导”的“刚性”要求和“人文关怀”的“柔性”，尤其是日本武道文化中“礼”和武士道中“神”成为日本道德教育的主旨，以此让学生体验“本原生命”之魅力，最终成为学生生命永续发展的实践根基和行为指引。日本注重“以学生为本”来打造“青少年身心健康”为主要目的制度供给，这成就了武道教育在日本的良好开展，这为高校武术教育制度供给的优化路径提供了有利借鉴。也就是说，应对大学生们对武术教育需求的差异化及多元化，就必须坚持“以学生为中心”的发展思想，其制度供给必须嵌入“以学生为中心”的情感逻辑，如图 4-6 所示，以此体现制度供给的“人文”精神，即制度供给不能只对文字、定律和符号等功利性教育加以肯定，而遗忘了学生作为个体的人“本原”是“身体”，即“德、智、体、美、劳”是一个共同体。那么，现有教育制度供给并未体现对学生“身体”的重视，尤其是中国传统文化中对人的身体内在气质、品格、精神修养方面的教育重视更加不够，以致中国政府近几年连续出台了多部关于弘扬民族传统文化的重要文件来找回传统文化对身体教育的关注。武术正因为遵循以身体活动促成精神升华来塑造一种理想人格的中国传统教育而再一次从国家层面予以高度关注。武术作为中华民族最具代表性的“身体符号”,国家的关注与最终的实现与否,则必须尽快建设“以学生为中心”情感逻辑的教育制度体系,并将学生的“身体”作为首要原则进行制度性保护。摒弃过去政治主导的“刚性”要求,把这种“柔性”的人文关怀贯穿于制度建设的始终,这样才能够以制度供给为龙头去引领学生的武术需求,而不是为了适应学生、适应社会等被迫去不断改变政策或“打补丁”式的制度供给。也就是说,未来的高校武术教育要形成一种可续新发展的制度供给统一体,最终向着“完整的人”价值追求和理想形态发展。

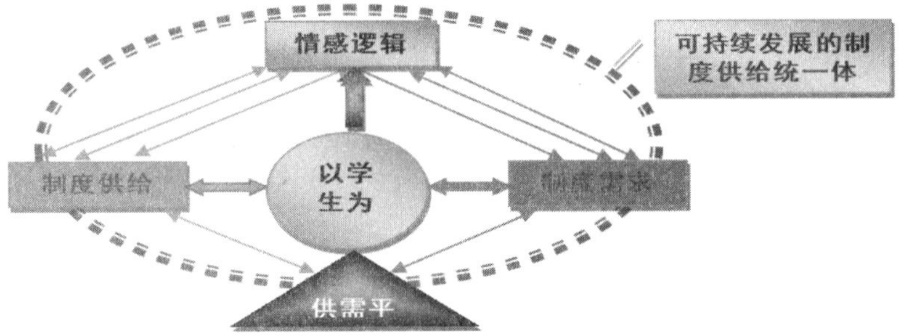

图 4–6　制度优化路径中嵌入情感逻辑的表述图

（二）将“加强”行政干预与“形塑”激励政策相结合

我们应当清晰,当前高校武术教育制度供给所面临的挑战,不论是制度理念上的挑战,还是制度方式上的挑战,最终都要落实到行政职能上。因为政府行政职能决定着高校武术教育的资源分配,并直接参与、影响着高校武术教育的发展方向。当前,中国正在大力推进“文化立国”战略并致力于民族文化复兴,武术发展得到国家高度关注。从高校武术教育制度供给的行政干预上看,“武术进校园”获得国家政策支持,提出了重视民族传统内容的教育,建立起了三级教育体制。但从实际效果上看,对武术教育的政策投资、经费投资并未加强，这主要是因为政府行政干预的政策工具中，仅有中发［2002］号、中发［2007］7号、《中华人民共和国体育法》（2016修订）以及《学校体育工作条例》（2017修订）这四个政策文件，尚未制定单独的关于高校武术教育或武术教育的高层次法律法规。尽管在当前我国政府行政干预中，中央文件具有绝对的权威性，但是各级政府只是有传达和学习高潮，过后便束之高阁，因为它并非“刚性文件”，无法对利益相关者产生约束力。再加上《体育与健康课程标准》“课程规定”的巨大自由度和教学内容的不确定性使行政干预变得愈加困难。也就是说，虽然从制度供给上看非常重视武术教育，但政策实施并未有相应的或者实质有效的监督机构来进行管理，容易形成“上面千条线，下面一根针”的情况。顶层设计制度供给的“千条线”，但最终还是需要“一根针”落实，没有一定强有力行政干预的“一根针”势必容易“引错线”。因此，合理的制度结构供给是解决上述问题的关键，经前文分析由“刚性”政治主导向“柔性”人文关怀的思路，政府必须主导完善“刚性”的法律制度供给来“加强”行政干预，同时还要“形塑”激励政策辅以治理，通过“刚柔并济”制度结构工具组合的优化路径，如图4-7所示，来达成高校武术教育制度供给目标。从“加强”行政干预上看，要加快制定“刚性”的高校武术教育专门性法律与法规，必须用法律手段来加强政府、学校责任，强化监管问责机制，完善武术设施布局，落实武术师资配备等，使之各项内容都能依法依规进行，这样才能形成强有力的行政干预样态。通过强化高校武术法律权威工具建设，以保障行政干预有法可依，实现相关政策落地，也是检验依法治国方针全面落实的重要指标。

从激励政策的“形塑”上看，我国高校武术教育的激励政策，主要有学生和管理层（高校、教师等）两类。对于学生的激励政策主要依据《阳光体育奖章管理办法》通过“精神奖励”的办法来增强学生参加体育锻炼的荣誉感和自觉性，但高校学生由于学业、就业、考研等因素单纯靠“精神奖励”的办法已经无法适应学生，显得过于“柔化”，有必要将习武、练武、参武等活动与学生的评奖、评优、毕业等进行有效对接，以增加对学生奖励制度的“刚性”要求。对于管理层（高校、教师等）的激励政策主要依据《学校体育工作条例》（2017 修订），其激励政策描述的过于笼统不具体，主要强调以“精神奖励”为主、补贴为辅的激励措施①。其激励政策在各高校排名、学科发展、教师职务晋升等具体细节上没有明确规定。因此，为了落实诸多政策目标及彰显高校武术政策的溢出效应，亟需形塑符合中国国情的激励政策新体系，这也是一个必须面对的问题。我们知道，当前各高校都在进行“双一流”学科建设，各学校也都在拼项目、拼论文、抢人才、搞排名，而这样的唯项目、唯论文等评价机制势必影响到各高校的学科建设，武术作为学科建设的边缘，长期以来就不受重视，而在“双一流”这一政策的实施推进，更是加剧了这一现象，学校要排名就得拿国家级、省部级项目，教师要发表 SCI、SSCI、EI、CSSCI 等重要论文，这就使得高校武术教师也会趋向于此“坐而论道”，而武术实实在在的传播却无人问津。从这些内容上，我们就可以看出激励能力的弱化与政策的简单化问题。因此，为了促进高校武术的良性发展，亟待制定符合现实的激励政策体系。为此，顶层除了对开展好的高校、管理者和武术教师在精神上、物质上进行奖励之外，还须与学校发展、学科建设等进行衔接，如果不与此进行相应对接，那么高校就没有动力来传播武术。这就需要在“双一流”学科建设中对民族文化传承与传播方面做一些相应要求，提出相应加分政策，这样才能使各学校有动力，进而使相关管理者和教师更有目标。因此，本研究认为，如果从国家制度层面设立诸如“国家自然科学基金”和“国家社会科学基金”相类似的“国家级武术文化传播基金”及“各省市的武术文化传播基金”，此基金项目的趋向就是注重武术在学校范围内开展的有效性，并作为人才评价的一种，这样势必会形成一种良性竞争。从制度层面设立“武术文

① 赖天德．认真抓好学生每天一小时体育锻炼 促进中央 7 号文件的全面落实［J］．中国学校体育，2008（05）：7-9．

化传播基金项目”,提升高校和教师的积极性。正所谓制度是“指挥棒”,如果通过这样的政策制定,定会推动各高校、领导、武术教师,甚至是“非武”人士传播武术文化的动力,必将有效解决高校武术教育政策供给过程中激励能力弱化和政策简单化问题。最后再通过“加强”行政干预和“形塑”激励政策来形成合理的政策工具组合和体系,这样才能切实推动高校武术教育各项政策的落地生根。

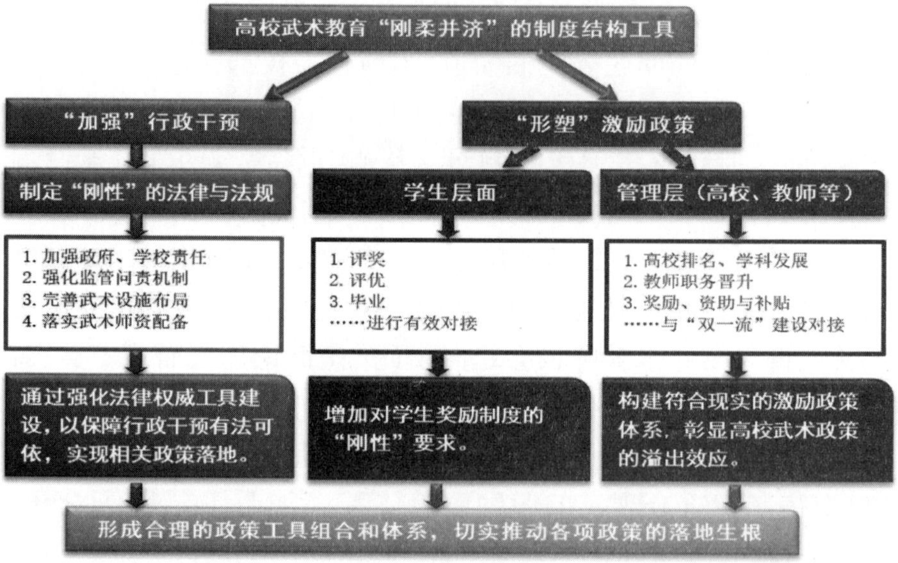

图 4–7 高校武术教育“刚柔并济”制度结构工具组合的优化路径表述图

三、制度供给效应的优化路径,需体现“武术认同”

学生是高校武术教育的主体,他们的参与指标是武术繁荣与否的基础。据此,高校武术教育制度供给效应的认同问题就不简单是学生的武术观念或民族文化意识问题,而是高校武术建设本身的问题。没有合理、有效的武术自身建设,就不可能形成具有广泛社会和文化基础的武术认同。尤其是在当前国家治理中所倡导的“以人为本”的社会背景下,围绕高校武术教育制度建设所形成的武术认同建构,必须将“以学生为中心”作为基本前提。

由此，学生的观念、权益与行动就自然成为高校武术教育制度供给效应的决定力量。在武术与学生、制度与学生的有机互动中，高校武术教育制度体系的质量决定着塑造学生武术认同的能力，而武术认同的形成过程也塑造着高校武术教育制度结构体系。因此，高校武术教育制度建设在努力改善武术认同的同时，必须时时从武术认同检视高校武术教育制度建设面临的问题与挑战，从而将高校武术教育制度体系的健全、优化与武术认同的深化有机地统一起来。在此背景下，本研究认为可从文化认同、社会认同及心理认同三个方面来达成武术认同，以此促进高校武术教育制度供给效应的优化，如图 4-8 所示。

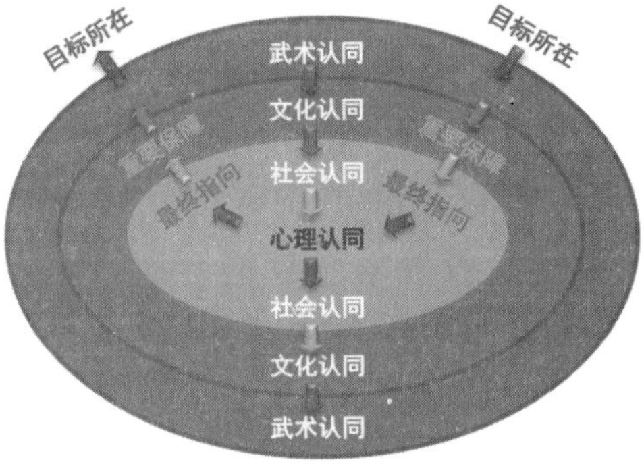

图 4-8　高校武术教育制度供给效应的优化路径表述图

（一）文化认同——高校武术教育制度供给效益的“逻辑起点”

中华文化基因是中国社会发展和民族振兴的精神命脉，处于社会实践中高学历、高知识的大学生群体，只有真正在文化层面上自觉地接受高校武术教育，并自觉践行，作为工具体系的高校武术教育制度供给才能发挥应有效应。武术认同危机的核心问题就是如何解决以西方为模板的体育制度供给系统和中华民族武术文化之间的冲突。因此，武术文化认同的核心就是如何利用武术自身体系创造新的“价值认知”和“身体体验”，而不是简单的西方式体育“模仿”和“依附”。基于此，本研究认为文化认同是彰显高校武术教育制度供给效益的逻辑起点。我们知道，在当代中国，大学生对武术文化的认同随着全球化导致利益主体多样化，这就带来体育、武术等观念和行为方式的多样化，促使体育文化、武术文化呈现多元化和差异性趋势。大学生武术文化认同面临重大挑战，西方体操式的“竞技武术”一家独大，抑制了高校武术教育制度供给的贯彻与执行，导致高校武术教育制度在实践中的空洞化、虚无化与弱化，武术的“文化虚无与文化异化”又进一步促使武术教育走向功利化[①]。从文化认同角度看，日本武道教育非常值得我们借鉴，前文在“从日本武道教育制度供给效应上的经验审视：由文化迷失到文化认同”中分析到，日本武道教育也在一定时期存在着与中国武术教育共同的问题。但日本政府、民间能够非常统一地着眼于自身的传统文化，此文化氛围影响着各阶层对武道的精神价值认同的高度统一。在这种强烈的民族文化认同驱动下，官民上下一致助力武道在日本学校中的全面开展。因此，只有在文化自觉的感召下，社会实践中的利益相关者才会认同并真正践行高校武术教育的开展，武术认同对于高校武术教育而言，不仅是一种传承民族文化的立场，更具有民族文化复兴的战略意义。由此，本研究认为，首先要做的是将当前高校武术教育中“竞技武术”主流教育范式中过度注重武术的“技能传习”向“文化传承”转变，要改变武术对西方式体育的“模仿”和“依附”，将传统武术纳入到中国文化建设中，有必要从顶层的制度设计上将武术提升为“国学”“国术”高度，从文化传承的角度去继承、发展武术，这也是扩大高校武术教育制度供给效益的重要途经；其次，要从民族文化复兴角度，政府要主导武术文化承担提升中华文化认同的责任，避免只强调“竞技武术入奥”而遮蔽了“武术文化的多样性”，要制定“竞技武术”与“传统武术”二者之间认同冲突的融合策略，合理引导武术文化发展；最后，由于中国武术“门派林立、种类繁多”的独特现象，由此所产生了较多的各门派观念、宗法制度，这不利于武术文化认同建设，因此

① 雷军蓉，巩子天胤．中国武术本体走向的迷失与价值变迁[J].北京体育大学学报，2014，37（06）：27-31.

需要从国家层面予以协调、规范。基于以上三个方面来扩大高校武术教育制度供给效益，以此最大化实现高校学生对武术文化的认同，最终夯实根基，筑牢起点，实现腾飞。

(二)社会认同——高校武术教育制度供给效益的“重要保障”

社会学理论认为，社会认同的本质就是一种集体观念，具有强烈的集体凝聚功能，是社会中族群共有价值、信仰和行动取向的集中体现①。本研究在“他山之石——高校武术教育制度供给的问道空间”中分析到，日本学校武道教育“武道振兴委员会”就是其集体观念的一种制度设计，发挥了其强大的集体凝聚力，除了将日本武道教育发展成为日本学校教育的重要主体，还将日本武道教育价值从学校向社会推进，全面提升国民体质与精神风貌的价值功能和社会贡献，使得日本武道教育得到了日本政界、商界以及民间的广泛认同与赞许。因此，高校武术教育制度建设得怎么样？效果如何？政界、商界如何看？武术界群体是否满意？社会各界人士是否认同？这些都是衡量高校武术教育制度供给效益的集中体现，更是其效益优化的保障。社会学家李友梅教授认为，社会认同由福利渗透、意义系统和社会组织三部分构成。福利渗透是指某行业、集体等自身发展对生活质量提升、社会贡献程度的具体价值；意义系统则由诸如知识、道德、价值取向和归因机制等象征符号构成，通过教育、传媒、人际互动等渠道发挥作用；而社会组织的功能在于向其成员灌输行动逻辑、塑造特定注意力分配结构以及营造组织文化②。基于此理论，高校武术教育制度供给效益的社会认同则可以从福利渗透、意义系统和社会组织这三个方面进行建构与检视。首先，从福利渗透上看，高校武术教育制度的建设能否对社会有所贡献，能否在学生思想、身体等方面感知而提升其学习与生活质量就是供给效益的最直接体现。

---

① 蒋国勇.社会认同视野下乡村档案文化建设的长效机制研究[J].浙江师范大学学报（社会科学版），2013，38（06）：103-107.

② 李友梅.重塑转型期的社会认同[J].社会学研究，2007（02）：183-186.

因此，国家职能部门、武术团体、官员、名人、学者、教师及社会人士等要从武术的文化价值、教育价值、竞技价值、自卫价值、健身价值、医疗价值、审美价值、娱乐价值、经济价值、交往价值等不同侧面发力，挖掘其功能效益推动自身与社会发展。其次，从意义系统上看，将上述诸多价值功能，通过互联网、电视、报纸、学校教育、社会武术培训机构以及各类武术活动中人际互动等途径宣传其价值功能，并形成一种价值渗透，使其对社会的贡献让人感知与认可。最后，从社会组织上看，当高校武术教育制度在福利渗透与意义系统做好相关建设时，定会影响高校武术教育各社会组织，如作为学生最先直接接触的大体协武术协会及各类大学生武术协会、联盟等社会组织，这些组织要真正发挥其组织效益，营造武术文化氛围，关注学生武术爱好的群体与个人发展，为学生们的武术行为做好指引。也就是说，只有高校武术教育制度建设在福利渗透、意义系统和社会组织进行有效回应时，社会认同才能形成。

（三）心理认同——高校武术教育制度供给效益的“最终指向”

从心理发展角度看，大学生正处在迅速走向成熟的过渡阶段，在知、情、意、信、行等心理品质和特征上表现出许多过渡状态。因此，只有在把握当代大学生心理发展特点的基础上，才能激发高校武术教育制度供给效益的心理认同机制，而我们所探讨的武术在文化认同、社会认同机制最终也是指向作为利益相关者——“大学生们”的心理认同，没有“大学生们”的心理认同，就很难从根本上扭转当代大学生从心理上对武术的轻视。因此，心理认同则是实现高校武术教育制度供给效益的“核心所在”。促进当代大学生对高校武术教育的“心理认同”，必须遵循“以学生为中心”的情感逻辑来制定相应的制度供给，这在前文中已有分析，此处不在赘述。这里本研究要提出的是，除了制度供给还要探寻当代大学生对武术需求的心理认知。由本人撰写并发表于《中国学校体育（高等教育）》的“错位与平衡：学校武术教育发展的供给侧探析”中指出，当代大学生们的体育参与不希望从课堂的学习压力又转向为一种课外锻炼的压力，他们喜欢更简单、更轻松、更快乐的武术，以缓解课堂学习压力。而且，当代学生们还希望在接受教育的过程中有选择、学习、表达等方面的自由权[①]。因此，这就必须在武术的核心技术体系上下功夫，要根据学生现在喜欢的技击、娱乐、健身等方面的相关素材进行全新的供给内容设计，使武术供给内容的类型尽量多样化。只有这样，才能广泛地在学生的武术实践中得以践行并形成一种心理认同。

当我们从文化认同、社会认同和心理认同三个方面探讨高校武术教育制度供给效应的优化路径时，我们一定要明确，没有武术文化认同，社会认同就难以形成，心理认同自然也不会牢固。只有实现高校武术教育的文化认同与社会认同，才能促进高校武术教育在学校场域内的广泛心理认同。因此，今后如何从制度供给层面推动高校武术教育的文化认同、社会认同与心理认同，成为彰显高校武术教育制度供给效益的核心内容。

四、制度供给权责的优化路径，需实施“扁平管理”

在前文中我们已经分析出高校武术教育制度供给“多头治理”“权责不清”的现实状态，而从高校武术教育参与制度供给部门示意图（见图 4-2）中我们也可很直观地看出，我国高校武术教育呈现出严重的科层化垂直管理体系，高校武术教育这种专业性较强的扁平管理只是处在当前科层化垂直管理体系末端，这就出现了制度供给职责主要由行政人员来履行，而不是武术专业人才管理，这就容易导致武术活动的行政化、官僚化、“外行”领导“内行”等问题发生，这也是当前高校武术教育制度供给效能不高的重要原由。从日本学校武道教育的经验来看，1944 年日本就提出了武道教育的行政管理及相关发展由文部省统一管理，而“武

① 褚宏启．教育治理：以共治求善治[J]．教育研究，2014，35（10）：4-11.

道振兴委员会”这一专业组织则承担了主要管理职能，文部省的科层管理大部分主要起到一种监督作用。从这里再看我国武术系统发展则一直沿袭科层化管理模式，政府习惯于大包大揽，尤其是政府在高校武术教育制度供给权责问题上，基于行政需要多头设置部门，而这些职能部门设置又缺少统筹与协调，以致体育职能部门与教育职能部门之间存在一定的利益冲突，如学生的文化知识学习是教育部门的主要抓手，那么对体育的关心则不够，而武术推广则是体育部门最关心的要务，对文化学习上的事又无能为力。还有教育部和体育总局制定的政策相冲突，如教育部推进“全国学校体育武术项目联盟”体系的武术教改，而国家体育总局则大力主张以“武术健身操”和“段位制”为突破口来推动武术在学校的发展，这对开展武术来说是制度供给资源的相互矛盾，是不利于武术在高校推广的。受这种体制影响，高校内部组织机构的科层系统重文化、轻体育，重学科、轻术科，而高校武术教育作为重要的一门术科自然不被重视，体制的僵化阻碍了高校武术教育发展，并导致了学生武术活动手段严重匮乏，最终致使武术教育的整体低沉。因此，当前迫切需要高校武术教育制度供给权责的改革和转变。

武术教育作为一种专业性很强的学科，它在高校教育中是培养人才的一种重要方式，有其自身独特的组织与管理问题。它与科层化行政组织截然不同，高校武术教育相关供给主体或组织职能主要是致力于通过武术来协调学生在成长与发展过程中所遇到的各种矛盾冲突。高校武术所具有的较高专业性就决定了责权供给的自觉性以及反强制性特点，突出体现扁平化的专业管理及专业权威，而非科层化组织的权力性、强制性的行政权威。因此，高校武术教育扁平化专业管理主要解决的是武术技术效率与武术文化传递效率问题，而不是行政效率。其治理图景更多体现的是横向水平发生的自治，而不是垂直向下的行政治理。这就需要高校武术教育制度供给权责进行统一，需要形成一种协同发展的扁平化的专业组织模式，如图 4-9 所示，即教育部门和体育部门的武术组织需要合并发展，形成一种扁平化管理组织与机构，要让专业的人干专业的事，避免外行领导内行。同时，会避免多方牵头而产生的制度供给冲突，能够统一思想，这样方便管理，也更有利于高校武术的发展运行。另外，这种扁平化管理组织与机构需要处理好三方面要求：一是要处理好政府科层组织和扁平化管理组织与机构如何分权的问题，相关问题需要不断深化、细化，明确权责；二是要给予武术专业人士及机构一定权力，避免专业意见受到影响或部分非专业人士乱为；三是要建立能对高校武术教育扁平化管理组织与机构进行公开透明的考评机制，对于高效专业的机构予以制度上的支持，对于效率较差的机构要及时取缔。为此，本研究进一步提出高校武术教育扁平化专业组织管理所要具备的三方面条件来实现高校武术教育制度供给权责的优化。第一，高校武术教育扁平化管理组织要实现“独立性”。独立性是高校武术教育扁平化组织管理作用发挥的必要条件，如果制度未赋予这一专业性较强组织的相应独立性，其所应拥有的权力就会很容易被缺乏武术认识的行政组织人员剥夺。若是如此，其扁平化管理就形同虚设。第二，高校武术教育扁平化管理组织要体现“专业性”。这就要求高校武术教育扁平化管理组建一种由本学科内部具有学科和术科专业人员组成的“武术共同体”，使武术学科内部学科与术科专业人员之间不断地进行对话、交流与沟通，要让专业的人干专业的事，从而既能促进武术专业知识的有效增长，又使得工作能够得以顺利、有效进行。第三，高校武术教育扁平化组织要具有“自觉性”。高校武术教育扁平化组织自身的自觉性不仅是其组织、能力或学术权威产生的基础，也是使得政府行政组织对其产生认同或承认的必要条件，更是武术在高校教育中存在意义与价值的重要体现。如果没有自身自觉性的产生，那么它在政府行政组织及高校管理过程中的存在意义与价值就难以形成。

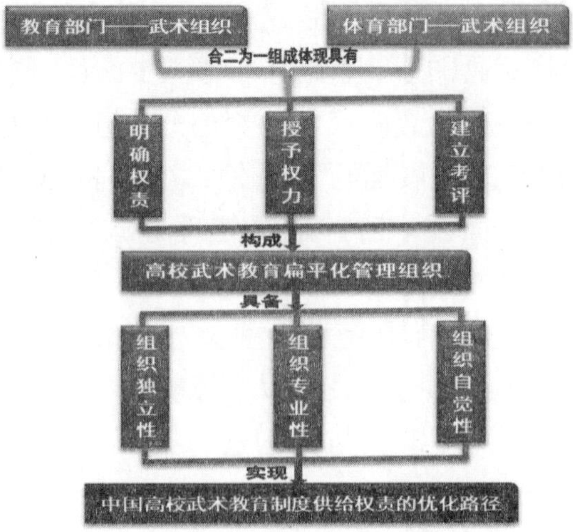

图 4-9　高校武术教育扁平化的专业组织模式表述图

【本章小结】

经济学家贾康认为“制度创新在中国经济社会转轨过程中具有龙头意义”。那么显而易见,制度结构调整在高校武术教育服务供给优化中就起到了“纲举目张”作用。因此,武术教育制度的创新建设与运作的成败决定了武术在整个高校系统中的生机与活力。但目前高校武术教育制度供给寄予体育制度发展改革之下,使得高校武术教育的发展从一开始就丧失了自主性独立发展的生存空间,致使其制度结构出现僵化局面,也使得武术教育制度发展逻辑产生异化,最终造成高校武术教育运行偏离了正常的发展规律。回顾上述研究,在政策表达中,长期以来,尽管我国形成了较为完善的政策治理机制,但在高校武术这一领域的政策制定还不完备,多体现为学校体育层面,高校武术教育制度供给依附于体育政策层面之下,并且表述过于笼统,以致无法形成制度层面“纲举目张”的统领作用。在问题审视中,政治主宰、刚性不足、认同缺失、多头治理等原因造成制度供给效益难以表达。本部分从日本武道教育的成功之处进行了政策表达的借鉴,尽管中国与日本的武道教育制度供给方式不尽相同，但日本与中国有深刻的文化背景联系，日本在长期的实践与探索中逐渐找到了适合于本国国情的学校武道教育制度供给方式，其制度经验值得我们借鉴。因此本章从“多元共治”“刚柔相济”“武术认同”“扁平管理”四个方面提出了高校武术教育制度供给具体的优化路径与建议。当然，一项好的制度结构调整与改革必然是制度与人之间的一种反复调试过程，制度的出台可以是一夜之间，但政府职能部门、社会管理者、教师、学生等组织和个人的接受和执行却需要长期磨合才能达到最好的平衡。同时，好的制度调整与改革之所以能长久和行之有效，一定是能有效解决现实问题及得到绝大多数利益群体的理解支持，这个道理，颠扑不破。为此，今后高校武术教育制度优化路径的调整与改革，在借鉴相关国家较好的经验之余，一定要深入探索符合中国文化，建立以“学生为中心”情感逻辑及适应社会发展程度的制度方式，并上升到国家高度来统筹规划。正如著名武术家邱丕相先生所言：“武术教育研究只有站在全人类发展的高度、作为一项国策去研究和发展武术，武术才会大气磅礴，生机无限，才能更好地为民族、为国家、为人类的进步做出贡献。”

第五章　课程体系重构：高校武术教育服务供给优化的根本所在

“胜人者力，胜己者强”，而教育又决定着大学生顺利成长与否。我们知道，中华民族自古以来都具有崇尚强悍、勇武的民族特质，在千百年来历史长河的变迁过程中，武术教育则是保证这种特质得以承继的基本方式①。“文能安邦平天下，武可鞍马定乾坤”之表达，被历代王朝奉为强国之本。由此可见，培养“纬武经文”之贤才同样也是当前我国教育的基石和根本所在。中国共产党十九大报告精神赋予高校教育发展的新要求，即着力解决高校教育发展中的不平衡、不充分问题，切实保障学生在接受教育过程中有更多获得感。《关于全面深化课程改革落实立德树人根本任务的意见》明确指出：“课程是教育在思想、目标和内容上的主要载体，集中体现国家意志和社会主义核心价值观，是学校教育教学活动的基本依据，直接影响人才培养质量”②。因此，课程是大学的灵魂所在，更是高等教育“质量提升”的核心内容。高校武术教育课程体系的质量如何则直接影响了高校武术的发展。高校武术教育服务供给优化的本质就在如何体现以“高质量”求得发展与生存，而教育改革的核心问题之一就是课程问题，因为课程的目标、内容、师资、结构和实施等因素共同决定着学生对武术的喜爱与否。但由于高校武术长期受体育系统“重学科、轻教育”“重建设、轻评估”“重技术、轻情意”“重体质、轻健康”影

---

① 陆小黑，唐美彦．中国武术侠义精神历史变迁的理论诠释[J]．沈阳体育学院学报，2016，35（05）：132-138.

② 全面深化课程改革落实立德树人根本任务[N]．中国教育报，2014-06-23（008）.

响[1]，致使武术带给学生的获得感相对偏低。尽管从民国初期武术课程进入高校至今已有百年历史，但中国武术教育研究无论是在理论层面还是在实践操作中，均过于注重对教学法、教学内容的研究而忽视或者没有意识到课程研究，甚至直接把课程问题纳入到教学问题研究中，以教学代替课程。高校武术课程专题研究乏力且高校武术课程研究根本没有进入武术教育研究的视野而被长期悬置。这些问题的出现，则在于高校武术课程体系并没有从武术本质和发展规律上进行建设，也未能与高校教育有机结合，以致武术自身特点不能在高校课程中予以彰显，致使高校武术课程被各类体育项目，甚至外来的同类武技（如跆拳道、空手道等）代替。因此，中国高校武术课程体系如何能够基于武术自身特点、本质和规律并结合高等教育规律进行重构，则是高校武术教育服务供给优化的根本所在。

第一节　功能错位——课程体系供给的真实图景

课程体系作为一个极其复杂的组织系统，包含了课程在目标、结构、内容、实施、评价以及师资等六方面要素。但中国高校武术课程体系供给状况的真实图景表现出明显的“功能错位”，以致无法满足学生多元化需求。

一、课程目标的定位认知：含糊不清

高校武术教学课程目标就是要解决教与学要“达成什么”的问题。因此，高校武术课程目标体系要体现武术课程目标的具体化，课程目标的表述要力求明确、具体，避免含糊不清和不切实际。从实际状况的梳理上看，中国高校目前暂无国家规定且统一

① 全面深化课程改革落实立德树人根本任务[N].中国教育报，2014-06-23（008）.

的公共武术教学课的培养目标与规格，因此其课程目标定位就存在着含糊不清的状况。如果课程目标含糊不清，则不便理解与把握，就会影响“教什么”“如何教”“如何学”“教得怎么样”的问题，也就不能充分发挥高校武术课程的作用，教师的教和学生的学就会失去明确方向，达不到预期效果。通过文献梳理，当前高校武术课程目标定位主要表现为五个方面。

（一）以承继传统文化与民族精神为目标的定位思路

在第三章中我们已经分析，我国把武术作为学校教学内容是从 1914 年开始的，徐一冰在《整顿全国学校体育上教育部文》中指出，当时的武术课程目标基于社会现实确定了通过武术教育“以尚武重振民族精神”[①]，这在当时的社会背景下确实是非常有必要而且效果也非常突出，并且这种以振兴民族精神为目标的定位思想在民国到建国初期社会高度认可，由此形成了“国技”“拳术”“国术”被置于与军事训练、体操等课程同等的重要地位，并在各级设置相应的学分、学时和习练内容，此时的中国尚武精神可谓“盛极一时”[②]。建国以后，由于国家社会政治的平稳，尚武精神的提倡与落实大不如前。再由于国家极力推动“武术入奥”，武术过度地向竞技化发展，以致高校武术课程出现了“唯套路化”倾向，武术文化与技击功能被弱化现象严重，由此产生了各专家呼吁“承继传统文化与民族精神为目标的定位思路”。典型代表有邱丕相、王岗、郭玉成、杨建营等。例如，邱丕相（2011）强调，要充分挖掘武术技术的文化内涵，使技术教学真正能够渗透武术文化，使学生技术学习过程变成获得民族文化认知与体验的教育过程[③]。王岗（2009）则认为，武术教育要上升到国学角度，文化传承比技术传承更重要，应注重文化传播的新理念和强化文化意

① 徐一冰．整顿全国学校体育上[C]．国家体委体育文史工作委员会、全国体总文史资料编辑委员会．北京：人民体育出版社，1992：22-25.

② 钟启泉．课程论[M]．北京：教育科学出版社，2007：108.

③ 邱丕相等．武术文化传承与教育研究[M]．北京：高等教育出版社，2011：172.

识的必要性。强化文化意识，既顺应了当前社会对传统文化合理开发和传承的潮流，也是面对全球化浪潮彰显民族文化自身特性的需要[①]。杨建营等（2008）提出：学校武术培育民族精神方面的定位是培养具备勇于拼搏、坚忍不拔等竞争精神的基础，以此来实现增强体质、增进健康及弘扬民族精神的目的[②]。邱丕相、杨建营（2007）认为，武术套路必须立足于"提高学生防身自卫"能力来实现"弘扬民族精神"目的[③]。郭玉成等（2006）更认为，高校武术教育的历史使命就是继承武术文化与弘扬民族精神[④]。这些观点应该说是武术教育界普遍认同的观点，对于武术教育研究者而言，"承继传统文化自信""弘扬民族精神"是武术应有之为，也是区别于其他体育课程的亮点所在。因此，立足这一本体，相关研究开展较多，是主流观点。

（二）以建设文化强国与体育强国为目标的定位思路

2011年10月，中国共产党第十七届中央委员会第六次全体会议审议通过的《中共中央关于深化文化体制改革、推动社会主义文化大发展大繁荣若干重大问题的决定》，其中最大亮点就是提出建设"文化强国"长远战略。基于文化强国战略的提出，王军伟、王震（2018）认为，文化强国的兴起为中国武术的社会化回归奠定了生态基础，特别是中国武术精神的当代发扬，这对优化学校武术教育的思想性大有裨益，武术教育要向实现文化强国目标推进[⑤]。杨建营（2019）认为，学校武术教育是实现中华民族的伟大复兴与文化强国建设的具体实践途径，武术教育要将实现文

① 王岗等.重构学校武术教育体系必须强化"文化意识"[J].体育学刊，2009，16（12）：83-86.

② 杨建营等.学校武术的定位及其教育体系的构建[J].山东体育学院学报，2008（09）：73-76.

③ 邱丕相，杨建营.武术套路教学改革的新思路[J].体育学刊，2007（07）：66-68.

④ 郭玉成，邱丕相.高等院校民族传统体育学专业的历史使命——继承武术文化与弘扬民族精神[J].博击（武术科学），2006（02）：1-3.

⑤ 王军伟，王震.中国武术的文化使命及实现路径[J].体育文化导刊，2018（09）：112-117.

化强国建设、中华民族的伟大复兴作为总目标和最高目标①。面对新的历史机遇与使命，诸多武术学者同样认为应以建设文化强国为指南，要系统梳理武术学科领域的文化资源，借助武术文化优势，助力实现“文化强国”目标。2019年9月，国务院办公厅印发《体育强国建设纲要》中提出，到2035年，参加体育锻炼人数达到45%以上，人均体育场地面积达到2.5平方米，《国民体质测定标准》合格率超过92%。体育强国是新时期我国体育工作改革和发展的目标与任务，中国政府提出了要力争实现体育大国向体育强国的转变。相关专家基于此，又提出了武术教育也应以建设体育强国为目标，并创新推动武术项目的整理研究，并以此为基石，深入探究武术在健康促进方面的作用，全面规划武术教育育人工程。从事相关研究的专家有邱丕相（2020）、刘帅兵（2019）等。

（三）以实现武德教育和习武成人为目标的定位思路

教书育人一直以来是我国各类教育的基本宗旨。武术中的武德因受中华民族传统道德的影响和渗透，形成了自身独特的道德规范，这使武德教育成为武术教学中必不可少的环节。为此，无论是武术界，还是教育界学者，都普遍认同“实现武德教育和习武成人”是武术教育的基本目标定位，高校武术课程亦然。2017年中办、国办出台《关于实施中华优秀传统文化传承发展工程的意见》，其中明确指出：围绕立德树人根本任务，按照分学段、一体化、有序推进原则，遵循教育教学规律和学生认知规律，在学校教育的“各部分”要“全方位”融入中华优秀传统文化。可见，立德树人是教育目的，也受教育者“终身受益”的向度主线。对于高校武术课程来说，通过传承中华优秀传统文化并将其有效融入“立德树人”根本任务及育人目标落实，这是民族所需，也是高校武术课程的价值与本质体现。正如王岗（2018）认为，学校武术教育是实现“立德树人”根本任务的有效载体，因为武术天然具

① 杨建营．文化强国建设目标下我国学校武术传承体系研究[C]．第十一届全国体育科学大会论文摘要汇编．北京：中国体育科学学会，2019：1716-1717.

有“向善”“求真”“尚美”的育人价值，“引导学生珍惜学习时光，心无旁骛求知问学，沿着求真理、悟道理、明事理的方向前进”有力践行[①]。因此，实现“武德教育和习武成人”为目标的定位思路将一直是高校武术课程的必备体现。

（四）以突出实战对抗与练打结合为目标的定位思路

林伯源（1994）认为，从清末一直到建国初期，由于受“尚武精神”“强国强种”“救国图存”思想影响，在这一阶段，各级各类学校的身体教育目标定位就是提倡“尚武精神”，尤其注重技击实战运用[②]。因为多种历史原因致使武术“套路化改造”而长期形成的套路教学模式，尤其是高校几十年不变的武术基本功和初级套路，缺乏武术技击技术教学，使武术课程严重缺乏武术文化哲理教育及脱离武术本真教学，学生学完后既不能“打”，也不能“练”，从而出现了“学生喜欢武术，却不喜欢武术课”的现象。直到2004年，为了解决武术套路的老化现象及教学中武术失真现状，邱丕相、蔡仲林等（2007）联合提出了“淡化套路、突出方法、强调应用”的武术教学改革目标定位[③]。长久以来，武术课程如何改革不知何去何从之时，此目标定位的提出可以说具有划时代意义。武冬、吕韵钧（2013）又提出了“整合拳种、优化套路、强调应用，弘扬文化”为目标的武术教学思路[④]，并成为中国武术段位制改革的基本思路。赵光圣、戴国斌（2013）则提出了“一校一拳，打练并进，术道融合，德艺兼修”为目标的武术教学思路[⑤]，并成为中国学校武术联盟推广思路。可以说，这些改革目标的思路都

① 王岗，韩金清，侯连奎．中国武术“立德树人”的价值取向：求真向善尚美[J]. 体育学刊，2018，25（06）：1-6.

② 林伯源．中国武术史[M]. 北京：北京体育大学出版社，1994：213.

③ 蔡仲林，施鲜丽．学校武术教学改革的指导思想——淡化套路、突出方法、强调应用[J]. 上海体育学院学报，2007（01）：62-64.

④ 武冬，吕韶钧．高等学校武术课程体系改革研究[J]. 北京体育大学学报，2013，36（03）：92-98+105.

⑤ 赵光圣，戴国斌．我国学校武术教育现实困境与改革路径选择——写在“全国学校体育武术项目联盟”成立之际[J]. 上海体育学院学报，2014，38（01）：84-88.

深刻认识到要使中国武术回归技术本根，武术教育更要深入到中国文化的活水源头，可以说这是时代的一种进步。

（五）以完成技能教学和考试考核为目标的定位思路

在我国高等教育中，武术课程属于体育课程范畴，并作为体育教育的一项教学内容而存在，其主要功能是服务于实现国家教育总目标中的体育目的。因此，长期以来"传授体育知识""形成体育技能""增强体质""培养体育习惯"等是其主要培养目标。由此，在中国学校出现了很多"畸形"体育课，体质测试项目就是体育课内容，体育课演变成了达标课……但我们知道学校体育目的绝不是简单地、纯粹地提高学生身体素质[①]。据实际调查，如一些高校将24式太极拳教学列为必修课，但实质上教学过程就是"填鸭式"的套路传授，一节课教多少个动作，多少节课完成，然后进行套路考核，这就是典型的以技能教学为主要目标的表现形式。再如，以本所调查的东北吉林某高校体育教学大纲为例，总纲要求期末成绩体能测试（男生1 000、引体向上，女生800、仰卧起坐）占比20%，虽然武术专项按照进度有序进行，但体能考试还是会耽误1 ~ 2节课程，如果遇到一些实习情况，这个过程又会耽误学生的学习时间。而且，这所高校还增加了期中考试环节，再加上期末考试则需要用4学时来进行考试，这样算下来，就要减少4次课8学时的学习时间，占比已经达到总学时的22.2%。这就是典型的以考试为目标的课程定位。在中国高校武术课程中这种为了"完成技能教学和考试考核"为目标的定位思路与现象严重限制武术自身独特文化与教育功能的发挥。

二、课程结构的样态梳理：体系失衡

课程结构是指在一定专业培养目标和课程价值观的指导下，

① 王登峰．教育中的体育和体育中的教育[J]．体育科学，2017，37（12）：3-6.

构成课程体系的各个组成要素、要素间的组织、排列形式及各要素间的配比关系①。由于受国家宏观学科规划与学生培养目标影响，高校武术课程结构受国家、政府和学校控制。比如，高校武术课程结构无论宏观与微观方面都受《全国普通高等学校体育课程指导纲要》（以下简称《纲要》）的掌控，高校武术课程只能在一定范围内来达成自身科目的自主权。为此，本部分从"宏观"和"微观"两个层面探讨高校武术课程结构样态。

（一）从"宏观"上看

受《纲要》认知模式影响，高校武术"宏观"课程结构出现如下三方面问题。

第一，分科过于精细。从东北某高校的课程结构调查情况看（见表5-1），将武术课程拆成若干分科，套路、器械、格斗各成单科，而套路、器械、格斗里面又设诸多单科，这呈现出当前中国高校武术课程结构大致的一种样态，所体现的"分科课程多，综合课程少"的实际样态，而没有一个自成体系的综合课，既能打也能练的"真武术"课程。这样就会造成学生认为"武术就是套路""武术就是散打""散打不是武术"，更有甚者认为武术就是公园大爷大妈打的太极拳等令人啼笑皆非的解释。这造成了现有武术教学所产生的学生所学知识缺乏联系，能打的不会练，能练的不会打，更有甚者既不能打也不能练，这样的课程结构何谈培养解决实际问题能力。

第二，必修课程过多。我们知道，必修课程是由国家、地方或学校规定的学生的必学课程，设置必修课程的优势也就是能够最大程度保证达到统一培养的目标。但从现实状态来看，我国高校武术呈现出必修课程过多的情况。必修课多不一定是坏事，但从高校武术课程分科过细的现实看，其缺点也很明显，很多同学在必修课中学不到的内容，选修课或课外活动等又不能提供，这实

---

① 胡雅欢．运动训练专业课程体系的重构研究[D]．西南大学，2010：22.

则是对学生学习的一种限制。我们再从东北某高校的课程结构调查情况看(见表 5–1),则突出体现这种特点。

表 5–1　东北某高校课程结构调查表

类别	教学时数 学年 学期 / 教学内容	第一学年		第二学年		小计
		第一学期	第二学期	第一学期	第二学期	
必修	24 式太极拳	6	6	6	6	24
	拳术	32	32	32	32	128
	刀术	32	32	32	32	128
	剑术	32	32	32	32	128
	42 式太极拳	32	32	32	32	128
	散打	32	32	32	32	128
	短兵	32	32	32	32	128
	传统养生功	32	32	32	32	128
选修	太极拳、传统养生功	16	16	16	16	64

第三,理论传授不足。按照《纲要》文件规定,每学期应安排 4 学时的理论课教学,但目前高校公共体育理论课程设置所占比例较小,从任斌所调查的漳州 5 所院校中,只有 25% 的教师开设的理论课和实践课的比例达到了《纲要》文件所规定①。另据,马辉所调查的河北各类骨干院校的体育课理论课教学课时比例(见表 5–2)与《纲要》第 8 条的理论课设置比例要求还有一定差距,也进一步反映了整个河北省高校体育理论课内容将不能全面地进行传授(包括技术理论、裁判知识等),不利于《纲要》中参与目标的顺利实现,这也将进一步降低了学生学习的积极性②。再者,由于教学大纲中所占比例较轻的理论课程,大部分都是在进行技能传授,为了达到考试目的,教师则很少讲授武术理论,更不用谈在武术文化传播所起到的作用。由于武术文化和武术理论方面

① 任斌．漳州市高职院校体育教学现状及优化对策研究 [D]. 漳州：闽南师范大学，2014.

② 马辉．河北省独立学院体育教育现状研究 [D]. 石家庄：河北师范大学，2012.

教授的不足，这就会致使学生对武术的认同感降低，武术也与其他体育项目一样成了简单的肢体活动。

表 5-2　河北省各类骨干大学体育理论教学学时比例调查表

类别＼比例	10% 及以下	比例 10% 及以上
骨干大学	5 所	5 所
独立学院	10 所	8 所

（二）从“微观”上看

《纲要》认知模式不只是对宏观高校武术课程结构产生一定影响，同时还对“微观”层面的学生直接参与产生一种抑制作用。为此，本研究将从两个方面进行梳理。

第一，课内外的比例失调。课内外的比例即武术教学与课外武术活动的一种比例关系，现在各高校都相应地成立了武术协会、武术俱乐部等组织机构。但这种组织机构大多数都是学生自发组织行为，并不受武术课程的统一调度与安排。例如，对东北某高校的课内外比例的情况调查（见表 5-3），其规定的 144 学时，安排约 10% 的理论教学内容。学生课内与课外所用时间之比为 2 ∶ 1。虽名义上教学大纲中提到了各种课外活动，但基本上处于可有可无状态。这里本研究访谈了一位高校武术教师，他表达出课外武术活动就看武术老师自己了，如果自己想干就会弄，不弄也没有人去管，毕竟大家都各干各的，全凭个人爱好与责任心。其实这种状态也是当前一种很普遍的现象。陈天霞等（2001）也认为，虽然我国实施了《国家体育锻炼标准》，但现行体育课仍然大量存在“应试化”倾向，学生大量的时间都是基于课堂体育学习，课外体育基本形同虚设，学生体育锻炼时间严重短缺[①]。为了使调查更加准确，本研究采取了质性研究方法对东北某高校学生进行了为期一学期的追踪调查，从调查结果来看，这所高校学生对当前课内外课程比例的满意程度并不是很高。这里有一位同

① 陈天霞等．高校体育教学实施课内外一体化改革的思考 [J]．广州体育学院学报，2001（03）：98-101.

学的访谈表述，可以很直观地表达这种不满意。同学 A 表示："课上的学时太少，一学期就 18 节课，去了期中期末两次考试，再加上实习，能上到的课非常不多，技术掌握一点都不牢，但课下我们又没有地方可去练习，武术不像足球、篮球、排球找几个同学就可以玩，我们寝室就我一个人学习，他们都不会，我一个人练习也没有意思，而且有时我在寝室里练几下，他们都说我'比比划划'的太好玩，我都不好意思练了"。

表 5-3　东北某高校武术课程结构表

课程主要内容	授课学时	课内外学时比
体育基础理论知识（必修）	4	2 ：1
24 式简化太极拳（必修）	24	2 ：1
东北特色课程（冰雪运动）	8	2 ：1
兴趣选择项目（武术专项学时）	108	2 ：1

第二，课程结构太过固化。首先，由于国家允许地方有一定的自主权，所以除了国家统一要求开设的体育课，完成体质健康测试工作，各学校可以根据自身特色制定课程结构（见表 5-3），这是东北某高校的自主课程结构设置板块，共分为四个部分，体育基础理论知识（必修）、24 式太极拳（必修）、特色课程（冰雪）、兴趣选择项目（武术），也就是说武术课程即固定在这个课程结构之内，原则上规定的 144 学时，能够用到武术教学上的时间就只剩下 108 学时了。其次，武术课程要按照国家统一规定的教学结构进行教学，主要包括准备、基本和结束三个部分，并需要在教案中进行具体体现，同时上课是严格按照这样的基本模式进行，一节课被分为三个部分，在内容和时间设置上有着明显的差异与要求，如以一节课 90 分钟为例（见表 5-4），准备部分大致 20 ~ 30 分钟，包括集合、整队、点名、安排见习生、服装整理、器材摆放、师生问好、热身等，基本部分大致 50 ~ 60 分钟，主要涉及复习、学习和练习内容，结束部分大致 10 ~ 20 分钟，主要进行整理放松、器材归还、课程总结、布置作业、师生再见等内容。通过相关调查

（见表 5–5），由于武术动作的复杂性及套路教学任务过多，导致课程学习的巩固、练习、比赛等时间较少，上课基本都是新内容学习，武术课程大量的时间均集中在这部分。这种教学结构呈现出的学习过程主要集中在对武术知识的理解与记忆两个阶段，而基本上无时间来分配最重要的“应用”环节。

表 5–4　高校武术课程教学结构表

部分	时间（分钟）	内容
准备部分	20 ~ 30	集合、整队、点名、安排见习生、服装整理、器材摆放、师生问好、热身等
基本部分	50 ~ 60	复习、学习和练习等
结束部分	10 ~ 20	整理放松、器材归还、课程总结、布置作业，师生再见等

表 5–5　东北某高校武术——长拳教学计划（一学期）

周次	时数	教学方式	内容
1	2	实践课	学习二十四式太极拳 7 ~ 9 式
2	2	实践课	学习二十四式太极拳 9 ~ 12 式
3	2	实践课	太极拳考核：1 ~ 12 式
4	2	实践课	一、专项内容：1、复习长拳前二段；2、学习长拳第三段内容：（1）弓步右击掌（2）弓步左击掌 二、素质练习：1、武术基本功练习 2、中长跑
5	2	实践课	一、专项内容：1、复习长拳前二段；2、学习长拳第三段内容：（3）马步右格勾（4）马步左格勾（5）弓步右冲拳 二、素质练习：1、武术基本功练习 2、中长跑
6	2	实践课	一、专项内容：1、复习长拳前二段；复习长拳第三段 1 ~ 3 2、学习青年长拳：（6）勾手退步砍掌（7）勾手提膝亮掌（8）弓步冲拳 虚步挑掌 二、素质练习：1、武术基本功练习 2、中长跑
7	2	实践课	一、专项内容：复习长拳 1 ~ 3 段动作 二、素质练习：1、武术基本功练习 2、中长跑
8	2	实践课	一、专项内容：复习长拳 1 ~ 3 段动作 二、素质练习：1、武术基本功练习 2、中长跑

续表

周次	时数	教学方式	内容
9	2	实践课	考核：长拳前 3 段
10	2	实践课	一、专项内容：1、复习长拳前三段；2、学习长拳第四段：（1）托掌震脚弓步双推掌（2）双勾弹踢（3）跃步箭弹 二、素质练习：1、武术基本功练习 2、中长跑
11	2	实践课	一、专项内容：1、复习长拳；2、学习长拳第四段：（4）歇步亮掌（5）转身正踢腿（6）左右斜拍脚 二、素质练习：1、武术基本功练习 2、中长跑
12	2	实践课	一、专项内容：1、复习长拳 1 ~ 3 段动作；2、学习长拳第四段：（7）腾空飞脚（8）弓步击掌 二、素质练习：1、武术基本功练习 2、中长跑
13	2	实践课	一、专项内容：1、复习长拳 1 ~ 3 段动作；2、学习长拳结束动作：（1）高虚步格拳；（2）并步对掌 二、素质练习：1、武术基本功练习 2、中长跑
14	2	实践课	一、专项内容：复习长拳完整套路 二、素质练习：1、武术基本功练习；2、中长跑
15	2	实践课	一、专项内容：复习长拳完整套路 二、素质练习：1、武术基本功练习；2、中长跑
16	2	实践课	专项考试：长拳套路完整动作
17	2	实践课	专项补考：长拳套路完整动作
18	2	理论课	武术礼法、武德教育

三、课程内容的供给现状：停滞不前

基于研究需要，为了更清晰地呈现高校武术课程供给现状，根据相关资料搜集，下面列举了建国以来有相关文件记录的高校武术课程供给变化情况来“一窥究竟”（见表 5-6）。

表 5-6　建国以来高校武术课程供给情况表

时间	内容
1961	武术基础知识、基本功、动作组合、初级长拳、简化太极拳、初级刀术、初级剑术、初级棍术
1987	武术基础知识、基本功、动作组合、初级长拳、简化太极拳、初级刀术、初级剑术、初级棍术

续表

1990	武术基础知识、基本功、动作组合、初级长拳、简化太极拳、初级刀术、初级剑术、初级棍术可学校自选项目
1992	武术基础知识、基本功、动作组合、初级长拳、简化太极拳、初级刀术、初级剑术、初级棍术可学校自选项目
2000	同上
2001	同上
2004	同上（普通高等学校可加入武术段位制课程）
	同上（普通高等学校可加入武术段位制课程）
2013	全国学校武术联盟成立，武术礼仪与文化教育（如《卧虎藏龙》《一代宗师》）；某种拳套路、某种太极拳套路、武术格斗、实战练习
	延续以上内容，高校自主设置课程

从表 5-6 中不难看出，高校武术课程直到 1961 年才有统一的教学大纲，其内容为武术基础知识、基本功、动作组合、初级长拳、简化太极拳、初级刀术、初级剑术、初级棍术，而且一直延续到 1992 年。在这 30 余年间武术内容供给基本没有变化，这既是我们常说的武术课程“老三样”（24 式太极拳、三路长拳和初级剑术）。当前绝大多数高校开设武术课程中也还在供给这些“老三样”，这种说法并不是空穴来风，本研究除了在相关论文调查数据中找到了相关依据，同时本研究在调研吉林化工学院、北华大学、吉林农业大学、中国人民大学、衡阳师范学院等相关院校中也得到了证实。当我们在认真梳理表 5-6 时发现，在 1990 年以后高校武术教学大纲中的课程供给内容上增设了“选择性”与“自主性”条款，这时高校武术课程内容供给情况有了一些改观，而直到 2004 年后的高校武术课程供给才以官方的形式增加了武术段位制课程供给，这是一次全新的尝试。到了 2013 年全国学校武术联盟成立（以下简称“武术联盟”），提出了“一校一拳、打练并进、术道融合、德艺兼修”教学改革。虽然进入 21 世纪进行了两次较有影响的武术段位制进校园和武术联盟教改思想，但武术在高校中开展的情况依然非常严峻，并没有实质性的改变，这种到底是怎样的一种状态。下面我们就从实施的高校自主自选开设武术

项目、武术段位制和武术联盟三个重要的课程改革来还原武术课程供给的真实图景。

(一)从高校自主自选开设武术项目上看:以套路为主体

厦门大学郭琼珠等人在2003年对我国20个省市92所高校的武术课程供给情况进行了调查(见表5-7),武术项目由自1961年设置的青年拳、初级长拳、初级剑术、简化太极拳等拓展到了太极剑、散打、养生、木兰拳、防身术、推手等14个项目。可以说,高校自主设置武术项目的效果已见成效,但从开设比例看,武术套路类占到了绝大多数,武术技击类除了散打开设比例达到65.21%外,防身术和推手开设的比例相对较低,只有10%左右,而且通过相关调查还得出有些武术项目由于选修人数较少而不能成班,甚至有些武术项目只开设1 ~ 2个学期就因种种原因而被取消①。可见,虽然进行了自主设置课程,看似多样了,但以武术套路为供给主体的课程并未改变,其实质还是单一的,武术丰富多彩的徒手、器械等技击课程并未真正得到有效开展。

表5-7　开设武术课程的92所高校情况调查

开设项目	开设学校数(所)	%
套路类		
太极拳	72	78.60
太极剑	72	78.60
长拳	46	50.00
养生	42	45.63
器械	26	28.26
木兰拳	18	19.56
木兰剑	18	19.56
形意拳	03	03.26
八卦掌	02	02.17

① 郭琼珠等.普通高校体育课程中民族传统体育内容改革的现状调查研究[J].北京体育大学学报,2006(02):241-243.

续表

开设项目	开设学校数（所）	%
查拳	01	01.08
格斗类		
散打	60	65.21
防身术	10	10.86
推手	09	09.78

（二）从武术段位制进校园开展情况上看：体系尚不成熟

从 1961 年武术以制度性文件的方式进入高校，至今都未很好解决“教什么”和“怎么教”的问题，以致在高校发展举步维艰[①]。2004 年《中国武术段位制系列教程》的出版，其主要目的就是解决武术课程“教什么”的问题。同时，国家武术研究院还与教育部体卫艺司联手，共同研究了《中国段位制系列教程》的学校教学指导方案，以解决长期困扰学校武术“怎么教”的问题。邢秋皓（2012）通过调查 2005 年以后清华、北大、北航、人大等北京市 13 所高校武术段位制开展情况，调查结果显示武术段位制课程，仅在各学校的武术俱乐部和社团中进行，还没有延伸到武术课堂，其原因在于这些高校拥有武术段位的教师相当少，即使有也仅仅处于中级段位水平（段），技术和水平存在一定的局限性，也就很难引入课堂进行授课[②]。就全国范围内的高校武术段位制推广而言，2014 年《中国武术段位制推广十年规划》中明确指出，武术段位制在高校的推广，在理念、内容、途径、策略等都尚不成熟，还处于探索阶段。目前，高校武术段位制基本上还是以课堂之外的组织管理形式为主，而专业性体育类院校也只是部分学校在专修课上开设了段位制课程[③]。这说明自 2004 年推广

① 宋亚洲．普及与推广视域下大学生武术传习方案的实验研究 [D]. 石家庄：河北师范大学，2019.

② 邢秋皓．武术段位制在北京市普通高校推广研究 [D]. 北京：北京体育大学，2012.

③ 陈浩．普通高校武术段位制推广模式研究 [D]. 郑州：河南大学，2016.

至2014年的十年间,武术段位制进高校并没有真正成功,也没有实现段位制进校园提出的最初愿景来解决“教什么”和“怎么教”的问题,对大学武术课堂供给影响不大,但从另一个侧面来说,段位制进校园也具有一定的积极意义,使得高校学生的业余武术锻炼有了目标,一定程度上提高了课外武术活动参与情况。

(三)从全国学校武术联盟开展情况上看:打练还是分离

依据“一校一拳”的武术教改新思路主要是以培养学生能“打”、善“演”为根本教学目标,以此实现学习武术、体验文化的根本任务。联盟主席赵光圣教授在《2016年全国学校武术联盟工作报告》中指出,联盟2016年研制与主推的《学生武术运动技能等级标准》已经完成和实施,并确定温州市作为武术联盟试点城市,同时还举办了上海和全国学校武术优秀课件(教学视频)评选活动,并不断寻找处理好“教学内容的套路与格斗、教学方法的兴趣化与多样化、武术活动的课内外一体化”三对关系,力争在全国范围形成宗旨一致、理念相同,但同时又各具特色、百花齐放的武术课程改革大局。教育部体卫艺司司长王登峰认为,武术联盟在2016的基础上,还须做好三件事:第一,通过挖掘创新,探索出行之有效的教学形式,教会学生武术技能,让学生喜欢武术、爱上武术;第二,通过建立健全各级各类学生武术竞赛,使学生在学习技能的同时“打练结合、德艺双修”,充分发挥中华武术的育人作用;第三,通过武术展演等形式能让武术走出去,推进武术校内外传播。虽此武术课程改革在教育部全国学校武术联盟的依托下,已付诸改革实践,但目前还处于实验尝试阶段,并且重点放在中小学方面,其中所提出的课堂传授某种拳、某种太极拳、武术格斗、实战练习这些内容套路与实战是分离的,而且大学武术课时相对较少,如何融合的问题尚未有效解决。因此,此课程改革方案暂时对大学武术课程影响较小。

四、课程实施的基本状态：不尽人意

（一）忽视技击

武术的本真在于技击格斗，但从实际教学情况看，武术完全变成了一种简单化的肢体操练，如表 5-5 所呈现的东北某高校武术——长拳教学计划与内容，整个计划内容充斥了各种动作，每一节课都要学习很多的武术套路，武术动作的拆招喂招、攻防格斗完全不见踪影。鱼宏映（2011）所进行的调查结果也印证了当前大学武术教学中本真技术的缺失，提出套路技术学习难度较大，不易同学掌握，缺少技击的教学使很多同学失去兴趣①。

（二）重教轻练

武术是一门实用性非常强的实践课程。我们知道，高校武术课程实施其最重要目的就是让学生参与武术的程度越来越高，让同学们更喜欢它，简单总结就是让学生更好地“学”。但众多学者普遍认为，现在的大学武术教师都是基于自身出发，重教学大纲的履行，将完成教学计划作为主要目的，而且各教师都在强调用什么方法重复地“教”那些几十年不变的初级简化套路，使武术教学成为一种走马观花、履行公事的形式②。并没有从学生的习武感受进行出发，完全按照教学大纲的要求机械进行，以致出现重“竞技”轻“文化”、重“大纲”轻“素质”③，这很难让学生感受武术文化的博大精深。同时，这限制了能力的发展，学生现在成了被动的接受者，而不是主动的练习者，简单的肢体化知识代替学生的武术能力实现，这是武术教学的一种严重的异化现象。现有武

① 鱼宏映．新疆高校少数民族大学生武术课程开展现状与对策研究 [D]. 北京：北京体育大学，2011.

② 常继斋，张云龙．民间传统武术在普通高校推广的可行性研究 [J]. 运动，2010（11）：62-63+133.

③ 陈健，马拴平．高校武术教学中传统文化的缺失及对策研究 [J]. 福建体育科技，2017，36（02）：48-50.

术课程实施过程中忽略了认知维度，就是一种“操化”或“肢体化”的教学表达，全然没有武术文化内涵、武术技法内涵的传授，这样即使再丰富的武术课程也无法对学生产生兴趣与影响，更无法形成学生的自身能力。

（三）课堂单调

武术课堂单调是学界对当前武术状况的普遍看法。在前文表 5-4 中我们不难看出，由标准化西方体育模式的体育课堂现已成为武术教学的主流范式，上课点名，跑跑圈，做做热身操，复习上节课套路，学习这节课套路，再来几套身体素质，最后下课道别，这就是现在高校武术课的一种教学常态。如此的课堂，教师都已经教得厌倦了，何谈学生。这样的课堂根本无法显示出武术应该具备的课程魅力，即“一种文化的武术”“一种敬畏的武术”，因为武术传承中所固有的对中华民族的英雄崇拜、祖先崇拜、民族精神信仰崇拜的仪式性身体活动完全不见了踪影。根据张宇峰等（2013）所做的东北某高校学生对各体育课程实施状况的喜爱程度调查（表 5-8）就可以发现①，在其调查的 13 项体育项目中，武术只排到第 11 位，而且此数据是将跆拳道项目统计在内的结果，可见武术的教学确实出现了严重问题，高校武术课程实施的效果可以说一败涂地。

表 5-8　东北某高校学生对各体育课程实施状况的喜爱程度调查表

性别	项目得分												
	1	2	3	4	5	6	7	8	9	10	11	12	13
女（N=378）	1.28	3.41	3.11	3.47	3.59	1.65	1.00	1.21	2.11	2.57	1.82	1.03	1.20
男（N=416）	3.79	3.52	3.39	3.15	1.06	1.84	1.94	1.42	2.53	2.46	2.07	1.65	2.79

注：1. 篮球；2. 游泳；3. 乒乓球；4. 羽毛球；5. 体育舞蹈（健美操、啦啦操）；

① 张宇峰等. 普通高校体育课“课内外一体化”俱乐部教学模式实证研究 [J]. 哈尔滨体育学院学报，2013，31（04）：66-70.

6. 排球；7. 足球；8. 田径；9. 轮滑；10. 网球；11. 武术（跆拳道、散手、套路）；12. 荷（合）球；13 台球

（四）结果惨淡

为进一步证实高校武术课程实施的真实情况，结合本人所在单位吉林化工学院又对部分学生进行了抽样调查，调查过程是在课前、课间、课后以访谈的形式进行，访谈问题围绕学期后是否还选择武术课为主题进行，结果大部分同学都表示将不再选武术，其中很大一部分同学认为武术和其他科目相比，动作学得多，记不住，考试太难了，我们寝室其他同学学习的球类项目，学习内容非常轻松，没有这么麻烦。那么，究竟有多少学生是真正喜欢武术并参与课程学习呢？关于这个问题，本研究在笔者所教的2018—2019 学年 2018 级大一 4 个武术选项班 120 名学生中进行了对武术套路学习（吉林化工学院武术套路开设了三路长拳、初级刀、太极剑、太极拳、八段锦、马王堆导引术等）态度的具体调查，结果如表 5-9 所示。

表 5-9　吉林化工学院学生对武术课程学习态度调查表（N=120）

	无所谓	不喜欢	喜欢
人数	81	15	24
比例（%）	67.5	12.5	20

通过表 5-9 的调查可以发现，在武术类课程中，喜欢武术套路课的有 24 人，只占总人数的 20%，也就是说大部分学生对武术套路课程是不太喜欢的，至少说明武术套路课并未真正吸引他们。但在实际的调研中作者本人也发现，虽然学生不太喜欢武术课，但是在教师充满激情的武术课堂氛围中也是有很大收获的，他们很愿意上我的课。但这仅仅是个案，不具备代表性，因为本人武术专业出身，同时专注于武术课的教学与科研，在教学中有本人一套独特的调动学生学习兴趣的方法，即使是这样学生们也只是对我的课堂比较感兴趣，而对于武术套路内容他们是发自内

心的不太喜欢，因为学生们认为我们所教的三路长拳和太极剑课程，与他们印象中的武术差别太大，但为了完成教学任务，只能按照教学计划与进度进行，所以学生想要的那种使他们能够厉害的武功并不能予以传授。学生通过一学期的武术套路课程学习并未使他们真正喜欢上武术课程，具体调查结果如表 5-10 所示。

表 5-10　吉林化工学院学生对武术课程再选择态度调查表（N=120）

	下学期继续选择武术	下学期不选择武术	下学期再看看
人数	12	61	47
比例（%）	10	50.8	39.2

从表 5-10 中我们可以清楚地了解到，即使是在武术教师具备一定专业能力和教学水平的情况下，学生对武术套路再选择的态度依然很低，只有 10% 的比例，其中 50.8% 的学生明确表示不会再选武术套路。这是不是意味着武术课真的“名存实亡”了呢？其实不然，这一调查结果是在期末最后一堂课的理论课中，以深入访谈或者说深入沟通的情况下得出的。其实学生对武术还是充满期待的，他们认可武术的文化价值，更知道武术是中华民族的文化瑰宝，也了解到武术课与其他体育课的不同，但真正影响他们不选择武术课的不是武术本身，而是我们提供的武术课程出现了严重问题，因为学生喜欢凸显技击对抗或者说喜欢简单的、时尚的武术，而当前课堂并未提供。本人也教武术散打和跆拳道，像武术套路课这种学生几乎整体性选择失语的情况并未出现。当本人在传授武术散打与跆拳道技术动作时，首先从个人多年教学经验与考试状况来看，武术散打与跆拳道的教学成果与效果明显要高于武术套路。首先，学习武术散打与跆拳道的学生单个动作掌握快，教学效果好。其次，学生学完了，只要简单的战术教学，学生就可以互动起来，尤其是单个动作学完之后的脚靶、护具对练，学生兴趣度很高。最后，只要稍加调动，学生就可以进行简单的实战。这也从刘伟（2014）的一项调查数据高度吻合（见表 5-11），从深圳市高校学生对各体育课程评价情况的调查数据

发现,武术课可以说达到了垫底的程度,其中重要原因也是武术套路太过复杂①。

表 5-11 深圳市高校学生对各体育课程的评价情况调查表(N=185)

项目	篮球	足球	排球	网球	健身操	武术	田径	其他
人数	138	111	108	100	56	28	46	37
比例(%)	75	60	58	54	30	15	25	20

五、课程评价的效果情况：重技轻道

由于高校武术课程是在体育课程门类之下的一个项目,因此为了更好地呈现高校武术课程评价效果的真实情况,本研究对东北、华中等高校进行了调查,并访谈了主管教学的相关领导,了解到具体课程评价办法(见表 5-12、表 5-13),东北某高校体育教学每学期考核内容有太极拳(10%)、身体素质(20%)、专项技术(60%)、学习过程评介(10%),其中专项技术分两次考核,每次考核占 30%。华中某高校评价办法,专项技术(40%)、身体素质(30%)、课堂表现(30%)。可以说,这两所高校的考核办法非常多元,从多方面考核学生的体育成绩。当具体到武术课程方面时,其考核标准则是自行设定,但需要与总评价标准一致,以确保全校体育课程评价一盘棋的局面。东北某高校更注重专项一些,华中某高校更注重身体素质和课堂表现。但这里都将身体素质和平时表现作为评价内容,这也显示出中国普通高校最普遍的一种对学生的评价方法,只是相关比例会略有不同。为了进一步了解高校武术课程本身是如何评价的,本研究做了一个抽样调查,得到相关高校各自的武术课程评分办法,表 5-14 为东北某高校太极拳评价办法,表 5-15 为华中某高校长拳评价办法。

① 刘伟.深圳市高校武术教学现状与对策研究[D].大连：辽宁师范大学，2014.

表 5-12　对东北某高校体育课程评价情况的调查表

学年	学期	考试内容及百分比			
第一学年	第一学期	1000/800 米（10%）引体向上 / 仰卧起坐（10%）	太极拳（10%）	选项课技术（60%）	学习过程评价（10%）
	第二学期	1000/800 米（10%）引体向上 / 仰卧起坐（10%）	太极拳（10%）	选项课技术（60%）	学习过程评价（10%）
第二学年	第三学期	1000/800 米（10%）引体向上 / 仰卧起坐（10%）	太极拳（10%）	选项课技术（60%）	学习过程评价（10%）
	第四学期	1000/800 米（10%）引体向上 / 仰卧起坐（10%）	太极拳（10%）	选项课技术（60%）	学习过程评价（10%）

表 5-13　对华中某高校体育课程评价情况的调查表

学年	学期	考试内容及百分比		
第一学年	第一学期	1000/800 米 10%+ 引体向上 / 仰卧起坐 10%+50 米 10%（30%）	太极拳（专项技术）（40%）	课堂表现（30%）
	第二学期	1000/800 米 10%+ 引体向上 / 仰卧起坐 10%+50 米 10%（30%）	篮球（专项技术）（40%）	课堂表现（30%）
第二学年	第三学期	1000/800 米 10%+ 引体向上 / 仰卧起坐 10%+50 米 10%（30%）	排球（专项技术）（40%）	课堂表现（30%）
	第四学期	1000/800 米 10%+ 引体向上 / 仰卧起坐 10%+50 米 10%（30%）	足球（专项技术）（40%）	课堂表现（30%）

表 5-14　东北某高校武术——太极拳课程评价标准

分值	评分标准
60 分以下	不能独立完成太极拳技术动作（出现 3 个动作错误），一次提醒等于一个错误。
60 — 70 分	能基本且独立完成太极拳技术动作，上、下肢技术动作脱节不严重。
70 — 80 分	独立正确完成太极拳技术动作，上、下肢和躯体配合协调。
80 — 90 分	太极拳技术动作流畅，节奏感强。

续表

90分以上	太极拳技术动作流畅，节奏感强，精、气、神协调配合。
动作要求：动作准确、柔和缓慢、势势相连、绵绵不断、体松心静、呼吸自然、动作弧形、虚实分明、上下相随、圆活完整、衔接和顺、轻灵沉稳	

表 5-15　华中某高校武术——长拳课程评价标准

分值	评分标准
动作标准程度（20分）	出现轻微不符者扣1—5分，显著不符者扣6—10分，严重不符者扣11—20分。
熟练程度（5分）	有轻微不符者扣1分，明显不符者扣2—3分，严重不符者扣4—5分。
动作内涵表现程度（5分）	精、气、神者满分为5分，有轻微不符者扣0.1—0.5分，明显不符者扣0.6—1分。

我们从抽样调查的这两所高校武术课程评价方案与标准可以看出，制订的评价内容还是比较完善的，可以说在高校体育课程评价标准里面具有一定代表性。如果单从这些标准来看似乎很全面，评价内容涉及了学生的方方面面，技能、体能、传统体育、特色体育等这些很完美，但我们要清晰的认识如果武术课程完全按照这个标准来评价是否科学，是否能够达到高校武术教学目的，这是需要分析的。从评价构成上看，作为体育课程中的专项课之一，其专项评价只占60%，从这60%中又设定了专项评价细则，在表5-20和5-21中我们可以看出，评分标准较为笼统，如：出现轻微不符者扣1—5分，显著不符者扣6—10分，严重不符者扣11—20分，这里的轻微、显著指的是什么，这很难辨别，表述过于笼统；而且考核标准中只有技术动作的考核，其技术也仅限定于套路动作，学生打完一段套路就可以了。这种评价模式的不足之处在于将知识和能力对等，导致课程测验方式只是通过对知识回忆、领会等方式来实施课程评价，这就出现所评价的仅是对

武术知识，或者直白说对武术套路技术的掌握含量，并且技能知识和实践情境脱离使武术知识沦为一种惰性知识，这严重影响了武术知识的迁移和使用，不能反应大学武术传承文化等课程目标。

六、课程师资的供给状况：技道不精

古代的武术课程师资培养主要是与军事联系在一起的，即以技击格斗或者“武举制”的军事才能培养为主要目的，其核心目的则是以提高官兵战斗力为主，也就说古代的武术师资主要在官方的军事供给方面。这项研究成果很好地说明了这一时期武术师资培养主要是为军事服务的，以达到全民皆兵的目的。而在新中国成立初期，各类武术组织与国民党残余势力联系密切，甚至有时还进行反革命活动，面对复杂的社会环境，在民国奉为国术的武术发展受到节制①。同时，新中国成立后，提倡新文化，反对旧文化，武术作为中国千百年来的固有文化，被当成旧文化予以对待，因此也被列为重点革命和改造对象②。以此，通过学习与模仿西方体育发展经验，根据其文化本位形式的竞技化，将武术按照简单化、统一化、标准化进行处理，以此来适应以西方体育文化主导的生存环境。1959 年，以借鉴西方竞技体操规则制定并实施的中国第一部《武术竞赛规则》，彻底将武术引向了艺术化、舞蹈化、技巧化的形式发展③。由此，武术师资培养的课程供给内容也就发生了重大转变（表 5-16 所示）。

① 易剑东，谢军. 中国武术百年历程回顾——面向 21 世纪的中国武术 [J]. 体育文史，1998（05）：27-29.

② 马廉祯. 论现实视角下的近代“土洋体育之争”[J]. 体育科学，2011，31（02）：76-84.

③ 张恒波，等. 学校武术百年发展的文化本位缺失及重构 [J]. 成都体育学院学报，2019，45（03）：57-63.

表 5–16　上海市师范院校武术师资培养内容

类型	内容及开设比例
拳术类	五步拳 /100%、三路长 /100%、六段长拳 /47.7%、规定拳 /65.9%、其他 /22.7%
器械类	初级剑术 /77.3%、初级刀术 /22.7%、初级棍术 /20.5%、自选刀术 /15.9%、六段刀术 /34.1%、自选剑术 /11.4%、初级枪术 /27.2%、其他 13.6%
太极类	24 式太极拳 /100%、陈氏 38 式太极拳 /13.6%、42 式太极拳 /25%、其他 22.7%
传统拳术类	黑虎拳 /13.6%
养生功法类	八段锦 /77.3%、易筋经 /13.6%
其他类	0%

那么我们再来看一下，专业体育院校武术与民族传统体育专业（表 5–17）及辅修课程设置情况（表 5–18）①。

表 5–17　中国 14 所专业体育院校武术与民族传统体育专业设置情况

专业方向	课程设置	院校数量（所）	所占比例（%）
武术套路	专业 + 辅修	14	100
散打	专业 + 辅修	14	100
中国式摔跤	专业 + 辅修	3	21.4
舞龙舞狮	专业 + 辅修	4	28.5
传统养生	专业 + 辅修	4	28.5

表 5–18　北京体育大学武术与民族传统体育专业辅修课程设置情况

专业方向	内容
擒拿格斗	散打、推手、短兵、擒拿格斗、跆拳道
民族民间体育	舞龙、舞狮
传统体育养生	木兰扇、新编五禽戏、八段锦、24 式太极拳、32 式太极剑
武术套路	传统拳：查拳、戳脚、形意拳、八卦掌、通臂拳、螳螂拳；传统器械：长穗剑、双刀、九节鞭、仆刀

从上面的调查数据可知，我们虽没有直接反映出高校武术师

① 李春木. 新版专业目录调整视野下“武术与民族传统体育”专业人才培养现状与思索 [J]. 南京体育学院学报（社会科学版），2013，27（02）：33-39.

资供给情况，但从中可以看到当前武术师资他们所具备的基本能力。这些数据并没有反映一个事实，就是民族传统体育专业的学生并非高考升入大学，其文化素养相对较低，而当今普通高校教师的招聘最低学历也是硕士，从河南省 6 所高等院校武术教师学历水平调查可以说明此问题（表 5–19）①。那么，从目前的人才需求看，硕士已经是主流，当前各高校人才需求正向博士发展，但纯武术专业的学生能够考上硕士，就已是凤毛麟角了。当前的实际情况是，武术能力相对较弱的体育教育专业或其他专业的毕业生却成了武术硕士培养的主要来源。当前武术研究生的培养方式重理论，轻技术与实践问题又较为突出，理论技术与实践相脱节，武术专业技术、技击能力都不够不突出②。研究生毕业后，虽具备了一定的专业理论，但武术技能却相对欠缺，这极大地影响了武术教学质量③。也就是说，能够到大学任教的武术教师大多是非专业的，或者武术技能较差。这从张锋（2015）对武术教师能力的调查中可以有效印证④（表 5–20）。

表 5–19 河南省 6 所高等院校武术教师学历水平调查

学校	本科	硕士	博士	硕士占比（%）
河南理工大学	2	8	1	90
河南科技大学	3	5	1	85.56
河南工业大学	1	3	0	75
郑州大学	0	5	1	100
河南理工学院	1	3	0	75
焦作师专	0	4	0	100

① 申国卿．“文化强省”视域下的中原高校武术教育发展战略研究 [J]. 山东体育学院学报，2011，27（11）：78-82+91.

② 陈根福，等．普通高校武术方向硕士研究生教育与培养之研究 [J]. 苏州大学学报（自然科学版），2009，25（02）：89-92.

③ 于修涛．武术硕士研究生培养现状与对策研究 [J]. 搏击（武术科学），2014，11（12）：68-70+75.

④ 张峰．中小学武术教学改革探骊 [D]. 上海：上海体育学院，2015：49.

表 5-20　全国性武术师资现状调研

调查项目	调查结果
武术师资	武术课主要由一般体育教师担任，所占比例达到 70.8%，武术专业教师只占 29.2%

第二节　价值偏离——课程体系供给的困境之源

当前高校武术教育课程体系供给面临着诸多亟待破解的发展困境，如课程目标忽略了“学科属性”、课程结构偏离了“以人文本”、课程内容忽视了“学生需求”、课程实施淡化了“效益质量”、课程评价忽视了“人的情感”、课程师资偏离了“能力本位”，以上突出问题对于高校武术教育的运行和发展来说，无疑会产生不可忽视的负面效应。

一、从课程目标的定位认知上看，忽略了“学科属性”

当我们在梳理“关于高校武术课程目标的定位认知”5 个方面过程中，不难发现诸多观点都有一定的合理性与存在价值。第一，从“以承继传统文化与民族精神为目标的定位思路”上看，这是武术区别于其他体育项目的特质所在，这一主流观点的目标设置无可置疑，也无法撼动。第二，从“以建设文化强国与体育强国为目标的定位思路”上看，武术课程与其他体育课程相比不具有完全优势，毕竟武术的受众面太小，而文化强国的概念又过于多元，其他体育课程也具备一定的文化强国建设功能。尤其是实现文化强国、体育强国的课程目标过于宏观，容易出现没有抓手，不接地气，甚至有“空喊口号”的迹象，似乎政府出什么文件，武术都不能落下，都要予以跟进，什么都要往里装，而武术教育目标的制订作为一种顶层设计，虽然是一个动态过程，但其持续性必须保持，不能因为政治原因而随便改变方向，这就致使在武术教育过程中无法进行有效的目标显现。第三,从“以实现武德教育和习武成人为目标的定位思路”上看,由于武德教育、习武成人相关目标的界定不清,过于笼统,武德到底是何物,并没有一个很好或者一句话就能讲清楚的东西,以致不能突出武术课程的唯一性特征,这造成了相关目标的实现在其他体育项目中也可以找到,或者说完全可以替代武术来完成这些目标。由于当前学界一直没有探讨出区别于其他体育项目的德育标准,其他体育项目也具有德育及育人价值,武德教育并未实现独特性。第四,从“以突出实战对抗与练打结合为目标的定位思路”上看,中华武术技击、实战,无论是古代荷戈而行的武士,还是“六艺”中的“射”与“御”等一直都是古代国家机器运行的必备。由于热兵器出现使武术技击功能弱化,从而发展成为现代武术的强体、健身、修身、防身自卫、娱乐、美育等多元化功能的新样态。为此,在现代社会提出“突出实战对抗与练打结合的目标定位思路”是非常有必要的,毕竟武术的本真与魅力正是在于技击。第五,从“以完成技能教学和考试考核为目标的定位思路”上看,这本就是“形式主义”教育目的所产生的一种异化现象,虽然各学校的课程目标不这样体现,但其实质样态却是如此,并且已成为一种常态。这其中原由是在建国初期国家对发展武术有所顾忌,将武术视作“犯禁”之术,在这种顾虑之下,对武术技击进行了彻底的“套路化”改造,并将其置于体育的内容上进行推广,以致学校教育中开展这种武术只有“型”层面上“体育传授”,没有用武术精髓的东西对学生进行传授[①]。这不仅导致高校武术课程目标的简单化,更导致了现有教学中以“为了完成套路教学而教学”的情况,完全偏离了以遵循“学生情感逻辑”为主线的武术体验与兴趣培养,需要引起高度重视,并予以纠正。

从上面5个方面我们可以看出,虽然高校武术课程历经近百年建设,但由于受到武术文化特征多样性和差异性影响,中国高

① 张峰.中小学武术教学改革探骊[D].上海:上海体育学院,2015:78.

校武术课程体系建设的文化同一性特征尚未形成，培养的目标更是过于多元，定位模糊，也就是说偏离了武术学科的本质属性，从而导致武术课程无法向高质化发展，教学质量更是千差万别，最终影响了武术民族性优势的发挥，以致武术在高校的宣传与普及大打折扣。那么，武术在高校教育中处于可有可无、甚至岌岌可危的尴尬境地也就完全可以探出原由了。基于此，本研究认为，中国武术文化被西方体育文化异化的过程，是以西方体育学科框定中国武术学科属性的过程，武术的学科属性一定是体现中华文化的民族形式的传统体育，同时要体现传统哲学、美学等众多学科交叉的一门综合性学科。因此，亟需构建科学合理的中国高校武术课程目标中特有武术学科属性，这是高校武术未来发展的前提条件和核心动力，而这种构建必须基于当代大学生的底层需求来一步一步制定切实可操作、可落地的具体目标。

二、从课程结构的样态梳理上看，偏离了“以人文本”

从宏观上分析，由本研究所调查的相关高校武术课程设置来看，其主体框架是设置在体育项目门类之下，以致高校武术课程结构狭窄、封闭、缺乏灵活性与针对性等问题。而且人为地、主观地把一个复杂武术课程体系分解为一个一个独立的部分，通过对这一个个局部板块设置，企图达到让学生对整个武术体系的认识，看似多样化的课程设置，但这很不利于学生对武术知识进行整体认知。从微观上看，表现在“点”与“面”上的结构失衡：从“点”上看，教学内容人为地被分解“纯技术”“纯套路”教学，让原本文化浓厚、丰富多彩、原汁原味的中华武术文化内容被分解得“支离破碎”，要花费大量时间完成一种“操化”学习与演练，留给学生体悟武术文化内涵的时间相对较少，这必定会产生“味同嚼蜡”，让原本激烈刺激、生龙活虎、欢呼雀跃的大学武术课堂变得“死气沉沉”，学生“昏昏欲睡”。从“面”上看，主要表现在武术课程结构层上，教学内容设计严重“超载”，一个学期 18 学时的课程，技术动作太多、太复杂，以致教师教学只能是“蜻蜓点水式的低水平重复”，学生只能是“样样都学，样样都是只知皮毛”，根本谈不上弘扬“尚武精神”与传递文化的功能，更不用说让学生爱上武术课了。因此，无论从宏观的结果，还是微观的感受而言，都不能令人满意。究其原因，本研究认为这是当前高校武术课程结构调配时，并没有界定清楚课程“为谁服务，为谁设置”的问题。课程结构其核心问题是知识如何构成，以此体现课程设置的价值和理念取向，它影响着学生知识结构的发展①。

因此，无论从宏观还是微观上看，现有的高校武术课程结构供给都凸显出一种被动学习观，将教师的“教”与学生“学”的过程等同起来，忽略了学生的主体性和学习的主动性，因此当前高校武术课程结构其实质上是为教师、为政治等服务的，出现了本末倒置。这正如教科文组织所指出的“教育的两个弱点”，其一是忽视了个体所具有的多种表达形式和手段以及个人所具有的复杂微妙作用；二是它不考虑个体的不同气质、期望、个性和才能②。也就是说，当前高校武术课程结构并未基于学生的个性需求来形成相应的课程结构，也不是为了更好地服务学生，更没有体现出“以人为本”的培养体制，以致武术课程结构供给的错位、内容的臃肿与价值的偏离。

三、从课程内容的供给现状上看，忽视了“学生需求”

我们看到三种当前较为有影响力的课程改革，提出的明确问题就是一直以来高校武术课程“教什么”和“怎么教”的问题始终界定不清，而且现在问题的根本是，大学生学习武术的最初目的是什么，对此人们并没有很好的认识，杨建营（2017）认为：青年学生选择武术课的目的多在希望学习“技击防卫”，但现有武术

① 李硕豪，魏昌廷．高校课改警示：对存在主义课程观的现代审视[J]. 河北师范大学学报（教育科学版），2011，13（06）：40-44.

② 联合国教科文组织．学会生存[M]. 华东师范大学比较教育研究所译．北京：教育科学出版社，1996：78.

内容根本无法提供“技击防卫”技术，与他们的希望差别较大[①]。尤其是当前的武术课中，除了套路“老三样”，还有包括其他高校自主开设的诸如：木兰拳、木兰剑、形意拳、八卦掌、查拳等大量供给套路的形式。甚至，国家大力倡导的《中国武术段位制》的技术体系在一定程度上也有着明显的竞技化倾向，而且套路内容过多、过繁，其中技击内容则属于编排好的“封闭式”技击体系，而不是开放式技击。这些课程看似项目多样化了，但形式却没有任何变化，为了完成套路教学目标，而采取“满堂灌”手段，致使学生为了考试硬记套路而学得不伦不类[②]。2004年推出的武术段位制课程，虽然已经认识到了这种情况，增加了对练内容，但是以套路为主体的形式依然没有改变。当我们审视武术课程内容供给的演进时，会发现近代以来武术的“技击”一直是主脉，“套路”是旁支。随着社会变迁，过去武术课程供给的“旁支”现如今却发展成了“主脉”，“主次不分”的整体发展导致武术偏离了正常轨道，严重阻碍了人们对武术的认知和需求，这种“主次不分”的武术课程供给“鸠占鹊巢”近半个世纪，至今仍未有太大改变。尤其是自国家提出“武术入奥”以来，中国武术以“套路”形式进行发展的趋势越演越烈，全国上下、官内官外等都在如火如荼的开展武术套路，但武术套路比赛为了和奥运会接轨，导致武术套路技术发展为奥运、为规则而服务，而不是为了“人”服务，使之在这种大环境之下，以武术套路为课程供给主体的情况更是无法及时扭转，这就完全脱离了高校学生的实际需求，这种改造逐渐发展成严重破坏，从而导致整个中国学校武术发展的整体性失衡[③]，进而出现了中国武术人“亲手”将广大学生们“送给了”跆

① 杨建英，杨建营，徐亚奎．学校武术教育的发展轨迹探析[J]．北京体育大学学报，2017，40（07）：125-131．

② 阳洪波．对高校体育教育专业武术必修课教材改革思考[J]．西昌师范高等专科学校学报，1999（04）：80-82．

③ 杨建英，杨建营，徐亚奎．学校武术教育的发展轨迹探析[J]．北京体育大学学报，2017，40（07）：125-131．

拳道、空手道等域外武术课程行列①。这也正印证了本文选题的重要性。同时，在笔者通过大量的资料查找，以及通过访谈清华大学乔凤杰教授、沈阳体育学院于海教授、中国人民大学王智慧教授找到了另外一些制约武术在高校发展的原由，除了高校武术教育没有偏离了“技击”这一主题外，我们还应看到，武术课程供给的演变并没有适应中国社会、经济发展的变迁格局。从消费需求上看，随着中国社会消费结构加快升级的新阶段，学生的武术教育需求也呈现出多元化、个性化、高端化等新特征②。而当前的高校武术课程显然还未实现结构升级，这进一步加剧了供需错位。当外因和内因相互叠加之时，其实质还是偏离了“为人服务”、忽视了“学生需求”的基本宗旨，以致课程的供给演进就越来越偏离学生的实际需求，武术在大学校园中也最终走向了“表面繁荣，实际冷场”的尴尬境地。

四、从课程实施的基本状态上看，淡化了“效益质量”

（一）体育属性下的武术课程内涵偏离

当前大学武术课程是“竞技体育”的一种翻版，其课程设置完全是按照竞技体育的“项目化”来设置，将武术分割为若干项目，再对其进行“课程化”处理。但竞技体育项目在规则、活动对象和活动目的等方面都与中华民族传统的武术有质性差别，武术虽说有体育的某种属性，但并不完全等同于体育。因此，将这些竞技体育某种“刚性”结构与要求强加于武术课程，就会造成武术自身文化内容减少、武术课程“它者化”情况倍增的局面，让师生们都增加了不同程度的身心负担。由此，武术是什么，武术课程到底用什么方式来表达，这成为困扰武术教师的一个重要难

① 王文辉．高校武术普修课教学中存在的几个问题[J]．六安师专学报，1998（01）：58-60.

② 王稳，蒋德龙，李晓华．“互联网+”时代学校武术教育供给体系构建研究——基于供给侧改革理论视角[J]．沈阳体育学院学报，2019，38（05）：123-131.

题。而且在这个问题没有界定清晰的过程中，武术教师只能按照西方式体育项目教学范式进行流程化教学，武术与其他项目区别不大，完全没有了自己的味道，学生对武术民族认同感降低就不难理解了。这样的武术课程实施状态“效益质量”不高则是必然。

（二）体育属性下的武术课程教学异化

首先是“体育”属性下带来武术课程内容的“堆积”。从“高校武术课程结构”归属与“高校武术课程评价”内容来看，高校武术课程实质是体育课程内容与功能的扩充。因此，“体质健康测试”等内容充斥高校武术课程之中也就不足为奇。体质健康测试与达标知识作为大学武术课程很重要的一个方面来实施，必然会造成武术课程的学习不足，甚至导致学生为达标而练武，出现“身在曹营心在汉”的局面。这些都是教育部门和课程编制者的意图，即使能够代表学生争取课程内容选择权的武术教师也都往往视而不见。武术教师在这种环境下也大多选择了顺从，没有思考根据特定体能测试创造性的转化成武术特有的功法训练，这个问题本研究将会在后面的策略提供方面详细论述。其次，体育属性下的武术课程内容面临着严重的“竞技化”倾向，具有近百年历程的高校武术，无论自身是否能够成为奥林匹克运动文化的一部分，抑或是一种东方体育思维表达方式，高校武术课程内容理应融合发展，但现实问题却是武术本土文化已经完全被竞技体育训练的思维、方法、手段所割裂，以致出现“是武术课，还是体育课”“是教学课，还是训练课”等边界的模糊不清，也导致了大量简单化、肢体化、重复化的武术操练充斥课堂的现象。作为武术教师，也要时常反问自己，你喜欢这样的武术课吗？

（三）武术课程实施下教学与学习错位

在课程大纲、计划的规定下，高校武术课程知识都是以确定性知识为主。因此，武术课程主要以“教”的方式实施。这就造成了当前武术课程实施中，更多考虑的是教师如何教的问题，而如何让学生更好的学的问题却较少考虑。为了完成教学进度，教师想尽办法让学生学会动作，但没有教用法，学生学会了套路，但也不明其拳理，这更不用说传授学生武术文化价值了。而且这些用法、拳理、文化并不是简单通过几次的课堂教学就可以让学生学会的。因为从武术的特征来说，不仅包含了客观理性的肢体表达，还包括以主观感性认知为基础的文化体悟。武术是在这种先客观肢体磨练，再通过主观肢体认知而建立起的一种感性体悟，这个过程必须通过长时间的实践才能从个体角度得到验证。因此，武术修炼不是一个可以“短平快”的文化。中国武术这种身体文化的层次性也表明认知越深，其身体感悟的可验证性越弱。因此，武术教的过程并不能让学生体悟得多，只有如何让学生自主的进行学习，才能真正解决学生掌握武术内容的本质问题。因此，现有武术教学出现了“教”“学”错位，其“效益质量”何能高也？

五、从课程评价的效果情况上看，忽视了“人的情感”

课程评价目的主要体现检验三个方面情况：学生知识的掌握与否、课程目标的达成度、分析学生对课程内容的把握情况，以此为后续的教学提供指导。但从目前我国大学武术课程的评价体系上看，体质健康达标内容、武术技术动作掌握是主要评价内容，这种评价模式过于凸显强制性、机械化的体能考核与记忆性、程式化的武术技术操练作为学生武术学习结果的重要指标，造成了严重的目的化倾向。其中，在国家强制体质测试压力下，大学武术课程也确定了以“健康第一”为主的课程目标。因此，武术课程的评价也必须围绕与身体素质相关的体能来展开。但著名体育教育专家季浏教授（2018）证实，当前大量进行身体素质测试得到的结果并不能直接反映学生健康水平[①]。而当前高校武术课程评价主要通过对所学套路演练进行考核，虽然也制订了评分

① 季浏．我国《普通高中体育与健康课程标准（2017年版）》解读[J]．体育科学，2018，38（02）：3-20.

标准，但从我们的调查来看，相关表述过于笼统，教师的打分完全凭借自己的主观感受，其评价结果不科学，评价模式也不客观，不能反映学生的学习过程。实质上体育课程最为显著的效果就在于运动能力的改变与运动文化的感受，在这一过程中更多的是带给学生一种愉悦的身体感受和轻松的环境氛围，最终促进运动习惯的养成①。当前我们的武术课程评价中，机械化、强制性的体能测试使学生的心里产生一种"极不情愿"，但又无可奈何的感觉。程式化、记忆性的技术操练使学生对武术产生一种"枯燥乏味"，而又不得不学的感觉。这是一种典型的以"结果"代替"过程"的评价模式，这种评价模式的局限性是显而易见的，这里完全没有任何方面的评价来关注学生的情感意志如何，学生学的怎么样才是更应该关注的地方，这就会出现以学生的"结果评价"替代了学生的"情感意志"评价，也就是说当前的评价模式忽视了对学生的情感表达与关注。这种评价指标给学生、大众和社会呈现的结果就是武术认同感大大降低，使得武术在高校教育中走上了"渐行渐远"的发展境遇。因此，这种以体能达标和技术操练为主要形式的高校武术课程评价方式与标准在未来要予以改变，要转向关注学生学习过程的"情感体验"和"情感表达"，以此纠正这种课程评价的价值偏离。

六、从课程师资的供给状况上看，偏离了"能力本位"

从高校武术课程师资的供给状况分析我们得知，在中国高校成立武术专业之前（能够正式授予学位和学历证书），基本上不存在一种严格意义上的武术师资。但本研究自清末以来进行探讨的武术发展是离不开武术师资的，只是清末到建国前的师资供给样态与现代不同而已，这里本研究进行了两个时期的一个基本归纳（具体见表5-21）。第一，从"清末到民国武术师资供给的寻绎"

① 杨亮斌.建构主义视阈下中小学校武术课程研究[D].上海：上海体育学院，2017：165.

中我们发现，清末和民国就出现了“军国民”的武术教育思想，即通过一切教育来实施“军国民”的教育中心目标，以此养成中华民族的“军国民”风尚，一矫过去消沉的民气、文弱的顽风。而“军国民”思想要想实际落实，则离不开大量的专业武术师资。因此，这个时期的师资培养供给呈现出“技勇双全，保家卫国”的时代特征。第二，从“建国到当前武术师资供给的寻绎”则体现出“技勇分途，武脉不振”的尴尬境地。这其中原因，是建国后，改造完的武术既没有“技击”，也没有“文化”，完全偏离了凸显中华文化与技击术的武术本位，以致变成了枯燥无味的西方式“体操”，而这种偏离武术本位的“舞术”竟堂而皇之的成为当代高校武术师资培养的主要内容，武术课程师资培养目的发生了巨大变化，由过去重视“技击”转向了注重“舞化”的师资培养体系。我们从“上海市师范类体育教育专业武术专项师资培养内容”中可以看到，武术专项教学时数相对较少，每周 2 节课每次 2 学时的专项学习要学习这么多内容，对于这些未来的武术教师来说，学习这些内容就是囫囵吞枣、学一套忘一套，最终也只能是博而不精①。虽然，武术与民族传统体育专业是按照专项进行分班教学，也增加了辅修专业方向，但由于学时较少，使得武术与民族传统体育专业的师资培养出现了会套路的不会格斗，会格斗的不会套路，专业的细化使得武术高级人才培养最重要的“武术能力”出现了严重问题。因此，中国武术所呈现出技击的武术和文化的武术在师资培养方面很难进行体现，正如著名武术教育家邱丕相所说，当今的武术教师的水平很不专业，当然包括技术水平和理论水平两个方面②。这种似乎不得不主动适应西方文化的武术改造及对武术师资的西式化培养，其实质就是国人“文化自卑”的一种表现，这也最终导致了国家希望通过改造武术以传播文化的目的并不能完

① 杨帆．上海市高等师范类院校武术专业师资人才培养的现状调查与对策研究［D］．上海：华东师范大学，2013：23.

② 邱丕相，杨建营．武术套路教学改革的新思路［J］．体育学刊，2007（07）：66-68.

全实现，因为国家在武术师资人才培养源头上就出现了“能力本位”不足问题，即武术本位“技击的武术”和“文化的武术”的偏离，最终出现“武舞分途、武脉不振”之图景。当我们回过头来审视“清末到民国武术师资供给的寻绎”时，这一时期的基本特征也给予了当前武术教育很大启示，就是当前我国青少年在体质健康连续十多年下降的情况下，是不是又会出现“武风文弱”，“东亚病夫”的耻辱还会不会再次出现，由本人撰写的《从“暴力景象”到“本质溯源”——孔乙己尚武精神缺失研究》就提出了新时期要以“孔”为鉴，警惕新时期“孔乙己”式“文人”尚武精神缺失[①]。如果当前武术教师不能够体现“技勇双全”的基本能力、传授武术的教学能力、文化学习的能力，那么我们所培养的学生就可想而知，更何谈传播与弘扬文化来彰显中华民族自豪感呢？

表 5-21　各时期武术师资供给的具体样态

时期	体现内容
清末至建国前的现代	这一时期倡导“军国民主义”，其武术师资供给是为军事服务，强调武术的技击实战技能，以达全民皆兵目的
建国至当前的当代	新中国成立后，武术走向实操化、竞技化，以进军奥运为主，此时的武术师资培养目的更多的是以传播与弘扬文化为主，以此彰显中华民族自豪感

第三节　生命关怀——课程体系供给的优化之路

表面上看影响高校武术教育课程体系供给的因素是忽略了“学科属性”、偏离了“以人文本”、忽视了“学生需求”、忽视了“人的情感”等，但目前武术在现有条件下，如何突破武术课程体系建设自身的问题与困境才是扭转与提高武术开展效益的关键所在。因此，中国高校武术课程体系供给的优化路径，要依据课程目标、课程内容、课程实施与课程评价的范式进行顶层设计和系统思

① 王稳．从“暴力景象”到“本质溯源”——《孔乙己》尚武精神缺失研究[J]．吉林化工学院学报，2019，36（04）：63-69.

考，并将各模块序列化、组织化，形成纵横交错、有机联系的高校武术课程体系，这一过程就是高校武术教育课程体系重构目标实现的必经之路。但这种构建需要我们必须要界定好所传播的人群，即我们的对象是“中国高校大学生”。因此，我们要构建的这种课程一定要置于中国文化、习俗、环境等场域空间，如果脱离这个场域，那么它就不会有强大的生命力。事实也证明了如此，脱离母体文化而依附于西方体育文化的现代竞技武术走入大学课堂，并没有收获很好的效果。武术作为中国文化的一种体现，它首先是有自己的一种文化，即自己独特的身体表达方式，同时它还蕴含了武术本身之外的文化，即在千百年来中国传统文化滋养与浸染下所表现出的中华民族多元化、内涵化、深邃化的一种文化载体。也就是说，只有在中国才能形成这种武术文化样态。因此，中国大学武术课程体系的重构，就必须在中华文化的母体中探寻与架构。当我们认清这个事实，就可以对症下药，达到标本兼治效果。由于武术深受中国文化的“修身”思想影响，武术修炼实质就是“以人为本”的一种遵循。因此，高校武术课程体系设计必须遵循这种“以人为本”的“情感逻辑”主线，最终达到探研高校武术教育服务供给优化目标的实现。

一、学科复归：高校武术课程的目标定位

（一）学生习武目的现状调查

课程目标是课程建设的起点，高校武术课程虽已存在近百年之久，但其课程目标却一直没能精准、清晰界定，这也是高校武术课程发展受制的重要原因之一。当我们再次审视当前高校武术课程目标“琳琅满目”的定位认知时，其目标定位仅凸显了国家意志和社会期望，而作为学习的主体——学生的认知和价值诉求却没有被重视起来，其课程目标定位则凸显一种“他者意志”，而不是“学生意志”。而且，当前高校武术课程目标定位在依存于西

方的体育学科之中，以增强体质、增进健康等作为武术课程目标，完全是将武术课程目标与体育课程目标混为一谈，严重偏离了武术自身的“学科属性”。在中国武术自身不断被西方体育所异化的过程中，以西方体育学科为基本逻辑的框定使武术深陷其中。因此，确立以“学生意志”为情感表达的高校武术课程目标势在必行。也就是说，课程目标的建立只有在“以学生为中心”，才能真正做到在课程内容、实施、评价、师资培养等方面的“以学生为中心”。为此，了解大学生武术课程学习目的将是制定有效目标的关键。为了了解学生习武目的，本研究以武术学科特点进行了《东北某高校武术课程学习目的的问卷调查》（表 5–22）和《东北某高校“你想成为一个什么样的习武人”问卷调查》（表 5–23）来了解学生对武术的需求与真实目的，并以此为基础，结合社会和国家的需求制订武术课程目标。从表 5–22 的调查结果看，“身体修为”“防身自卫”“个人爱好”是学生习武的主要目的，这一点与武术学科特点和时代发展需求密切相关。“身体修为”“防身自卫”也正是武术项目功能和价值的重要体现。因此，对这两个选项的选择也彰显了大学生的理性价值判断。从表 5–23 调查结果上看，“自强不息”“勇武强悍”“正义仁爱”“有情有义”这 4 个选项都超过了 80%，这些精神内涵实际上是中华民族精神的一种体现，更具有高度相关性，其中这四项内容也是武术身体修为的重要体现。也就是说当代大学生对民族精神的认知是趋向于正面的，这一认知结果并没有随时代的变迁而发生改变。因此，学生对民族文化的了解，为高校武术课程目标定位的“学科复归”提供了有力支撑。

表 5–22　东北某高校武术课程学习目的的问卷调查（N=120）

条目	身体修为	防身自卫	个人爱好	了解中国文化	继承和发扬文化	增加就业渠道
频次	106	103	98	43	31	2
百分比（%）	88.33	85.83	81.67	35.83	25.83	1.67

注：问卷选项可多选

表 5-23　东北某高校"你想成为一个什么样的习武人"问卷调查（N=120）

条目	自强不息	勇武强悍	正义仁爱	有情有义	言必信行必果	精忠报国	克己忍耐	礼义廉耻	百折不屈	其他
频次	112	108	102	97	86	82	79	75	75	15
百分比（%）	93.33	90	85	80.83	71.67	68.33	65.83	62.5	62.5	12.5

注：问卷选项可多选

（二）学科复归下的目标重设

了解到学生的真实需求，我们再统筹学生、社会、国家三个方面需求，这样制订的课程目标则凸显"以人为本"的"情感逻辑"，也突出了学生在课程中的主体地位，这与国家教学改革方向也高度吻合。我们再从《教育部关于全面深化课程改革落实立德树人根本任务的意见》和 2014 年出台的《高等学校体育工作基本标准》看，两个文件都明确提出了要改变长期以来学生体质下降、意志薄弱、精神不振、社会责任感缺乏、实践能力较差等问题，而社会责任感缺乏正是缺乏"情感"教育的直接表现。但我们从学生的调查来看，绝大部分学生希望"身体修为""自强不息""勇武强悍"，也希望成为"正义仁爱""有情有义""言必信，行必果"具有真实情感的人。由此来判断，这就是我们当前高校武术课程在设置目标时，内容设计与表述使学生对其理解过于宽泛，不具体，而且也跟武术学科关系不大，没有真正体现出培养意志品质和社会责任感的武术修身教育。再者，由于高校武术课程学时较少，学生感觉武术课程并没有给自己带来什么，离自己想学的东西太远。因此，高校武术课程其目标定位应该以武术的本真为基础，突出技击、强调实用、简单易行，在此过程中潜移默化的形成具有勇武精神、自强不息的精神品质，同时通过武德来规范学生行为，滋养传统文化观，实现"学以成人"。基于以上分析，高校武术课程目标定位应界定为：通过追求增强武术防卫技能，培养具备勇武自信、自强不息、正义仁爱的中华儿女；通过追求不断的身体修为，做"胸怀大义"的习武人，最终达成承继民族优秀传统文化、弘扬民族“尚武精神”的目标(见表5-24)。这样的武术课程目标表述,凸显了武术的学科特点,而且中国传统文化的主线非常明确,以武术的本真“防卫技能”来对自强不息、勇武强悍等方面进行培养的手段也很明朗,突出武术本真与灵魂,以此有效回应学生,并且也与国家整体的教育方针保持了一致,符合教育为政治服务的基本逻辑。

表5-24 学科复归的高校武术课程目标定位

目标维度	具体表述	达成过程
微观	通过追求增强武术防卫技能，培养具备勇武自信、自强不息、正义仁爱的中华儿女	身体实践
中观	通过追求不断的身体修为，做“胸怀大义”的习武人	身体实践
宏观	最终达成承继民族优秀传统文化、弘扬民族“尚武精神”的目标	实践感悟

二、人本回归：高校武术课程的结构样态

从供给侧改革理论我们知道,供给侧改革主要解决“供给端”所发生的问题,而“供给端”问题的根源则是“结构性”矛盾,解决对策只能是通过“改革”来破解这种结构性矛盾。而当我们通过一系列的调查、分析得知,高校武术课程结构的供给样态呈现出忽视了“以人文本”的基本逻辑,课程结构的选择未根据学生差异及地方、学校资源条件而进行设置,由此呈现出一种固化僵硬的供给态势。但我们知道,课程结构不是一个僵化的模式,而是一个可以动态调整的过程。但武术课程结构性动力体系的作用空间需在“供给端”的高校武术课程整个体系中进行构建,因此这就要求高校武术课程要以充分的灵活性来适应于社会、学校和学生的现实需要,同时,还要以显著的武术自身学科特色来适应高校的学科建设要求。由此可见,学生、教师、学校如何选择武术课程直接影响高校武术课程结构供给,以及我们可以提供多少武术课程以供学生、教师与学校选择。因此,武术课程结构的如何选择、设置是高校武术发展与学生个性培养的基本保障。

首先，基于现有武术分科过于严重的问题，要结合实际进行融合供给。我们知道，课程设置必修遵循学科逻辑和心理逻辑，二者的结合旨在使学生获得系统学科知识的一种课程组织方式。当前高校武术课程体系中，分科化过于严重，看似很多样，其本质都是套路，而且占据着武术课程的主导地位。大量的套路化分科课程设置，与其说是为了满足学生多样化需求和体现武术博大精深的多样性，以及所谓遵循体育学科化发展，不如说是人的认识能力的有限所致。在一定程度上说，武术课程分科可深化人对某一领域知识的认识，但学生却不知道各武术套路、技击格斗、养生功法等武术门类之间这种天然的相通性，也就是说武术各门类是一脉相承的，一个完整的体系，绝非人为的将其割裂。因此，武术课程分科的大行其道，我们所传授的学生在头脑中将永远不会建立起武术学科在功法→套路→拆手→递手→散手→攻防实战→养生→修身→悟道等知识之间广泛、紧密联系，进而也无法形成对武术广博精深知识构架的认同，这也必将难以产生对学生进行大跨度的、有效的身体感悟、思维迁移和价值创造。因此，我们有必要将当前高校武术课程进行符合实际的有效整合，把过于分科的课程综合起来。由于当前高校武术课程的学时少，并且还夹杂着一些必修的体质健康测试，这也更有必要将当前的高校武术课程进行综合化处理。基于“课程综合”改革理论“有意识地运用两种或两种以上学科的知识观和方法论去考察和探究一个中心主题或问题”的基本表述[①]，课程综合的理论突出和强化了学科之间的联系，这有利于解决当前高校武术课程所面临的各种困扰和问题。因此，本着“以人文本”的情感逻辑和高校武术课程及大学生的现实状态，并要为当前大学生选择武术课后的长远考虑，武术课程应在一定程度上放弃对某一套路技术的系统性和完整性追求，将高校武术课程过多的分科进行有效整合（综合课程具体参见表 5-26），这是当前解决“困局”之本，势在必行。

① 胡雅欢．运动训练专业课程体系的重构研究[D]. 西南大学，2010.

其次，针对当前高校学生武术基础的多样化、复杂性进行通盘考虑。我们知道，高校武术课程结构是面向不同专业、不同基础的普通在校大学生。因此，这就要求必须保障课程结构的灵活性和开放性。针对当前高校武术所面对的对象都是没有武术基础（部分也有一些基础的，但占比很小），但这些同学文化水平较高，理解能力强，而且还具有一定的自学能力，我们就可以多设置一些选修课来扩大满足学生学习武术的需求。同时，还有一小部分有一些基础的同学，学校要成立武术训练队，满足他们水平提高的需要。而且，还要设置武术社团及武术俱乐部，让业余时间充沛的同学充分参与进去，丰富其文化生活。最后，还要搞好武术活动，让学生有施展才能、显露身手的机会（关于武术活动参与的内容，将在第六章详细论述）。这就满足了学生主体的自主、多样与分化等特征而需要的个性化课程现实，有助于推动高校武术课程取向的个性化，更好地满足学生的兴趣需要，充分体现“人本回归”的迫切需要。

综上论述，结合目前高校课程结构的设置，本议题初步通过武术选项、武术选修、武术参与三方面构建高校武术课程，具体见图 5-1 所示。

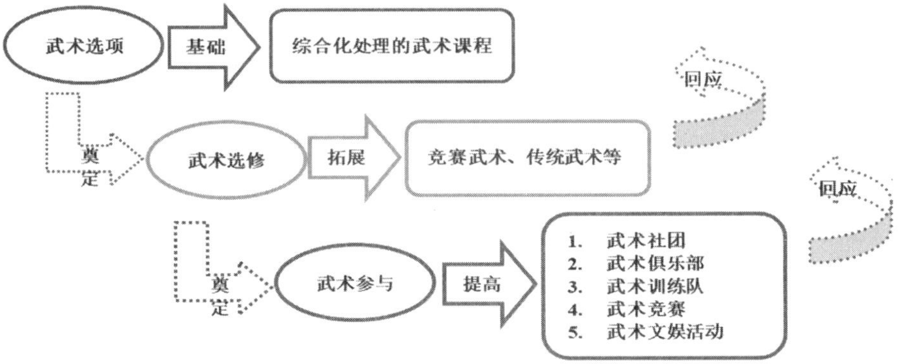

图 5-1　高校武术课程结构样态表述图

三、贴合实际：高校武术课程的内容供给

高校武术课程内容是其课程目标实现的载体，以及课程实施和课程评价的基本依据，也是教师培养和学生武术参与的前提，更是区分高校武术课程与其他课程的重要标志。因此，贴合高校、教师及学生现实，实事求是的去选择和组织高校武术课程内容，高校武术课程功能才能得以发挥，这是整个高校武术课程体系重构的重要环节。

（一）需求调查——大学生学习武术的具体状况

学生习武目的调查，是我们制订武术课程内容供给的一个基本前提，这样会避免内容供给与实际需求脱节，也能够体现“以人文本”的根本宗旨。因此，我们对东北某高校学生进行了问卷调查和访谈，以真实了解学生的具体需求，调查内容具体见表5-25。

表5-25 东北某高校学生习武需求调查表（N=120）

学生需求内容	男生（N=72）		女生（N=48）	
	人数	比例（%）	人数	比例（%）
散打	70	97.22	42	87.5
防身术	72	100	48	100
武术套路（长拳、南拳、太极拳等）	26	36.11	19	39.58
武术器械（刀、枪、剑、棍等）	32	44.44	12	25
养生类（易筋经、八段锦等）	15	20.83	23	47.92
地方拳种（形意、劈挂、翻子等）	21	29.17	15	31.25
武术短兵、长兵格斗	69	95.83	28	58.33
太极推手	54	75	10	20.83

注：问卷选项可多选

从表5-25的数据上可以看出，无论男生女生，对散打、防身

术等技击内容都具有强烈的需求，男生还对武术短兵、长兵比较感兴趣。这也与表 5-22 学生选择武术课程目的“身体修为，防身自卫”的调查完全吻合。数据反映了大部分同学的真实想法。因此，高校武术课程内容供给选择一定要充分的尊重学生的想法，如此才能得到学生的广泛认可。

（二）引领需求——高校武术课程内容供给选择

基于供给侧改革理论，供给与需求要保持一种相对平衡，这样才能达到质量优化与提升。从学生的需求来看，他们热衷于实用性的武术技击内容，但学生毕竟不是武术专家，也不是教师，他们并不能完全了解武术。所以，作为顶层设计者绝不能一味顺从，即如荀子所言“一味的顺从人的本性，竟会带来‘恶’的后果”[①]。当然，我们要尊重学生的意见，要将学生的这些意见作为重要参考内容。但从供给侧改革的重点与关键任务在于增加有效供给、引领需求的理论上看，加强对高校武术课程内容“技击性”薄弱环节的供给与支持才是重点，并以此引领学生的武术需求，武术课程建设才能越来越好。为此，本环节着手从三个方面进行对学生武术需求的引领。

第一，高校武术课程应增加武术文化知识，引领学生学习武术文化内涵。由于大学生的学习水平和认知能力都已经具备较高水平，应该将中华民族先辈们所积累的武术人文知识、武术身心修炼精神、武术技击攻防智慧与历代武术家、将军、文化名人的习武经验传授于他们，以期使当代大学生能在体悟武术身体活动时感悟人生真谛。这是因为，武术特有的修身文化其实质就是“人性教育”，并以个体心性完善为最高目标[②]。而中共十九大报告中又特别强调，要深入挖掘中华优秀传统文化蕴含的思想观念、人文精神、道德规范，并结合时代进行继承创新，让中华文化展现永

① 《荀子》，国家图书馆藏傅山批校明末刻本，卷十七，第 11-12 页。

② 金玉柱，王岗，张再林．中国武术：一种身体的文化修行——基于身体哲学的视角 [J]. 北京体育大学学报，2017，40（04）：127-132+145.

久魅力和时代风采[①]，这有效回应了武术学科自身属性的文化传播问题。为此，在当前重视传统文化的今天，武术课程应当渗透中华传统文化知识教育，以此改变当前过度体现肢体化操练的课堂指向等对武术课程目的的曲解。因此，高校武术课程在选择内容时应注意融入传统文化知识，比如增加与武术学科密切联系的儒、释、道等古典哲学，还有诸如道德经、兵书等相关知识，同时还要对古代武术大家、爱国将军、文人志士的习武经历与武学修炼等。要增加武术中的“事实性知识”，如武术史学、武术哲学、武术人类学、武术社会学、武术美学等学科知识，还有武术技术要点、武术拳种、武术器械特征、分类等基本知识；要了解武术的概念性知识，如武术概念、拳种概念、竞技武术概念、武术文化概念、武术套路概念等；要熟悉武术的实用性知识，包括武术散打、武术套路、武术推手、武术短兵、武术功法等竞赛规则。

第二，高校武术课程应结合实际综合技术内容，引领学生的技击需求。结合前文调查，当前高校武术课学时基本都是一学期32学时，18节课，同时去掉理论、考核4学时，还剩下18学时16节技术课，而且一周就一节2学时课。因此，学期短、课时间隔长的现实，很难将复杂的套路，包括一些套路里面的拆招、喂招等进行教学，这不符合实际，短时间内很难成型，学生自然也难对这样的武术感兴趣。经调查与总结分析，武术内容的丰富多彩，从高校自主自选开设武术项目的调查上看，高校设置了13项之多内容，一些院校如东北某高校的调查，这所学校同时开设了7类武术项目，高校想尽可能多的传授给学生武术知识的初衷是美好的，但现实很残酷，我们并没有这么多时间让学生来学习。为此本研究基于上述理论分析、调查和自己的教学实践，认为当前大学武术课程应该有效进行综合，并突出以实用性技术为主。因此，在“实事求是”为原则的基础上，结合本研究所制订的课程目标及相关理论，将高校武术课程综合技术内容选择为：武术攻防格

① 习近平．决胜全面建成小康社会 夺取新时代中国特色社会主义伟大胜利[N].人民日报，2017-10-28（001）.

斗的经典核心“踢”“打”“摔”“拿”为主要内容进行展开，具体内容见表 5-26。

表 5-26　基于高校实际情况的综合武术课程内容选择表

技术纲目	具体内容
基础技术	实战势、基本柔韧（正压腿、侧压腿、正踢腿、侧踢腿、外摆腿、里合腿、横叉、竖叉）、基本步法（滑步、收步、撤步、上步、进步、退步、插步、垫步、换步、闪步、代步、跨步）、腰法（下腰、涮腰、甩腰）、肩法（仆步抡拍、双臂前后环绕）
手法技术	冲拳、掼拳、抄拳、鞭拳、弹拳
肘法技术	顶肘、盘肘、压肘
腿法技术	弹腿、蹬腿、鞭腿、踹退、劈腿、截腿、摆腿、扫腿
膝法技术	顶膝、飞膝、撞膝
摔法技术	拌摔、顶摔、手别、脚别、过背、折腰
拿法技术	拿指、拿腕、拿肘、拿肩
组合技术	拳法组合、拳步组合、拳腿组合、腿法组合，拳摔组合，综合组合
打靶技术	手靶技术、沙包技术、身靶技术、组合靶技术、喂招击点
实战技术	条件实战、实战对抗
跌扑技术	滚翻、抢背、前倒、后倒、侧扑、鲤鱼打挺、乌龙绞柱、头顶翻
功法技术	臂功、腰功、腿功、马步桩、梅花桩、卧虎功、抖大杆、拧长绳
套路技术	突出武术内涵及简单、精细、短小、实用自编套路，体现热身、灵活性、表演性（详见计划）
附加技术	腾空飞脚、旋风脚、腾空摆莲、侧手翻、侧空翻、旋子

本课程内容最大的亮点就是，完全按照武术的学科属性进行设置，凸显武术文化特色。这里面的整个设计涵盖了武术技法精髓，同时还提供了套路技术“突出武术内涵及简单、精细、短小、实用自编套路”，附加技术的“空翻特技”，内容不多但表演性强，简单实用、动作潇洒，引领了当代大学生“炫酷”的心理特征，也突出了武术套路文化内涵。而且首次提出功法技术，在大学武术课程中予以呈现，这将很好的发挥武术在体能、身体素质训练方面的重大作用，也满足了当前高校要对学生进行体能测试的硬性规定。即使我们将课程内容简化到只是凸显技击，但从上表中看，似乎内容

还是很“博大”，可能会让人感觉不知如何选择！其实不然，本研究所节选的动作看似分类很多，其实动作相对比较简单，就如基本技术中的步法有很多动作，其实只要“实战势”学会，再学会其中之一的滑步，其他的动作就很容易上手了，拳法、腿法都一样，这正是我们常讲的“一通百通”。对于高校武术教育内容选择来说，还得遵循课程论中课程内容选择的一般规律，即“从总体上讲，制约课程内容选择的直接依据是课程目标。所以，高校武术课程内容选择还得围绕本研究新提出的课程目标展开，即最终达成承继民族优秀传统文化、弘扬民族“尚武精神”的目标，要综合考虑这些目标再选择相应的内容，这点我们会在“模板设计”这一节着重介绍。

第三，高校武术课程应结合实际开发课程资源，引领学生的不同需求。课程本身就应该是一个开放的动态系统，所以必须在高校武术课程改革与建设过程中不断地融入新内容、新形式，绝不能固步自封、一成不变，否则又会回到高校武术发展的老路。我们知道，中华武术内容丰富多彩、博大精深，我们前面所基于事实选择的武术格斗技术并不能代表武术的全部，高校中还是有一些同学喜欢这样或那样的武术项目、拳种。因此，为了遵循以人为本理念，本研究认为，中国武术各类拳、器械技术、短兵格斗、推手等套路和格斗术可以针对学校资源来开设相应的选修课，并以武术社团、武术训练队等作为课间补充，还有现在有些院校正在探索实施的中华射艺课程，其教学效果、学生的喜爱程度都不错，都可以融入高校武术课程中来，以达到更加多样化的课程内容选择，最终来满足不同学生的需求。因本研究并不着重探讨于此，在这里抛砖引玉，期冀相关武术教师及学者能够根据自己的特点进行针对性的选择与建设，故不再进行详细解析。

四、质量提升：高校武术课程的实施路径

（一）宏观保障——课程实施主体的全面参与

新课程认为课程有效开展取决于多方共同参与，它需要一系

列、不同职能的相关主体参与才能既通盘考虑全体学生的发展，又能满足个体学生发展的需求，还得顺利执行相关规定，使课程得以落地。因此，武术课程实施的主体应是多维度的，它包括课程决策者（国家教育与体育部门）、教育学者（各类武术研究机构、教育专家、武术专家）、来自教育实践中的教师（主管武术课程的领导、武术教师等），以及学生、家长这五大主体元素[①]。但从高校教育的现实来看，课程决策者、教育学者、教师是所有课程方案的决策者、执行者，因此它们才是课程实践的主体。据实而观，第一，高校武术课程决策者重点强调的是课程实施的意义与价值，更多的是起到一种指导、引领与监督作用，为国家意志服务。第二，教育学者在武术课程实施过程中起到一种桥梁与纽带作用，传达教育决策者的教育思想与课程理念，并制订相关具体的武术课程实施制度，为教师的武术课程具体实施服务，同时他们直接受高校武术课程决策者指导与监督。第三，具体教学则由一线武术教师来完成，这也是课程实施中最基础、最重要的环节，因为武术教师直接面对学生，为学生进行课程服务。因此，在多维主体情景下，武术课程各实施主体要保障分工明确与协调配合，如职能部门的武术决策者、学者、专家通过自身所处环境与研究优势，将其相关研究成果传递给教师，而武术教师也可以将自己的教学困惑与职能部门、专家学者进行反馈，专家学者及职能部门根据反馈信息进行系统研究，提供精准课程方案，通过多维主体之间的有效互动，提高武术教师课程实施积极性，从而保证课程实施质量。作为武术课程实施中处于主体地位的教师，要参与课程资源开发、课程决策、课程设计（这部分具体将在“能力提升：高校武术课程师资的供给”中具体阐述）。同时，要赋予武术教师一定的参与课程决策权利，有利于课程实施之后的反思和重建，以此更好地向学生提供武术课程方案，并在教学实践中发现实际问题，改良教学手段与方法，最终保障武术课程实施的整个环节可以良性运转。同时，给予武术教师课程

① 胡庆山，郭敏，王健．我国体育课程实施研究评析[J]．北京体育大学学报，2012，35（02）：77-82.

决策权利,有利于从底层真实反映学生、学科和社会需要。但这里需要提出的是,课程决策者、教育学者、武术教师三个主体之间一定要保持一种扁平化的由上至下的服务与被服务关系,而不能是垂直层面的领导与被领导关系,否则又会回到“一元主体”的管制中去,教师、学生的幸福感、满足感等将大大降低。

综上所述,本议题将从课程决策者、教育学者、武术教师三个主体进行勾勒,在宏观保障维度构建高校武术课程实施主体的全面参与进行,并呈现出一个良好的服务、监督与反馈机制,以更加直观的形式表述出武术课程最终为学生服务的主旨,见图 5-2 所示。

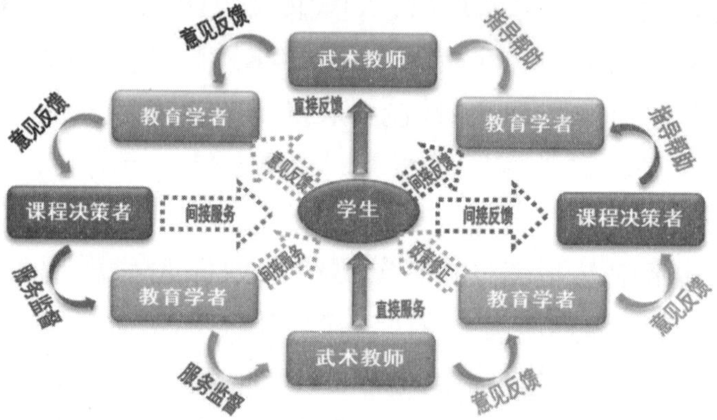

图 5-2　宏观保障维度构建高校武术课程实施主体的全面参与表述图

（二）微观操作——课程教学设计与实施流程

1. 高校武术课程的教学设计

我们知道,课程实施最重要的场所是课堂,课堂中最重要的行为是教学活动,而教学设计则是顺利、有效教学的必要前提,是提高教学质量的重要一环,也是落实本研究武术课程改革理念具体的实践活动与质量有效提升的重要保障。为此,本研究基于前期在“学科复归的课程目标定位”“武术课程的结构样态”和“综合武术课程内容选择表”所论证的基本内容,来进行为期一学年的高校武术课程教学设计,主要包括:学时分配与授课内容、授课计划和评价考核三部分,见表 5-27、表 5-28、表 5-29。

（1）学时分配

表 5–27　学时分配与授课内容表

<table>
<tr><th>分类</th><th>具体内容</th><th>学时</th><th>比例</th><th>实施途径</th></tr>
<tr><td rowspan="2">理论</td><td>上半学期：
1. 武术的基本概念及历史
2. 武术与中国传统文化（节选儒家思想）
3. 武术与修身的关系</td><td>3</td><td>8.33%</td><td rowspan="2">穿插课堂，以教师引导为主，学生课后搜集资料形成论文及演讲的形式进行。</td></tr>
<tr><td>下半学期：
1. 武术竞赛规则（散打）
2. 武术技术体系理论
3. 武术修炼特有的人格魅力与民族精神</td><td>3</td><td>8.33%</td></tr>
<tr><td rowspan="2">实践</td><td>上半学期：
1. 基本技术（实战势、基本柔韧 4 种、基本步法 6 种、腰法、肩法）
2. 手法技术（冲拳、掼拳）
3. 肘法技术（顶肘）
4. 腿法技术（弹腿、蹬腿、鞭腿、扫腿）
5. 膝法技术（顶膝）
6. 摔法技术（拌摔）
7. 拿法技术（拿指）
8. 组合技术（拳步组合、拳腿组合）
9. 打靶技术（手靶技术）
10. 实战技术（条件实战）
11. 跌扑技术（滚翻、抢背、前倒）
12. 功法技术（臂功、腰功、腿功）
13. 套路技术（弓步推掌 + 后扫腿）
14. 附加技术（腾空飞脚）
15. 评价考核</td><td rowspan="2">33</td><td rowspan="2">91.67%</td><td rowspan="2">课堂教学</td></tr>
<tr><td>下半学期：（以上学期内容为主，主要突出练习和实战）
1. 基本技术（增加基本柔韧 2 种、基本步法 2 种）
2. 手法技术（增加抄拳、鞭拳）
3. 肘法技术（增加盘肘）
4. 腿法技术（增加蹬腿、摆腿）
5. 膝法技术（增加飞膝）
6. 摔法技术（增加顶摔）
7. 拿法技术（增加拿腕）
8. 组合技术（增加综合组合）
9. 打靶技术（增加喂招击点）
10. 实战技术（突出实战对抗）
11. 跌扑技术（不增加）
12. 功法技术（不增加）
13. 套路技术（弓步推掌 + 后扫腿 + 后摆腿 + 砸拳 + 收拾）
14. 附加技术（增加侧手翻）
15. 评价考核</td></tr>
</table>

注：全年 72 学时，上下半年各 36 学时

（2）授课计划

表 5-28　第一学期授课计划

周次	时数	教学方式	内容
1	2	实践课	1. 基本技术（实战势、正压腿、侧压腿、正踢腿、滑步、甩腰、双臂前后环绕） 2. 手法技术（冲拳） 3. 理论部分（教师第一次课讲解武术的基本概念与历史，布置作业——武术与儒家思想）
2	2	实践课	1. 基本技术（复习上节课内容） 2. 手法技术（重点练习冲拳） 3. 组合技术（学习滑步 + 冲拳） 4. 打靶技术（冲拳） 5. 理论部分（检查同学们作业进展情况，布置下节课在课前、课中分享感悟同学名单）
3	2	实践课	1. 基本技术（复习上节课内容，增加侧踢腿） 2. 手法技术（重点练习冲拳，学习掼拳） 3. 组合技术（练习滑步 + 冲拳） 4. 打靶技术（练习滑步 + 冲拳） 5. 腿法技术（学习弹腿） 6. 理论部分（传统文化与武术论文的感悟分享）
4	2	实践课	1. 基本技术（复习上节课内容，增加弹腿） 2. 手法技术（重点练习掼拳） 3. 组合技术（练习滑步 + 冲拳、掼拳） 4. 打靶技术（滑步 + 冲拳、掼拳、弹腿） 5. 腿法技术（练习弹腿） 6. 理论部分（传统文化与武术论文的感悟分享）
5	2	实践课	1. 基本技术（复习上节课内容，增加横叉） 2. 手法技术（重点练习冲、掼拳） 3. 组合技术（练习滑步 + 冲拳、掼拳、弹腿） 4. 打靶技术（滑步 + 冲拳、掼拳、弹腿） 5. 腿法技术（练习弹腿，学习蹬腿） 6. 实战技术（两人找实战距离的条件实战） 7. 跌扑技术（前倒） 8. 理论部分（传统文化与武术论文的感悟分享）
6	2	实践课	1. 基本技术（复习上节课内容） 2. 手法技术（练习冲、掼拳） 3. 组合技术（学习掼拳 + 蹬腿） 4. 打靶技术（冲拳 + 弹腿、掼拳、蹬腿） 5. 腿法技术（学习鞭腿） 6. 实战技术（学习两人在实战距离下进行掼拳躲闪的非接触性条件实战） 7. 跌扑技术（学习后倒） 8. 功法技术（臂功左右冲拳连续空击 80 次 / 分钟，3 组） 9. 理论部分（传统文化与武术论文的感悟分享）

续表

周次	时数	教学方式	内容
7	2	实践课	1. 基本技术（复习上节课内容） 2. 手法技术（练习冲、掼拳） 3. 组合技术（练习冲拳 + 弹腿 + 蹬腿） 4. 打靶技术（冲拳 + 弹腿、掼拳、蹬腿、鞭腿） 5. 腿法技术（重点练习鞭腿） 6. 实战技术（两人在实战距离下进行直拳 + 掼拳躲闪的非接触性条件实战） 7. 跌扑技术（练习前、后倒） 8. 功法技术（臂功左右冲拳连续空击 90 次 / 分钟，3 组） 10. 理论部分（传统文化与武术论文的感悟分享）
8	2	实践课	同上一次课，本节课重点以练习和纠正动作为主
9	2	实践课	1. 基本技术（所学的全部内容） 2. 手法技术（练习冲、掼拳） 3. 组合技术（所学技术的任意组合） 4. 打靶技术（所学技术的任意组合） 5. 腿法技术（学习后扫腿） 6. 实战技术（鞭腿的躲闪与反击） 7. 跌扑技术（前滚翻） 8. 功法技术（腿功——连续左右低鞭腿空击 30 次 / 分钟，3 组） 9. 套路技术（弓步推掌） 10. 理论部分（传统文化与武术论文的感悟分享）
10	2	实践课	同上一次课，本节课重点以练习和纠正动作为主
11	2	实践课	1. 基本技术（所学的全部内容） 2. 手法技术（练习冲、掼拳） 3. 组合技术（所学技术的任意组合） 4. 打靶技术（所学技术的任意组合） 5. 腿法技术（重点练习后扫腿） 6. 实战技术（左手掼拳右手冲拳：左掼太阳穴，右冲鼻） 7. 跌扑技术（前滚翻） 8. 功法技术（腿功——连续左右低鞭腿空击 35 次 / 分钟，3 组；臂功左右冲拳连续空击 80 次 / 分钟，3 组） 9. 套路技术（弓步推掌 + 后扫腿） 10. 理论部分（传统文化与武术论文的感悟分享）
12	2	实践课	同上一次课，本节课重点以练习和纠正动作为主
13	2	实践课	1. 基本技术（所学的全部内容） 2. 手法技术（练习冲、掼拳） 3. 组合技术（假想空击组合） 4. 打靶技术（所学技术的任意组合） 5. 腿法技术（重点练习低鞭腿 + 高鞭腿） 6. 实战技术（左右冲拳：左冲腹，右冲鼻） 7. 跌扑技术（前滚翻） 8. 功法技术（腿功——连续左右低鞭腿空击 35 次 / 分钟，3 组；臂功左右冲拳连续空击 80 次 / 分钟，3 组） 9. 套路技术（弓步推掌 + 后扫腿） 10. 摔法技术（学习拌摔） 11. 理论部分（传统文化与武术论文的感悟分享）

续表

周次	时数	教学方式	内容
14	2	实践课	同上一次课，本节课重点以练习和纠正动作为主
15	2	实践课	训练与答疑课，重点练习组合与打靶，并对同学们前一段时间的学习内容进行梳理，哪里不会进行针对性练习
16	2	实践课	同上一次课，重点练习条件实战
17	2	实践课	训练课，重点练习考试内容
18	2	理论课	评价考核

表 5–29 第二学期授课计划

周次	时数	教学方式	内容
1	2	实践课	1. 基本技术（第一学期内容） 2. 手法技术（抄拳） 3. 理论部分（教师第一次课讲解散打竞赛规则，布置作业——武术修炼特有的人格魅力与民族精神）
2	2	实践课	1. 基本技术（复习上节课内容，增加学习代步） 2. 手法技术（重点练习抄拳） 3. 组合技术（所学技术自由组合） 4. 打靶技术（所学技术自由靶，学习喂招击点） 5. 理论部分（教师讲解——武术技术体系理论，检查同学们作业进展情况，布置本学期理论分享同学名单）
3	2	实践课	1. 基本技术（复习上节课内容，增加学习代步） 2. 手法技术（重点练习抄拳） 3. 组合技术（所学技术自由组合） 4. 打靶技术（所学技术自由靶，学习喂招击点） 5. 腿法技术（学习前摆腿） 6. 理论部分（武术修炼特有的人格魅力与民族精神的感悟分享）
4	2	实践课	训练课，重点进行纠错
5	2	实践课	1. 基本技术（复习上节课内容，增加学习代步） 2. 手法技术（重点练习抄拳） 3. 组合技术（所学技术自由组合） 4. 打靶技术（所学技术自由靶，练习喂招击点） 5. 腿法技术（练习前摆腿） 6. 实战技术（重点讲解拳法实战的进攻、防守与反击） 7. 附加技术（侧手翻） 8. 理论部分（武术修炼特有的人格魅力与民族精神的感悟分享）
6	2	实践课	训练课，纠错，重点进行拳法实战

续表

周次	时数	教学方式	内容
7	2	实践课	1. 基本技术（复习上节课内容，增加学习代步） 2. 手法技术（重点练习抄拳） 3. 组合技术（所学技术自由组合） 4. 打靶技术（所学技术自由靶，喂招击点） 5. 腿法技术（学习后摆腿） 6. 实战技术（重点讲解腿法实战的进攻、防守与反击） 7. 跌扑技术（练习前、后倒） 8. 功法技术（臂功、腿功各左右连续空击 3 分钟 / 组，3 组） 9. 附加技术（增加侧手翻） 10. 理论部分（武术修炼特有的人格魅力与民族精神的感悟分享）
8	2	实践课	训练课，纠错，重点进行腿法实战
9	2	实践课	1. 基本技术（复习上节课内容，增加学习代步） 2. 手法技术（重点练习抄拳） 3. 组合技术（所学技术自由组合） 4. 打靶技术（所学技术自由靶，喂招击点） 5. 腿法技术（练习后摆腿） 6. 实战技术（重点讲解拳、腿组合技术在实战中的进攻、防守与反击） 7. 附加技术（侧手翻） 8. 功法技术（腿功、臂功自由组合空击 3 分钟 / 组，3 组） 9. 套路技术（弓步推掌 + 后摆腿） 10. 理论部分（武术修炼特有的人格魅力与民族精神的感悟分享）
10	2	实践课	训练课，纠错，重点进行拳、腿法综合打法的实战
11	2	实践课	1. 基本技术（所学的全部内容） 2. 手法技术（练习冲、掼拳） 3. 组合技术（所学技术的任意组合） 4. 打靶技术（所学技术的任意组合） 5. 腿法技术（重点练习后扫腿） 6. 实战技术（同上一次课） 7. 摔法技术（学习顶摔） 8. 功法技术（腿功——连续左右低鞭腿空击 35 次 / 分钟，3 组；臂功左右冲拳连续空击 80 次 / 分钟，3 组） 9. 套路技术（弓步推掌 + 后扫腿 + 后摆腿） 10. 理论部分（武术修炼特有的人格魅力与民族精神的感悟分享）
12	2	实践课	训练课，纠错，重点进行拳、腿法综合打法的实战

续表

周次	时数	教学方式	内容
13	2	实践课	1. 基本技术（所学的全部内容） 2. 手法技术（练习冲、掼拳） 3. 组合技术（所学技术的任意组合） 4. 打靶技术（所学技术的任意组合） 5. 腿法技术（重点练习后扫腿） 6. 实战技术（拳法虚晃 + 进身顶摔） 7. 摔法技术（练习顶摔） 8. 功法技术（腿功、臂功自由组合 3 分钟 / 组，3 组） 9. 套路技术（弓步推掌 + 后扫腿 + 后摆腿 + 砸拳） 10. 理论部分（武术修炼特有的人格魅力与民族精神的感悟分享）11. 理论部分（武术修炼特有的人格魅力与民族精神的感悟分享）
14	2	实践课	训练课，纠错，重点进行拳、摔综合打法的实战
15	2	实践课	训练与答疑课，重点讲解实战对抗中的上肢防守技巧
16	2	实践课	同上一次课，重点实战对抗比赛
17	2	实践课	训练课，重点练习考试内容
18	2	实践课	评价考核

以上高校武术课程内容的选择和分配，以及教学计划设计，都是紧紧围绕本研究所提炼出的课程目标及综合武术课程的创新性提法，从而进行的高校武术课程素材选择。相关内容符合学生对技击的一种需求，同时简单化处理了武术套路动作，体现短小、易学、动作美的特点，而且计划设计遵循了循序渐进原则，符合教学和学习规律。这里本研究突出了技击，上半学期突出条件实战，这样即保护了学生，也能让学生充分认知武术技击魅力；第二学期则突出了实战能力，从课程内容的安排上，训练课也大大增多，即遵循武术技术的"练习性"，而不是一味的"学"，就是要在课程中将大量时间突出武术的本真技术，这样才能培养学生勇于拼搏、自强不息的尚武精神。还有，本课程内容及教学设计创新性的将武术文化以学生课下学学习、课上分享的方式予以进行，大学生作为具有完全自主学习能力的高知识群体，我们要充分利用这个特点，这样大大改变了以往教师单纯的说教理论课。

学生通过自己的兴趣点，找到符合自己的主题进行现场分享，既锻炼了同学们的自学能力、写作能力，还提高了同学们的语言表达和在公众场合的一种表现力。因此，要让同学们在接触武术的过程中培养同学们表达和自我展现能力，让学生课下主动的去学，来完成知识巩固，这也直接体现了传承中华文化的一种创新性。也就是说，武术课程要更多地强调大学生思考、动手、语言、自我展现等能力的一种表达，节省了大量教学时间，把时间用到武术技术修炼上，这必将大大提升教学及人才质量，可谓一举多得。

（3）评价考核

从 4 个方面进行考核，包括："武道" 评价、"武技" 评价、"专家" 评价、"修为" 评价。具体评价办法，将在下文 "评价效果" 中具体论述。

2. 高校武术课程的实施流程

（1）实施流程中的 "仪式性" 研探。一个好的课程计划，必须要有一个好的实施流程，才能将计划有效执行下去。但一个好的课程计划执行要有魅力，能吸引人，这样才会产生一种事半功倍的效果。那么魅力哪里来？这即是本部分要着重探讨的内容。为此，我们从武术为什么有这么多人对它如此向往这个角度出发进行思考时，发现其重要原因是一直以来武术在传承与教育中给人带来的一种 "神秘主义" 成分，武术中的经验、情感、意志等非理性成分负载其中，从而使人产生 "信仰强化" 之感[①]。这是武术传承中非理性的 "附魅" 感，催使本研究找到了课程计划执行所需魅力的途径，即武术传承与教育中的 "仪式性" 特点。

人类学家认为，仪式具有一定的普遍性，由象征符号所构成，这些象征符号与人们的社会行为紧密联系，具有增强集体情绪作用和社会整合功能，而且仪式能把人与自然划分开来并将具有超

① 郭玉成．传统武术在当代社会的传承与发展 [J]. 上海体育学院学报，2008（02）：51–57.

自然力量的神秘现象与日常生活现象加以区别①。因此，仪式我们随处可见，如阅兵仪式、表彰仪式、游行集会、节日庆典、入会仪式等。这就是辛格霍夫（2009）所认为的：仪式是行礼者的心灵港湾与力量源泉，仪式强化了行礼者内心在神圣神秘、庄严肃穆的氛围中对参与者起到价值传递、规范行为、强化信仰、身份认同、理性塑造、传承文化的教育效果②。因此，武术本身所具备的一种神秘性，天然具备了一种仪式的功能和意义，这就是在中国武术文化的历史长河中，武术中长期流传的拜师仪式、入门仪式、入室仪式等。为此，如果我们通过设定特定场景来还原武术固有的仪式性身体活动，促使学生的情感有所依傍，则可有效提升武术课程“魅力”，这对发挥仪式性活动的教育功能及传统文化承继功能具有重要意义。

（2）实施流程中的“仪式性”操作。同属东亚文化圈的异域武技都有各自独特并体现民族特征的身体仪式性活动，如泰拳在比赛前所进行的“拳舞仪式”可谓令人印象深刻，拳手登上擂台后，先向教练膜拜，拳手们双膝跪地，用拳套掩住双眼，身体前俯，直至拳套碰地进行祈祷，祈祷结束后，开始做“拳舞仪式”；同时还有韩国的跆拳道也非常重视仪式，在训练馆的会见礼仪，课堂、比赛中“以礼始，以礼终”的规范，而且课前冥想、段位授予等均突出一种“仪式感”，这也使得跆拳道在中国人面前普遍具有“讲礼貌，教人礼”的价值认同③。虽然这些武技在仪式上形式不同，但均营造了一种非理性教育。因此，中国大学武术课程的良好实施有必要将“仪式”融入其中，以此重现武术的文化魅力。因此，武术课程仪式需从中国文化的元素中去找，在传统武术中就有严格的礼节仪式，如武术的拜师礼，首先是上香焚表，其次是跪拜磕头，最后是递贴盟誓。通过严格庄重与程式化的仪式，师徒名份

① 冯宪光，傅其林．审美人类学的形成及其在中国的现状与出路[J]．广西民族学院学报（哲学社会科学版），2004（05）：26-35.

② 辛格霍夫．刘永强，译．我们为什么需要仪式[M]．北京：人民大学出版社，2009：1-3.

③ 原军义．论跆拳道礼仪[J]．体育文化导刊，2015（12）：99-102.

得以确立，也昭示着师门又新添人口，进而促使同门之间产生一种“歃血为盟”的伦理体现。当然在现代社会中，并不需要完全模仿于此，但这里面的程式化、仪式感、庄严感、递贴盟誓等显著字眼都可以进行创造性转化。例如，在我们的课程开课的第一节课的见面中，即教师和学生都互不认识时，教师自我介绍完毕，学生逐个给教师行抱拳礼，并自我介绍。基于此，确立师生关系后，学生每次见到教师无论何时何地都要向教师行抱拳礼敬礼，这样就很自然的形成一种礼节，也体现了武术特有文化，最后再进行“誓”仪式，以此正式确立“师门”关系与规矩。还有，武术修炼过程中的“禅悟”所体现出的打坐，就可以运用到武术的修身中来，即在课前或课结束时以打坐的形式调节身心。因此，高校武术课程可以把这些理念穿插起来，将打坐的静思修身及抱拳礼仪式进行程式化处理，即可体现武术课程的一种仪式感，突出武术文化魅力，规范同学们的“坐、立、行、走”，这可最大化的培养学生们具有“举止优雅”“柔中带刚”的武者风范，也有效回应了武术学科本质与课程目标。具体操作流程本研究进行如下表述（流程图，见 5-3）。

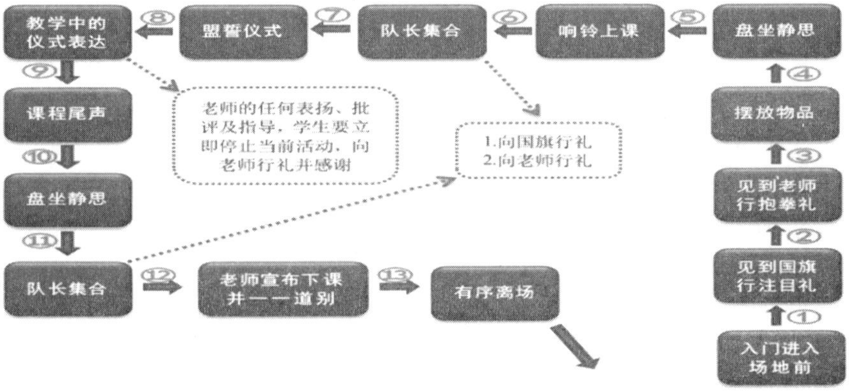

图 5–3　高校武术课程教学中“仪式性”流程操作表述图

来到训练场，见到国旗，行注目礼 3 秒，见到教师行抱拳礼问好，进入场地摆放整齐自己的物品，然后到指定位置盘坐静思，上课铃响起，队长集合队伍（进行如下口令，向国旗行注目礼，向教师行礼，这时教师回礼，然后进行"盟誓"仪式环节，"盟誓"词可为我们的课程目标，也可以根据课程需要进行创编；整个课前仪式结束，开始进行上课，课中教师的任何表扬、批评及指导，相关学生都要立即停止当前活动，向教师行抱拳礼并表达感谢；课程尾声，教师发出口令，同学们再次进行静思仪式，回想训练内容，并结合宣誓词对比一下这节课训练的目标达成度，对自己心态与行为的影响，这个时间大致 3 分钟；静思仪式结束，队长再次集合队伍（进行如下口令，向国旗行注目礼，向教师行礼，教师回礼并宣布下课，宣布下课后，同学们同时由节奏的进行"大大——大大大"击掌，然后每位同学再依次与教师手拍手道别与鼓励，这个过程可以互相说加油、努力、再见等，再次鼓励同学（以此加深与教师、同学之间情义），并有序离场。

通过这样的流程设计，可以让学生感触到独特的武术文化氛围，用"仪式性身体活动"规训学生的行为举止，突出"武者风范"，以区别其他体育课程，这将会起到意想不到的教育效果。同时，还应创设第一次课的"开课仪式"和"结业仪式"，在这个仪式中可增加"唱国歌"环节，增加仪式的严肃性与正式性。"开课仪式"使同学们能够快速融入武术课程独特的文化场域，而"结业仪式"则让同学们在教师的认可与鼓励之下，再一次通过神圣的仪式过程回顾自己的过去，促使思想和精神上受到洗礼，进一步强化"武以成人""尚武精神"等课程目标。

3. 教室环境促课程教学实施

面对西方新颖、时尚、多元的体育文化载体影响，尤其与凸显现代、时尚符号的瑜伽、跆拳道相比，武术被认为是"土气的"，而这种"土气"训练环境、场馆环境的不理想是其重要影响因素。供给侧改革理念中质量内涵提升"内外环境"是重要衡量指标，因此，武术教室这一环境因素也理应受到重视，通过教室环境的改良，让学生能够从另一个维度对武术进行正面的理解与解读，逐渐转变人们对武术"土气"的认识和"过时"的印象，重塑传统武术“高雅”“和谐”“文明”“有度”的中国文化形象。我们知道，如果一个课堂拥有良好的教室环境，拥有优秀的课堂文化，那就会给课堂营造良好的学习氛围，学生在这样的课堂中学习更易获得积极的学习体验，而这样的学习体验也会使学生爱上课堂，享受课堂，从而促使学生不断地进步。因此，武术教室的环境提升应该从整体上反映出武术刚劲有力、朴实无华的文化性格。同时，通过装饰元素吸收武术精神文化和传统的建筑文化将武术文化巧妙的传承出来，这样武术教室里的文化氛围将会对学生产生潜移默化的影响。如图 5-4，这就是本研究在访谈沈阳体育学院武术系专家时拍到的图片，这样的环境会让学生很自然的体会到武术的“美”与“韵”，达到“此时无声胜有声”之意境。

图 5-4　沈阳体育学院武术教室装修案例图

同时,本研究还在网络上搜寻到了一个整体的武术教室布置图(图 5-5),习武场所整个场景载体的空间演绎会让学生感受到温馨与舒适,教室装修凸显武术文化特色,让同学有肃然起敬之感,这种良好的教室环境布置将会对教学产生不可估量的作用。因此,高校武术课程实施的顺畅与否,既是直接的,又是潜移默化的,教室环境起到了一种“润物细无声”的潜移默化作用,这是增加武术文化内涵以及对武术习练者在修身过程中一个重要环境因素,这对促进高校武术课程实施过程中的质量提升作用不可估量。也就是说,当前高校武术职能部门、管理者对此问题不可忽视,也需重视。

图 5-5　武术教室整体布置的网络图片

五、情感遵从:高校武术课程的评价效果

当前高校武术课程评价过于重视“体质健康达标”“武术技术动作”并将其作为学生学习的最终评价,这完全是不合理的,也造成了相当一部分学生出现“一考了事”“考完拉到”局面,而且还出现了教师“为了完成套路内容而教学”的现象。其实考试评价只是武术学习的一部分,这些现象的出现都源于“应试价值观”问题。考试就如同一种权威,主持考试者要判断你是否满足出题者想要的结果,当满足这种结果时,评价就予以通过,反之亦然。考试评价就是一根指挥棒,体现出对学生的一种强迫和压制,并

没有从情感遵从角度出发实现学生习武目的。这就造成了武术那种激烈的、令人扣动心弦的、体悟心境的等重要价值身体活动内容，却并没有通过相关评价给予学生认可。所以，当前的评价机制与评价办法亟待改革。为此本研究从以下三个方面着手分析。

（一）课程评价应注重“人文性”

长期以来，高校武术课程评价中“唯技术主义”倾向过于严重，使武术课程评价在摆脱传统形而上学的桎梏时，又滑向逐渐远离学生本身和真实课程实施情景的极端。武术课程评价并不完全等于武术技术学习、掌握的成绩测试。武术技术所表现出来的刚健有为、自强不息等身体语境并未给予评价，仅凭任课教师对学生打出的几套动作就给予评价，使被评价人和评价人的关系趋于单一，评价的合理性、真实性、有效性并不能凸显。这些问题的出现都是工具理性思维所造成的，而“情感遵从”却不够。因此，当前高校武术课程评价应尊重学生的个体差异和个性特点，虽然武术教学是统一的，但考试模式和内容可以有选择性差异，在一定教学内容条件下，可以允许学生依照自身兴趣和特长做不同形式及内容的武术展示，以此帮助学生形成符合自身特点的武术锻炼方式，使他们成为武术锻炼的主人。因此，我们在制订考核评价时，将评价进行 4 种分类，有“武学”评价、“武技”评价、“专家”评价、“修为”评价组成（详见表 5-30），这里突出了武术的人文性评价，如“武学”评价既由学生自己进行论文撰写，可以围绕武术的概念、历史，武术与儒家思想、修身的关系等方向，题目角度自拟，这一方面考察了学生对武术文化的理解，而且还考察了学生的文字表述与语言表达能力，这符合大学生文化层次较高的特点，可以说针对性较强，武术的主题不偏离，还对学生其他方面的成长起到一定促进作用。还有，在“专家”评价、“修为”评价中也突出了对尚武精神、礼仪规范、进取心等方面的人文考察，可以说本考试评价办法突出了情感遵从的人文性特征。

（二）课程评价应注重"操作性"

为了使课程评价实施效果更好，其操作性将是重中之重，为此本研究从评价结构组成、评价细节办法、评价量表合成3个方面进行具体设计，具体如下：

1. 评价结构组成

表5-30　评价结构表

分类	评价内容	比例	考试安排
"武学"评价	论文撰写（围绕武术的概念、历史，武术与儒家思想、修身关系等方向，题目角度自拟），考察对武术文化的理解、文字表述与语言表达能力。	占20%	课堂随机完成
"武技"评价	拳、腿、步法自由组合打靶，条件实战，一分钟腿功、臂功测试。	占40%	期末考试时间
"专家"评价	主要考察"武技"部分临场考试发挥程度，如胆量、坚持、忍耐、硬朗等尚武精神体现，以及考察礼仪、礼节、体态、着装等。	占20%	期末考试时间
"修为"评价	主要考察同学自开课以来的所学礼仪规范"运用"与"进取心"表现。	占20%	课堂随机完成

2. 评价细节办法

（1）关于"武学"理解与表达的评价具体办法（见下表5-31）。

表5-31　"武学"理解与表达的评价表

分类	具体内容	分值
选题的质量	体现武术学科特征，突出武术文化主题	20分
提炼的观点	独到的见解与分析	30分
文字的表述	文题相符、写作水平较高	30分
语言的表达	用语准确，修辞得体，语音优美	30分

（2）关于“武技”水平与演练评价具体办法（见下表 5-32）。

表 5-32　“武技”水平与演练的评价表

分类	具体内容	分值
组合打靶	如能 1 分钟完成所学技术的某 2 种技术，并体现出击打威力与准确性即可得满分。	30 分
实战对抗	如能 2 分钟实战过程中能够击打对方得分部分（按体重进行分配）： 4 次 40 分（更多者 +10 分） 3 次 30 分 2 次 20 分 1 次 10 分 0 次 5 分	40 分
功法测试	1 分钟低鞭腿连续空击： 70 次 / 分钟，及以上者 30 分 60–69 次 / 分钟，25 分 50–59 次 / 分钟，20 分 40–49 次 / 分钟，10 分 30 及以下者，不得分	30 分

（3）关于“专家”认可度评价考核的具体办法（见下表 5-33）。

表 5-33　“专家”认可度评价表

分类	具体内容	分值
礼仪礼节	在考试过程中的运用情况	30 分
体态着装	身体是否挺拔，精神是否抖擞，衣着整洁与规范	30 分
尚武精神	胆量、坚持、忍耐及硬朗技术风格的体现	40 分

（4）关于整学期“修为”表现的具体评价办法（见下表 5-34）。

表 5-34　整学期“修为”表现评价表

分类	具体内容	分值
礼仪运用	所学礼仪规范在课堂中的运用与坚持情况	50 分
进取精神	整个学期以来是否能够严格要求自己，具有自强不息精神	50 分

3. 评价量表合成

为了更好的记录成绩，在以上评价结构、评价细节的基础上将相关成绩内容连同学生的基本信息合成此表，这既可以作为点名册用，也可以作为成绩记录用，方便了教师进行成绩整理，也能体现出学生成绩的各个方面，案例表见 5–35。

表 5–35　评价量表合成案例表

序号	姓名	院系	班级	学号	性别	"武学"评价	"武技"评价	"专家"评价	"修为"评价	总分

通过以上对评价结构组成、评价细节办法、评价量表合成三个具体性操作规范设计，突出了有规范、有程序、有方法、易操作的特征，在评价分类和评价内容上突出武术学科特色，突出"技道"并重，重视将"技道"转化为自身的一种"修为"，而不在单纯依靠传统的肢体演练，这也是"情感遵从"的一个重要体现。在考试安排规划中，很好的处理了课程评价过于集中、单一的缺点，让考核更加灵活。同时，还增加了"专家"评价这一环节，有效避免了任课教师"一言堂"的评价结果，同时也督促了教师及学生更加认真的完成教学和学习。因此，以上高校武术课程评价的"操作性"设计，很好的回应了如何由"结果评价转向以过程评价"的问题，有效摆脱了传统武术课程评价对武术肢体知识、理解、记忆等结果的表象化及单一性测量。可以说，本评价办法突出了以学生能力生成的"学以成人"目标，这为当前高校有效开展武术课程提供了很好的实践参照。

（三）课程评价应注重"仪式感"

前文中本文研探了课程实施流程中的"仪式性"表达，课程教学中我们需要一种仪式来凸显武术修炼的一种庄重与神圣，而这种"仪式"在武术课程评价中也应体现，让评价变得更有意义，让同学们更加重视这个评价过程，而不是结果。因此，为了最大化的实现评价效果，本研究认为评价结束后要对学生有一个充分的认可，通过建立一种外在的庄严氛围以提升武术教育的认可度，即建立一种课程评价“仪式”。为此，本研究设计了“武术课程结业评价证书”（图 5–6），设计思路来自研究所创设的课程目标。通过一学年的学习，对学生在武术防卫技能、尚武精神方面进行记录性评价，并举行隆重仪式对学生进行颁发证书，充分重视学生的情意表现，促进精神层面的一种获得感。相信同学们将会一生记住这难忘时刻，也会激发更多学生去宣传武术、练习武术、未来选择武术为自己一生的爱好。

证书编号

武术课程结业评价证书

同学（学号：　　　　）于　　年　　月　日参加了武术课程结业评价，经校武术专家委员会评定，该同学通过追求增强武术防卫技能，具备了　　　　方面的武术技能，突出了　　　　方面的尚武精神。望该同学继续坚守我校尚武宗旨，不断修为身体，做“胸怀大义”的习武人。

***大学
武术专家委员会
任课教师：

图 5–6　武术课程结业评价证书

通过研探高校武术课程评价在“人文性”“操作性”“仪式感”三方面的具体内容，本课程评价特色突出体现以强调学生思维和实践表达能力为主，能够让学生灵活把握、运用武术知识，达成一种探索精神。这突出了学生的主体地位，让学生参与到武术课程中来，激发学生自主、自发研究武术理论、实践与修身等问题，将接受武术知识与大学生的切身实际结合起来，充分给予每位学生认可，激发自信心，使学生真正体验武术文化、热爱武术身体活动。

六、能力提升：高校武术课程的师资供给

中国伟大领导人邓小平曾指出：一个学校能不能为社会主义建设培养合格人才，关键在教师①。教师是教学的具体执行者与实施者，是教学的主体之一，在学生培养过程中扮演着“转化器”的重要角色，是影响教学质量最为关键的因素。因此，教师在整个高校武术教育、课程建设、教学实施等过程中起着举足轻重、无可替代的作用，是武术课程体系能够顺利运转的发动机。因此，如果师资队伍不够优秀，我们所探讨、研究、提炼的高校武术课程改革的一切理念、目标、内容等将都只是一种空谈。在前文的分析中，本研究得出了当前高校武术课程师资供给在“能力本位”上出现了诸多问题，这个原因的造成既有历史、政治原因，也有武术师资培养及在职培训等问题。但我们知道，师资培养问题一定要坚持正确的政治方向，这在第四章已经有论述，因此本部分将不再进行探讨。

（一）追本溯源——在师资培养上“保障”能力提升

前面我们已经分析，武术教师的能力水平不够，这包括技术水平、理论水平两个方面。当我们面对这样的问题时，事实也告诉我们，当前中国高校武术师资在源头的“师范教育”及“武术专业人才”的培养上出现严重问题，其培养的人才并不能完全胜任大学武术课程所需要的高质量发展能力。

从技术水平上看，对于当前高等体育院校和师范院校的武术师资培养来说，在专业划分上，人为的将项目设置分为：套路、散打、中国跤等，如武术套路专业的只管将套路如何练得能够更加“高、难、新、美”；而武术散打和中国跤专业想尽一切办法能够如何通过训练将对手击倒取得胜利，使得项目以外其他内容都因非

① 汪正毅，等.21世纪我国高校体育教学改革方向研究[J].北京体育大学学报，2002(02)：225-227.

本门课所教授范围而被排除在外，即使有所交叉，也只是蜻蜓点水[①]。而且，这种武术专项的精细化与分类化已经成为当前师资培养体系的主流，各专项之间的距离与日俱增，“交集”愈来愈少，以致“能演的不会打，能打的不会演”这种单一化武术师资情况。因此，这就需要武术师资人才培养单位要在技术教学模式上对武术进行整体性关照，需要大力进行跨项培养，如套路、散打、中国跤等，打破当前只局限于某一个专项技术能力的学习，实现武术技术能力的平衡兼顾，从而能够“打练并进”，以此使武术专业学生在技术体系能力上获得“齐头并进，整体发展”。

从理论水平上看，在未来的武术师资培养上，要对学生进行武术招势的文化要意传授，从外在的形（拳势）到内在的理（攻防意旨和方法、规定）有一个较全面、透彻的了解，令其对所学内容知其然与所以然[②]。以此，还原中国武术“打练统一”“体用两全”的真实面貌。同时，还要加强高校武术专业学生传统文化素养的教学，储备可持续发展能力，以此能够胜任未来将武术学科的属性最大化的发挥于教学中。最后还要强调，因为硕士研究生是当前进入高校教学的最低门槛，培养单位要对学生的考研进行大力宣传，并辅以必要的考研辅导，以此让更多武术专业能力强的学生能够考取研究生，扩大未来高校武术教师的选拔基数。

（二）多法并举——要以在职培训“促进”能力提升

美国奥斯汀德州大学教授哈利斯等人于 1961 年在其所著《在职教育》一书中指出：由于社会变迁、教育改革使专业技术、工具与知识在很短时间内已成为废物，对新的学习历程了解已刻不容缓，这种新的知识，技能只有借在职进修历程方可获得[③]。教

① 刘文武．武术教学与体育项目教学的区别[J]．北京体育大学学报，2015，38(10)：98-102．

② 刘文武，岳庆利．武术师资培养问题反思[J]．北京体育大学学报，2018，41(03)：133-138．

③ 郁中秀，严军．当今世界高师教育发展趋势研究[J]．上海师范大学学报（哲学社会科学版），1989(02)：11-16．

师在职进修的重要性已为世界各国所公认。随着当前科学技术的高速发展以及终身教育理念的传播，教师在职培训的重要性进一步凸显。高校武术教师在其整个教师职业生涯中至少需要接受若干轮的在职培训，以避免“大学武术普修教师，凭借三路长拳、初级棍、24 式太极拳三个套路就能吃一辈子”的传统思维模式和惯习①。为此，本研究认为可以从以下 4 方面入手。

第一，高校要明确师资建设目标，规划武术师资的宏远未来。由于高校对学科建设的重视，几乎在所有文件中，学历达标的描述都是最清楚的，将这项内容作为师资队伍建设的主要目标②。武术教师在此影响下，也未能避免此类问题。因此，重学历素养成为当前各高校学科建设目标的一个显著性问题。当前我国高校武术师资队伍整体上在学历素养方面与其他专业师资队伍相比还有较大差距。本研究认为，高校武术教师既然身处高校，就要与高校的整体师资建设定位相符，与其他专业师资等同要求。因此，当前高校武术师资队伍建设的目标定位应是：打造一支在学历结构、文化素养、武技水平、研究能力、教学素养、合作精神等方面均衡、合理的新型高校武术师资队伍。

第二，高校要创设在职培训机会，优化武术教师的知能结构。据相关的调查研究表明，90% 的体育教师主张提高自己的素养③。这说明大多数体育教师（包括武术教师）希望继续学习深造，提高自身业务能力。我们知道，武术教师在教学中能教什么往往取决于他自身所会的东西，即武术教师的知能结构决定了最后采取何种对策实施教学。诚如上述，即使高校武术决策层出台再好的教学改革内容与政策，如果武术教师自身不具备相应的知能结构，其贯彻执行就无从谈起，更何谈传承和弘扬中华文化呢？因此，

① 邱丕相，杨建营．武术套路教学改革的新思路 [J]. 体育学刊，2007（07）：66-68.

② 贺文瑾，石伟平．我国职教师资队伍专业化建设的问题与对策 [J]. 教育发展研究，2005（19）：73-78.

③ 刘文武，杜杰，胡海旭．学校武术教育——定位、现状、对策 [J]. 武汉体育学院学报，2015，49（09）：64-68.

高校要创设武术教师在职培训机会，并依据武术学科属性，有针对性的进行在职培训，可以采取“走出去，请进来”的方式，如“走出去”，即鼓励并提供政策支持现任武术教师利用寒暑假或业余时间到专业院校、学术会议、武术培训机构去学习与进修，以继续提升武术技术水平、武术文化素养和教学指导能力。“请进来”，则可聘请相关专业院校及民间较有成就的武术家作为培训专家或成为指导教师，以此持续不断地接触武术精髓并提高教学能力；同时，我们还应注意，不易将培训内容局限在武术学科内，一定注意武术自身的学科特点，鼓励武术教师参加教育学、社会学、哲学、人类学等学科进行交叉学习，以此增强武术教师应具备的综合人文素养知能结构。

第三，高校要创设良好工作环境，激励武术教师的自我成长。教学改革实践早已证明，教学改革过程最大动力与阻碍都来自于教师[①]。因此，广大武术教师能否自觉、自发的参与武术教学改革则是教师能力提升的根本。据上而论，武术教师自身是否有使命、有担当、能作为就非常重要。因此，武术教师在实施课改过程中，职能部门要给教师“松绑”，切忌用僵化的细则和规定来束缚教师，允许教师大胆改革，不断试错，以此使教师的“自省”能力得到激发。而且，还要加强“人性化”工作环境建设，为武术教师制订合理的激励制度，加强武术教师与学生、同事、学校之间的互动，形成相互支持与信任的团队。总之，高校通过不断优化工作环境，引导武术教师热爱教学、倾心教学、研究教学，潜心教书育人，不断激励武术教师自我成长，使武术教师成为学生身心健康的领路人。

第四，武术教师对己要严格要求，展现对职业的使命与担当。教师的专业素养与人格魅力对学生的推动和促进是无形的，力量是巨大的。武术教师只有在某一方面具有高超专业技能和教学本领，将大量精力围绕着该项目理论教学、技术训练、课外活动等

① 张磊，孙有平，季浏，董翠香．范式及其反思：我国高校体教专业术科教学改革研究 20 年 [J]. 武汉体育学院学报，2014，48（07）：78-83+97.

内容制订出科学、系统的方案，并体现出专业性，才能符合作为一名武术教师的标准。而且要突出大学教师应具备的较高科学研究能力特征，在科研方向上也与之高度吻合，将科学研究的思维、方法与成果运用到课堂中，以此最大化的提高学生的武术水平、激发学生长期进行武术训练的兴趣、传播武术知识，进而实现学生爱学、乐学的一种武术氛围，最终达到增强学生身心水平的核心目标。同时，无数例子已经向我们证明，影响学生一生的，能给学生带来震撼、感动并且铭记一生的还有教师伟大人格魅力和职业道德。因此，武术教师要时刻展现出武术修为中果敢、坚韧、自强、律己的尚武精神，带给学生“柔中带刚，刚柔并济”的武者形象，展现出武术人的职业使命与责任担当。

【本章小结】

中国武术自近代被纳入现代教育之中，并得以在高校教育中安身立命的主要原因在于其“民族性”，或者说武术作为“国粹”的特殊身份[①]。但从我们的研究中发现，当前高校武术教育不但未能实现与民族文化契合及代表国粹的身份认同问题，而且在多元文化交错的高校体育文化场域中，甚至出现了武术文化空间“逐渐萎缩”的现实境遇，这使得我们思考重构高校武术课程体系的紧迫性。但当前武术“体育化”的竞技武术又占据着高校武术教育的主流，这使得本研究在思考如何重构高校武术课程体系时显得异常艰难。因为，高校武术课程体系绝不是几个动作随心附会的杜撰与嫁接，它必须遵循武术学科特征，突出武术的本真性来选取其技术核心进行创编，而且创编时还要结合学生需求与高校武术教育的学时规定，并体现简单易练、上手容易、打练结合的原则，还要极力构建与民族文化契合及代表国粹身份认同问题的高校武术课程，这些都是课程体系重构需要考虑的重重难题。为此，

① 李富刚，涂琳琳，季浏．对学校武术教学内容的反思[J]. 西安体育学院学报，2014，31（05）：613-620.

本章提出了通过“学科复归：高校武术课程的目标定位”“人本回归：高校武术课程的结构样态”“贴合实际：高校武术课程的内容供给”“质量提升：高校武术课程的实施路径”“情感遵从：高校武术课程的评价效果”“能力提升：高校武术课程师资的供给”这6个部分来有效回应与解决上述难题。但我们应当知道，高校武术课程体系重构是一个动态的、复杂的且不断发展的庞大系统，它的发展遵循“不平衡—平衡—新的不平衡”这种循环往复、波浪式前进的社会变迁规律[①]。因此，伴随社会的不断前进与发展，高校学科发展与教学改革步伐的不断加快，高校武术课程体系的重构不可能一劳永逸，本研究只能试图建构最适合当下时代背景，满足当今高校现实需求的课程体系。当然，任何具有新观念、新理论的构想都需要实践加以验证，实践过程还需要多方支持和帮助。

① 杜亚丽，陈旭远．透视生态课堂的基本因素及特征[J]．教育理论与实践，2009，29（19）：52-56.

第六章　武术参与促进：高校武术教育服务供给优化的价值呈现

武术参与是高校武术课程的延伸与拓展，作为高校武术教育的重要组成部分，是传承与弘扬中国文化和民族精神的重要路径。高校武术参与定期有序的组织与开展，能够激发学生习武动力，强化学生的武技水平，是展现大学“尚武文化”及大学生“尚武精神”的重要平台，起到一种重要的宣传与交流价值。因此，武术参与的成功与否也在一定程度上决定了高校武术教育的发展。武术参与在整个高校武术教育服务供给优化过程中具有不可替代的作用与功效。目前，武术是世界大学生运动会正式比赛项目，也是中国大学生运动会的正式比赛项目，每年全国或各省市还定期举办大学生武术锦标赛等相关赛事。可以说，从竞技武术层面，武术参与在国内外已经形成常态化、制度化。但目前高校武术参与却存在着诸多这样或那样的问题，尤其是当前过于凸显“竞技”参与形式，其组织方式、方法、规则导向全是竞技武术比赛的翻版，这种针对高水平或有一定基础的武术运动员所制定的参与规则，它并不适于普通高校绝大多数没有武术基础的学生参与，无法“大众化”，以致当前中国高校学生武术参与率不高，造成了高校武术身体活动参与的一种“弱势性”地位逐渐加剧①。因此，这些问题必须得到科学、合理的规划与处理。也就是说，武术参与亟需在高校范围内进行合理的“大众化”改造，才能充分发挥应

① 杨帅．大学生对传统武术的兴趣、参与动机与程度的调查与分析——以沧州师范学院非武术专项学生为例[J]. 中国学校体育（高等教育），2017，4（02）：72-75.

有价值与功能，更好地服务于高校武术教育发展。为此，提高大学生武术参与，构建满足大学生需求的武术参与文化场域、组织支撑是当务之急。

第一节　日渐式微——武术参与供给的困境之源

唯物辩证法在谈到事物发展的原因时认为，事物发展是内外因共同作用的结果。内外因对事物发展分别产生决定性和影响性作用。为此，本节将从外因的社会背景及内因的学生自身、组织管理三个方面进行中国高校武术参与供给困境探析。

一、从社会背景中的透视：文化属性的偏离

Sallis（2000）运用行为生态学模型，主张行为受大量变量（包括人口学的、生物的、生理的、社会文化等因素影响）研究了体育参与的影响因素[①]。Aamio 等（1997）人通过对一个三代群集的分析中也发现，体育参与倾向主要是由社会环境等因素决定的[②]。因此，高校大学生的武术参与作为一种社会化经验，在很大程度上也取决于这样或那样的社会环境与背景。

（一）近代历史呈现出社会变革，凸显“西进东出”的文化背景

以 1840 年爆发的“鸦片战争”标志着中华民族的完全衰落，国之将亡，社会进入剧烈的动荡中。这时西方文化的强势入侵，西方体育也伴随着这股强势文化冲击着传统武术。由于受到特

① Sallis, J. F . Environmental Influences on Physical Activity: Applying Ecological Models[J]. *NASPSPA Conference Abstracts*, *Journal of Sport&exercise Psychology*, 2000, S1.

② Aarnio. M . , Winter, T . , Kujala, U . M . , et al. Familial Aggregation of Leisure Time Physical Activity: A Three Generation Study[J]. *International Journal of Sport Medicine*, 1997（18）, 549-556.

殊历史环境影响，民族积弱和文化自卑使一些有志之士纷纷提倡学校西化，迫切希望“师夷长技以制夷”，由此奉行一种“拿来主义”政策，“兵式体操”便是学校体育“拿来主义”的主要内容，因而此时的武术在学校遭到了极大的歧视与排斥①，以致这一时期上千年来寓意中华传统教育的武术参与形式渐渐消失。据《苏报》《大公报》《东方杂志》等的报导，1902—1904年间江苏、浙江、上海等省市先后建立了各种新式社团271个(其中体育会17个)，虽这些体育社团都倡导“尚武精神”，但这些体育社团却都以练习西方体操为主，武术则湮没无闻②。虽然，后来在洋务派“军事救国”、革命派“强种保国”等思想影响下武术进入了学校教育，但此时的武术参与形式却体现的是以西方体育影响下改造的“兵式体操”，正如张之江认为：“欲振兴国术，非积极提倡比试不可”，这一时期将竞技价值抬高到振兴武术的首要地位③。但此时的武术参与形式并未真正朝向正规的西方体育发展，武术参与情况也只是群体内“擅武者”因时制宜地而自发开展的一些表演性活动，有不断地向竞技体育行列靠拢的这样一种迹象，如北师大所开展的一些武术竞赛，并未形成长期且稳定的赛事活动，其中原由是无正规制度设计。此时所呈现出的武术参与只是对西式体育比赛的一种简单模仿，凸显出一种“西进东出”的文化态势。

(二)现代社会呈现出竞技为王，凸显“文化消弭”的现实镜像

随着1952年启动的《武术竞赛规则》及以后的不断完善，武术的竞技化就成为其发展主流。但由于近代时期，西方体育的强势文化冲击，中国高校武术一直处于边缘化的发展态势，其武术参与形式也受到了一定影响，直到1992年，武术终于被设定为第四届全国大学生运动会的“表演项目”，随后在第五届全国大学生

① 国家体委体育文史工作委员会．中国近代体育史[M]．北京：北京体育学院出版社，1989：74.

② 易剑东．中国武术百年历程回顾——面向21世纪的中国武术[J]．体育文史，1998(01)：22-27.

③ 易剑东．民国时期武术竞技述论[J]．成都体育学院学报，1995(03)：7-12.

运动会成为“正式项目”；这期间的 1994 年 12 月，在北京成功举办了首届全国大学生武术比赛；此后，各省市的大学生武术运动会如雨后春笋般相继召开，如湖北、黑龙江、福建、广东、河南、贵州等都先后开展的省大学生武术锦标赛[①]。而这种以锦标为主要形式的武术参与一直延续至今，并形成了固定的竞赛制度，如中国大学生运动会武术比赛每 4 年一届，中国大学生武术锦标赛则每年举办一次，各省市的大学生武术比赛则是以教育厅、体育局等官方单位进行组织，这些赛事都是各高校竞相参与的活动[②]。也就是说，进入 20 世纪 90 年代后，全国各级各类大学生的武术参与是一种以竞技体育项目为主导，并体现出通过竞技比赛的单一化形式为大学生提供的一种习武展示平台，凸显“竞技为王”的整体性武术活动参与方向。上海体育学院相关学者经过调查的事实证明了“竞技为王”的武术参与态势，表现出：一些学校领导明确表示，开展武术就是为了培育竞技武术后备人才[③]。由此，大中小学校武术“竞技化”氛围很浓，与体校或运动队走了一个模式。从此事实上看，现在诸多高校都在竞相争夺各种武术赛事（主要以政府职能部门组织的锦标赛）成绩，其目的就是为了争夺“业绩”。而这种为了业绩而业绩的竞技武术比赛，完全没有了文化底蕴，以致武术界的专家、学者们普遍认为这种竞技比赛让武术的文化底蕴已经出现了明显的消弭现象[④]。这些问题的产生，凸显国家武术职能部门及学校体育职能部门严重忽视了“个体与整体”的关系，竞技比赛毕竟是少部分人的事，按照国际体育发展趋势，它不可或缺，但这种个体的武术参与并不能达到全面弘扬民族文化和教育的目的，偏离了高校武术教育对社会需求的落脚点是“传播武术技能，培养大学生感知武术文化魅力”。因此，如果

① 吉洪林．学校武术竞赛研究 [D]. 上海体育学院，2015：37.
② 同上，第 39-40 页．
③ 杨千．体育竞赛中虚假现象产生的原因与体育伦理道德建设 [J]. 南京体育学院学报（自然科学版），2004（02）：97-98+96.
④ 周生旺，张翠梅，王海滨．武术发展的困惑、突破与抉择 [J]. 体育成人教育学刊，2017，33（01）：88-91.

能够探索出让普通学生都能参与、展示武术的平台，这才是最根本任务。绝不能完全依照现有这种“竞技为王，单一乏味”的武术参与建设，不然最终只能走向武术参与建设“本末倒置”“主次不明”的尴尬境地。应该引起我们的深思。

二、从学生自身中的透视：核心需求的偏离

（一）从文献资料中的透视——供不符需

2005 年，中国相关机构在对学生体质健康的测试中发现，学生在速度、力量、耐力等身体素质方面所呈现的数据表明，相关指标连续 10 年整体下降，使专家、学者们不断呼吁，学生的体育教育只靠每周几节的体育教学是远远不够的[①]。为此，2007 年 4 月 29 日，由教育部、国家体育总局、共青团中央三权威部门牵头并联合举办的“全国亿万青少年学生阳光体育运动”在全国拉开序幕。这项举措的开展，促进了各级各类学校校园体育锻炼氛围的提升。但据相关调查显示，2014 年中国学生参加体育锻炼的情况仍然不够乐观，参与体育活动与锻炼的时间每天不足 1 小时，不参加体育锻炼的学生比例甚至达到了 24.8%[②]。这说明，开展 7 年时间的“阳光体育运动”并未很好的解决学生积极主动参与体育锻炼的兴趣和习惯。相关学者认为，这是由于阳光体育运动的主要目标是“达标”[③]。其主要采取一些强制性的体能锻炼作为主要参与内容，这就使高校武术课程教学目标与开展阳光体育运动目标二者产生矛盾，同时与学生武术参与更注重品质感与幸福感体验、不再一味苦学、学生对于身体活动则更趋向于“求新、求趣、

① 刘海元，袁国英.关于开展阳光体育运动若干问题的探讨[J].体育学刊，2007(08)：10-14.

② 郭瑞芃等.中外青少年体质健康测评体系对比研究[J].中国体育科技，2019，55(06)：3-13.

③ 刘海元，袁国英.关于开展阳光体育运动若干问题的探讨[J].体育学刊，2007(08)：10-14.

求动、求知”的心理需求产生了严重偏差[①]。现有高校武术参与供给形态建设并没有依据学生对选择需求的认知表达，而是基于体育发展需求通过强制性方式让学生接受体育锻炼的供给样态。

（二）从相关调查中的透视——供不符实

1. 从大学生参与课外武术活动的动机上看，体现出多元化特征

心理学理论认为，动机是人群行为的基本动力，并激励个体的行动，促使行动指向某一目标，以满足个体某种需要的念头、愿望与理想的一种内在过程或内部心理状态[②]。因此，参与武术身体活动的动机就是推动学生武术身体活动的主观因素和心理状态，它是个体内在的过程，参与武术身体活动的行为则是这种过程的结果。

表 6-1　东北某高校大学生参与课外武术活动的动机调查表（N=120）

调查内容	男生（N=72）		女生（N=48）	
	人数	比例（%）	人数	比例（%）
个人兴趣爱好	72	100	48	100
提高防卫技能	72	100	48	100
改善体质、预防疾病	69	95.83	48	100
娱乐身心	68	92.22	42	87.50
以武会友	65	90.28	23	54.17
应付武术考试	32	44.44	11	22.92
院系组织的一些硬性武术活动	29	40.28	18	37.50
其他	23	31.94	5	10.42

注：问卷选项可多选

① 王稳，蒋德龙，李晓华．“互联网 +”时代学校武术教育供给体系构建研究——基于供给侧改革理论视角 [J]. 沈阳体育学院学报，2019，38（05）：123-131.
② 谢琴，吴佑年．大学生身体自尊与体育锻炼参与的研究 [J]. 广州体育学院学报，2002（05）：46-48.

由表 6-1 可知,东北某高校大学生参与课外武术活动的动机体现出多元化特征,在支配大学生参与课外武术活动的动机中,男生和女生排名前三位的都体现出:个人兴趣爱好、提高防卫技能、改善体质、预防疾病。这说明大学生对武术课外活动认知还是较为充分的,参与动机也比较明确。这也与实现高校武术教育的目的、任务基本相符。但是也存在一些消极因素,如部分学生对课外武术活动的动机认识不够,出现了应付考试和院系组织的一些武术团体操等被迫参加武术活动等情况,当然这也是事实存在的一种情况,我们不应忽视。

2. 从大学生课余时间利用情况的调查上看,体现出随意性特征

大学阶段的生活、学习方式与中学阶段差异很大,与中学阶段相比,大学阶段学业压力相对较小,闲暇时间也更多,课外活动也较为丰富,大学生有着更多的自由支配时间,可以去做自己想做的事情。因此,从大学生课余时间进行调查,掌握学生的课余需求,将有利于本研究的策略研究。

表 6-2　东北某高校大学生课余时间利用情况调查表(N=120)

调查内容	男生(N=72)		女生(N=48)	
	人数	比例(%)	人数	比例(%)
体育锻炼	38	52.78	25	52.08
专业或考研学习	72	100	72	100
上网聊天或打游戏	65	90.28	21	43.75
各类社团	28	38.89	11	22.92
棋类、纸牌	10	13.89	5	10.42
阅读课外书籍或小说	35	48.61	15	31.25
看电影、电视	61	84.72	43	89.58
逛街	16	22.22	22	45.83
交友	33	45.83	27	56.25
闲谈、无事可做	18	25.00	3	6.25
其他	6	8.33	2	4.17

注:问卷选项可多选

对东北某高校大学生课余时间利用的情况调查（表6–2）中看：高校大学生课余时间所做的事情主要体现在专业或考研学习、上网聊天或打游戏、看电影、看电视、体育锻炼、阅读课外书籍或小说等占的比重较大。从调查的结果上看，也比较符合现实情况，大学生普遍还是比较注重学习的，但同时大学生上网聊天、打游戏占用了课余时间的大部分，这里的数据男女生比例都很高，说明随着互联网的高速发展，各种网络游戏琳琅满目，令学生"爱不释手"。可以说随着现代生活方式的发展及互联网娱乐的多元化，学生业余生活被大量的电子信息所替代，其课外体育活动时间却在不断地减少，严重影响了高校课外武术活动开展。据上而观，当前大学生在本来体育活动参与率就非常低的情况下（本调查男女平均只有52.43%），参与到武术活动中的情况将会更低。但同时我们也应看到，大学生的闲暇时间其实是可以被调动的，只是有相当一部分学生无事可做，或者只是没有什么事情可干，而随波主流罢了。因此，如何精确供给，最大限度的吸引学生，让他们将这些闲暇时间利用到武术活动中来，这将会是一件意义重大的事情。

3. 从选择武术课的同学课外武术活动上看，体现出积极性较低

表6–3　对东北某高校武术选项课学生参加课外武术活动情况表（N=120）

内容	人数	占比（%）
积极参与课外武术活动	5	4.17
经常参与课外武术活动	9	7.5
偶尔参与课外武术活动	95	69.16
从不参与课外武术活动	23	19.17

注，相关界定：积极（平均每周武术参与在3次及以上）；经常（平均每周武术参与少于3次高于1次）；偶尔（每月武术参与低于4次高于或等于1次）

通过表6–3调查可以看出，即使是选修武术课的同学，平时武术的参与率也不尽如人意，积极与经常参与课外武术活动的学生只占总调研人数的11.67%。由此得出，当前高校学生武术活

动的参与积极性较低，也进一步凸显当前高校武术教学发展的不尽人意。

（三）从学生访谈中的透视——知行脱节

A 学生访谈：由于体测原因，我们要通过一定的练习才能达标，还有体育课现在都要求校园跑 APP 打卡，每天 5 公里，跑完后太累已经不想参加武术活动了。

B 学生访谈：刚开始挺喜欢武术的，但我发现我的选择好像错了，跟我想象的武术不太一样，武术套路太难了，记不住，而且我的身体还不太协调，这学期的武术，成绩很不理想，拿不到奖学金了！哎，下学期换其他体育项目，简单点的，武术吗，我也就不参与了！

C 学生访谈：我是从小学至高中，都没学过武术，我们学校也没教过，一点都不会，还是不参与了吧，我会玩一些简单的其他体育项目。

D 学生访谈：我知道武术项目很好，锻炼身体还能防身，大学开学我还报了一个武术社团呢，哈哈！但我比较爱玩网络游戏，早上也起不来，坚持了没几天，就不去了。

E 学生访谈：我是学校武术队的队员，一直参加武术活动，据我所了解的，咱们学校武术场地设施太简陋了，我们都在户外田径场上活动，春夏秋还可以，但一到冬天，很多学生就不来参加活动了，其中大部分同学都是因为天气冷，伸不出手，而且练完一身汗，特别容易感冒。而且这冬天一过，时间太长不训练，很多队员就不来了。

F 学生访谈：学校也没什么武术活动啊，好像一年有一次太极拳比赛，但也都是武术课中太极拳得分高的同学参加。

G 学生访谈：学校的武术馆是收费的，而且经常还不对学生开放，一想还是算了吧，玩点室外的吧。

原因剖析：通过上述访谈，学生普遍能认识到武术参与对自身有诸多益处，认知水平很高，但是行为上受学校武术活动组织较少的原因，以致没有参与机会；而且体质健康达标将一部分课外武术参与活动时间大量挤占，再有外界网络游戏、武术场地设施供给、自身身体状况、兴趣爱好、技能掌握、武术体验等影响，部分高校优质场馆设施或被商业化运营或被学校教职工占用，学生的武术参与权利难以保障。甚至还出现学生因武术课教的内容太难，导致学生拿不到高分而放弃参与武术各类活动，这也说明课程体系与教师教学更加的人性化，对学生武术参与的引导、关怀还需要加强。如果对学习困难的学生进行及时帮助，解决他们的学习困难，相信类似的事情就会避免。这些因素都造成了大学生武术参与的自身需求和行为促进之间产生错位。从课外武术活动实际参与的特点看，“知行脱节”现象比较严重。

三、从组织管理中的透视：以人为本的偏离

（一）组织实施呈现出“整体萧条”态势

通过前文可知，对学生调查中有一种情况就是武术活动开展少，事实是这样吗？为此，我们对吉林省 10 所高校进行抽样调查（表 6-4），结果显示每学年开展课外武术活动的学校只有 3 所，占比 30%，而且开展活动的也大多是一些武术协会、武术队这样有一定基础的学生的自发活动和表演。多数高校几乎没有开展武术的课外活动，这也从一个侧面反映了当前高校武术课余活动开展的一个状况。也就是说，武术的课外活动开展没有足、篮、排、健美操等项目好，反映了当前高校职能部门对武术关注的不够，投入精力比较少，极不利于武术运动在高校的普及与推广。这也就不足为奇，学生参与的少了，我们供给方不提供，学生如何去参与呢？为此，我们一定要加大力气制订相关制度、组织方案、实施措施来扩大武术课外活动供给，要把供给面扩大，只有这样才能让学生有更多的选择去接触武术。因此，加大对武术的宣传力度，把武术课外活动搞好才是吸引更多学生关注的基础，这一点必须予以重视。

表 6-4 对吉林省 10 所高校课外武术活动开展情况调查表(N=10)

调查内容	有	无
每学年课外武术活动开展的高校（所）	4	6
占比（%）	40	60

（二）管理方式呈现出“服务怠惰”状态

中国政府可以说一贯重视传统文化弘扬，尤其是学校武术历来备受关注，而且在“文化强国、提高文化软实力”的战略背景下，武术被教育部列为重点发展的7个项目之一[①]。然而，中国武术在发展过程中，其思想基础、相关政策往往是超前的，而相应制度框架与实施却出现了严重的滞后性。按照正常逻辑，武术应该在高校推进的轰轰烈烈，但从表 6-4 的结果可知，现实情况却截然相反，底层学校、体育学院(部)、教师并没有进行积极响应。这种状态为什么会出现，本研究特别访谈了相关武术教师。

A 教师访谈：其实我们也想组织武术活动，但一是没有相关领导支持，再一没有经费，同时还有组织一个活动特别复杂，想想，多一事不如少一事，还是算了吧。

B 教师访谈：我们公共武术课，平时课非常多，组织活动要利用很多休息时间，家里也特别忙，没有精力去组织。

C 教师访谈：我们学校领导很重视武术，太极拳是我们学校的必修课，每年都会组织太极拳比赛，这已经成为一个固定动作了，大致每年 5 月份在开运动会之前搞，成绩算运动会的总成绩，各个教学院还是蛮重视的，可能会因为是要加分与排名吧，各学院的辅导员会组织一些学生进行固定的练习，然后参加比赛。

D 教师访谈：我们学校开始的武术课都是套路，学生压根练的也不好，不太好组织什么武术活动，至于比赛，还是算了吧，也就只能我带的一些武术队的学生每年参加省里组织的比赛，其他大众的同学也就不组织了。

---

① 吉洪林，李烁．武术教育改革视角下学校武术竞赛路径选择 [J]．山东体育学院学报，2017，33 (03)：108-113.

E 教师访谈：学武术的受众面太少，选武术课的也不多，而且要组织武术对抗比赛，安全是个问题，所以不太好进行格斗比赛。

通过对教师的访谈，大致可以了解到，虽然文件下得多，呼声也很强，但对于底层所产生的约束力并不大。武术教师作为编制内人，干与不干对其影响都不大，在这样的环境下也就让大家产生了“惰性”心理。其实上述 D 教师访谈中，我们也可以发现，如果学校领导重视，着手去推，效果也是可以的，但我们发现这也都是一些例行公事的行为，并不是真正为了学生成长、成才去做。因为领导掌握了学校各方面资源，能很好的协调去做一些工作，这已算呈现出一种良好状态了，说明这样的领导还想做一些事情，那与其对立面，则是更多的“无为”现象，从而产生了所论述的高校武术活动大面积萧条现象，体现一定的普遍性。这就是长期以来，我国武术教育事业发展基本属于“独家经营”，这种管理方式就是典型的垂直管理，政府、相关领导、教师掌握大量武术活动经费和武术资源，承担着一切供给的职责，实行“全面、微观和直接的干预”，管理方式过于单一，底层只为上级服务，而不是为下级解难，因此就产生了“服务怠惰”现象。

（三）组织形式呈现出“竞技体育”范式

武术在成为第四届全国大学生运动会表演项目后，都是照搬竞技体育的项目设置与组织形式。虽然高校武术竞赛得到了快速发展，呈现规范化、制度化等特征。但其特征与近代西方竞技体育组织形式有着高度的同质化，其中竞赛组织管理模式、比赛规则、协会组织等方面表现出明显的模仿西方体育痕迹。这是由于，自近代以来，伴随西方运动项目强势发展与奥运会影响力，其竞赛规则与管理模式的“科学性”受到世人推崇，以此对武术竞赛规则、管理模式等产生了深刻影响，而这种影响甚至产生了过度“崇拜”，并一步步朝向“竞技化”发展，如竞赛从申请到承办，再到竞赛实施，都要按照流程办，还要设计会标、会旗，并有开、闭幕式，有些大型武术竞赛还会安排各类文艺表演。尤其是竞赛实施过程，要制定详细的竞赛规程，对运动员、裁判员、志愿者进行细致安排，对武术项目进行合理分组，对比赛流程进行详细制定，充分体现当前高校武术竞赛的“竞技体育”范式。这种竞技体育范式有其合理性与科学性，符合现代管理特征，但其中的问题是千篇一律，尤其是不能凸显武术活动自身特点，更少了许多民族味道。

（四）活动规则呈现出“竞技主导”指向

武术参与规则的制定对武术发展起到指引性作用。但从相关文献看，我们所探讨的规则都是基于竞技武术进行服务的，规则也是突出竞技武术比赛的公平、公证性，如新中国之后，武术套路规则突出了武术的难度性与表演性①。武术散打竞赛规则突出了武术格斗比赛的强对抗性、激烈性，使比赛更加激烈、精彩，更符合竞技体育要求。这样就造成一种指向，大量学生只为竞技成果中的“冠军”而努力，而那种体验、坚持与感悟的武术却无法体现出来，我们只一味地效仿西方奥林匹克体育竞赛规则对参赛学生进行评判，但我们却很少思考这样的方式是对还是错的问题。我们武术人都在一心一意以“奥林匹克式”竞技比赛竞赛规则，并不断地借助奥林匹克运动的“新思想”“新方法”来重建中国武术参与规则，但我们却忽视了高校武术与奥林匹克运动在理念、追求和目的上存在着不可融合的差异性。也就是说，当前的武术套路、武术散打规则的“竞技主导”指向，更适合于高水平武术运动员比赛，对普通学生而言并不合适。因此，需要对其进行合理的大众化改革。

以上 4 方面所述，从严格意义上讲，无论是组织实施的“整体萧条”、管理方式的“服务怠惰”、组织形式的“竞技体育”、规则呈现的“竞技主导”等一系列问题，其实质性问题则是没有从“学生本位”出发考虑。同时，我们也应注意到对相关底层武术教师的

① 孙健等．武术套路竞赛规则的演变对比赛评判客观性的影响 [J]. 体育学刊，2009，16（02）：91-94.

访谈中所出现的教师积极性不高现象，这也是上层对底层教师的"情感管理"不够，也是一种偏离"以人为本"的现象，这样就造成一个死循环。因此，亦可认为，全面建设高效的武术活动组织管理体系，必须是一个以人为本，面向全体师生，定位基层。要对组织管理本质有一个新的认识，即"服务在前，管理在后"，这样才能将当前高校武术活动所出现简单的组织管理发展到个人自主自发管理，如此，武术活动搞起来将不是难题。

第二节　中外合璧——武术参与供给的寻道之探

"他山之石，可以攻玉"告诉我们：要借鉴他人的技术或经验，并善于学习别人长处和优点来弥补自身不足，从而提高、丰富、发展自己。面对中国高校武术参与"文化属性""核心需求""以人为本"三方面的价值偏离使得高校武术参与景象凋零。为此，本研究将从中国和中国以外两个层面探寻好的技术和经验，以此为高校武术参与提升探寻优化路径。

一、从社会背景中的寻道之探

（一）中：通过"礼教"传递"情感凝聚"的社会文化背景

根据前文"历史脉络寻绎：从近现代看高校武术教育供给变迁历程"可知，古代的武术活动内容名称通常以射、手博、角抵、武艺、打拳等出现。古代武术参与内容所体现的时代特征，为当今武术活动参与发展提供了很多有益借鉴，如夏商周及春秋时期由于武术为了培养文武兼备、能射善战的武士，因而时常进行以军事武艺为主要内容的比赛及演习，但这些比赛并非如当今的竞技比赛，即为了取胜，而是往往与祭祀或一些庆典等结合，尤其是周公"制礼作乐"之后，祭祀中的祭礼与仪式便成了一种极为重要的社会“礼制”，并在这种特定的祭祀仪式中体现“射中的礼”和“乐中的武”，由此“射”也随着“礼”成为一种地位极高的社会性活动，进而一直贯穿于整个古代中国文化传统中，而让学生参加这样的活动，对学生进行“礼治教化”，进而明君臣、上下、长幼的关系[①]。因此，以“射礼”为代表的武术参与形式一直都影响着其他武术项目的参与形式。还有，宋代武学中所出现的一种武术参与教育模式，组织学生定期参加武艺考试与竞赛，并能根据考试表现划分等级，同时通过“武术结社”的这种特定仪式进行“情感凝聚”，当然还有元朝盛行的“那达慕”等都具有非常重要的“教化”价值与意义。因此，古代武术参与是一种丰富多样的，显现出娱乐性和游戏性的身体活动，并凸显“礼仪教育”的重要特征。

（二）外：通过“民俗”表达“身体游戏”的参与体验文化

体育源自游戏，而奥林匹克运动在英语中仍然属于 game，即一种“玩”的游戏方式，而奥林匹克运动起源、演化和发展又都受到宗教习俗的影响，现代奥林匹克运动其实质就是从“悦神”到“娱人”的嬗变，也是民俗体育的一种现代化演变[②]。因此，奥林匹克运动就是通过身体参与的民俗活动竞技化，但其本质还是“娱乐性”“表演性”，更是“仪式性”的另一种表达。例如，古代奥运会上的祭祀活动，以及现代奥运会开幕式以及闭幕式上进行的文艺演出、圣火点燃与传递等。奥林匹克本身并不是物质生产，而是充满意义的价值生成[③]。从人类学对仪式的解读，认为：人类的身体活动从原始时代开始，就天然的与舞蹈、音乐、绘画、杂技

① 张波．古代中国和希腊体育竞赛历史文化研究［D］．上海：上海体育学院，2013.
② 王铁新，常乃军．我国民俗体育研究综述［J］．体育文化导刊，2009（10）：133-139.
③ 贺幸辉．奥运会·虚拟时代·人类庆典方式：里约奥运会启示录——《体育与科学》学术工作坊“里约奥运会主题沙龙”综述［J］．体育与科学，2016，37（05）：1-7.

等交织，不可分割，共同为人的幸福各尽其能[①]。也就是说，如今已成为世界各族人民最为关注的当代文化盛事的现代奥林匹克运动会就是“为发挥古代民俗文化资源的现代化效应树立了最高典范”[②]。但这种“民俗身体文化资源”无论如何转化，其“游戏性”“参与性”与“活动性”是必不可少的。因此，奥林匹克文化作为一种民俗传统文化的强韧生命力，“身体游戏”则是其实质性表达，并深深地根植于民众心理中。

（三）中外合璧之道

综上，无论是中国古代通过“礼教”传递“情感凝聚”的社会文化背景，还是国外奥林匹克运动通过“民俗”表达“身体游戏”的参与体验文化，身体活动其实质就是一种丰富多彩的娱乐性或游戏性文化，并通过这种文化达到一种“情感凝聚”的文化氛围与价值。仪式性身体活动表达又有意想不到的“教育价值”。但中国高校武术参与对“竞技”的偏向，呈现出一种孤立性和偏向性，导致各类武术竞赛活动基本都是以“奥运文化”为模板，项目设置一味追求“更快、更高、更强”，以致普通学生所期待的那种富有娱乐性、游戏性、参与性的武术活动却不曾体现。因此，高校武术参与活动的文化属性也必须是一种以个体身体参与为基础的体验性文化活动。如果以主客体分离的“外在”体验方式去感受武术文化，学生将获得对武术的另一种认识，以此达成改造自身身体的各种武术技能、体验的可能。而且，这个过程也无需刻意去强调它的“教育价值”，让其“自然而然”的发挥其功效，学生慢慢的去品味，那将更好。

---

① 蒋德龙．体育人类学研究对象的认识过程、特征及其发展趋势［J］．体育学刊，2015（3）：11－17.

② 尹国昌，涂传飞，钞群英．当前我国民俗体育文化发展存在的问题及其对策[J]．南昌大学学报（人文社会科学版），2007（05）：139-142+155.

二、从学生自身中的寻道之探

(一)中:交大学子自聘名师学习技击术,引爆校园

中国大学生对于民族文化具有独特热情,这个从近代“五四运动”“一二九运动”到现代所发生的“汶川地震”“北京奥运”等重要事件中可知,大学生强烈的民族自豪感和爱国情怀使他们在面临民族独立解放和民族团结时所发挥的先锋性和创造性的力量非同一般。正如1910年,上海交通大学技击运动在清末国民积弱的背景下开始兴起,交大学子鉴于国人文弱,聘请著名拳师刘振声、张富有、赵连和等教授北拳,以发扬国粹强健身体为宗旨,成立“交通部南洋大学技击部”,并组建了技击表演队,倡议在全校学生中开展了以国术为主的技击活动。在交大学子的努力下,武术的技击与表演项目被交大增列到校运动会中。由于运动会中的武术项目设置,每年运动会上专来观赏技击者络绎不绝,以致徐汇道上车水马龙。这使得交大技击部学员倍增,达到200余人。随着交大技击部影响力的扩大,当时交大唐文治校长提出了“强健身体 ,发扬国粹”的口号来大力推广武术技击。同时,交大技击部还制定了章程和职员会议制度,定期进行全体大会,并发行了“纪念册”,孙中山先生还亲自为交大《技击部十周年纪念册》题词:“强国强种”。1923年《技击丛刊》的创编,一度使武术成为交大最具影响力的体育项目。交大技击不仅促进了本校体育运动的开展,在土洋体育之争的历史背景下,还推动和促进了民国时期中华民族传统体育的开展,其产生的影响、意义和价值已远远超过一个校内武术社团的范畴。阎彬、马学智(2016)认为,“追求强大”是习武者最简单的心理诉求,在“强国强种”背景下,之所以会有数不胜数的青年学子怀揣“仗剑走天涯”的侠客之梦而踏上习武之路,不仅仅是因为出于对武侠之“英雄崇拜”的情结,更重要的是因为武术所展现给他们的“阳刚之气”、无所畏惧的“武勇豪情”以及饱含爱国情怀的“尚武精神”,这是武术

得以在近代中国各大学普遍开展与影响至深的重要原因[①]。因此，新时期我们也必须抓住大部分学生这种“追求强大”的心理诉求，突出技击，并多创设出场合让学生能够进行表演、展示，将武术所独特的“阳刚之气”及无所畏惧的“武勇豪情”精神在舞台上、在生活中传递出去，相信会有更多的习武瞬间会精彩展露。

（二）外：日本大学生武道参与自给自足，乐在其中

20 世纪 20—30 年代的日本，在欧美盛行的各种竞技体育运动项目传入日本，同样为日本武道发展带来了巨大冲击。但日本大学生并未因此放弃武道，而是巧妙的将欧美竞技体育运动方式引进到日本武道中来。首先将武道项目在大学内成立了类似于西方体育的各种俱乐部，并且以学生自治为主要形式进行活动。其中，学生剑道联盟对剑道竞赛方法进行了改革尝试，采用了欧美竞技体育运动方式——对抗赛、淘汰赛、循环赛等。但裁判规则进行了大众化处理，分为“表”与“里”两名裁判制，“表”裁判由武道专家担任，“里”裁判则由学生担任，这可谓让学生参与活动、发挥学生能动性的一个创举。还有东京大学与京都大学之间的校际对抗赛，甚至有时候，不用专业裁判，学生自己判定，这都是当时日本大学生的发明。而且日本剑道联盟的学生还利用暑假时间，将各个学校的优秀选手组织起来，到各地开办“剑道普及炼成班”，自发对剑道进行普及。同时，日本武道俱乐部、联盟是学生自治的群体，“主将”是俱乐部学生领袖，由高年级学生担任，也是学校武道俱乐部的主力队员，俱乐部除了竞技训练，还有丰富多彩的业余活动，每年夏天都会进行“合宿”，来增加团队意识，增进情感，这也是俱乐部的规定科目，而且还有“寒稽古”等活动。由此，日本各大学的武道俱乐部非常活跃，成为一种时尚。日本武道俱乐部凸显出学生“自治”特征，这样大家一起训练，一起流汗、一起比赛，一同享受胜利快乐，也一起承担失败痛苦，无论怎

---

① 阎彬，马学智．文化视野中的武术热：历史回溯与现实观照[J]．北京体育大学学报，2016，39（02）：23-28.

样学生们“乐在其中”。可以说这最大化处理了如我们前面分析的,中国高校武术参与供给产生的学生核心价值偏离问题。

(三)中外合璧

综上,无论是“中:交大学子自聘名师学习技击术,引爆校园”,还是“外:日本大学生武道参与自给自足,乐在其中”,其实质问题就是学生是否能够按照自己的想法或需求进行武术参与,这是基础。同时,外界环境要给予一定的影响,如没有好的教师引导,有没有好的校长支持,就如同交大技击部就受到了校长的鼎力支持。还有要支持学生的创新精神,这里日本大学生对欧美竞赛的模仿与创新就是一个很好的案例,毕竟学生的业余武术参与活动与比赛跟竞技项目有着明显区别,学生创设出适合自己参与方式这非常重要,而且日本学生在武术活动中还增加了丰富多彩的业余活动,如“寒稽古”等,其实质就是大学生武术行为更多的要体现一种自由生活。因此,“外界”专家、教师不应予以干涉,更不应有这样或那样的条框来禁锢学生的想法与行为。也就是说,学生的需求只有学生们自己最了解,作为政策的制定者只需要正确引导、鼓励支持即可。

三、从组织管理中的寻道之探

(一)中:西周“组织严密”的礼射文化

1. 从组织实施上看,突出“娱乐性”来“带动”参加者

从学生参与课外体育活动心理突出“玩”这一现象,那么高校武术参与活动的组织实施也应必须遵循于此。前文“历史脉络寻绎:从近现代看高校武术教育供给变迁历程”提出在西周时期,天子通过定期举行祭祀大典凸显“娱乐性”的组织实施来检验学校射箭教学成果,并在学生中选拔武士而成为一种重要的社

会性活动①。张波（2013）认为：西周时期的“礼射”流程分为九段，其中第七段的“配合音乐的比射”和第九段的“宴饮”则将这种组织实施“娱乐性”表达的淋漓尽致，如第七段“配合音乐的比射”，由“主裁判宣布射箭规则、音乐节奏的竞射、饮罚酒”组成；而第九段的宴饮，从酬酒（宾北面坐，阼阶上北面酬主人。主人以觯适西阶上酬大夫。若无大夫，则长受酬，亦如之）到互敬酒（众受酬者拜、兴、饮，皆如宾酬主人②。这说明，古人在“礼射”活动过程中非常注重“娱乐性”，而结束的“宴饮”则更能表达一种生活化气息，以此消除比赛的紧张感。

2. 从管理方式上看，突出“服务性”来“尊重”参加者

武术赛事天然具有竞赛性、服务性、公共性、开放性、复杂性、制约性和文化性等基本特征③。武术参与活动也遵循此理。要想将武术活动举办的让人满意，为活动参与者提供良好的参与环境，为相关利益群体提供优质服务则是前提，正所谓“事必俱细，服务优先”。以此，我们再回头看，早在西周时期的“射礼”在“邀请”这一环节中就有很好的服务意识了，而且做得非常细致，即每逢要举办“射礼”，主人戒宾，宾出迎。主人答再拜，乃请；“宾”接受邀请后，“乃席宾”然后布置洗、侯、乏等④。从此表述中可以看出，主办方首先通过邀请参赛选手，并将参赛者视为宾客，参赛者（宾客）邀约，主办方首先“为宾布席，面朝南，以东为上首”，将最主要的位置留于参赛者，同时主人还会布置酒席、洗手的地方。可以看出，古代“射礼”活动的服务非常细致化与规范化，其服务意识，在当前高校武术活动的组织中也具有一定借鉴意义，值得高校武术活动的组织管理者进行传承与创新。

① 崔乐泉．中国体育通史（第一卷）[M]. 北京：人民体育出版社，2008，8：98.
② 张波．古代中国和希腊体育竞赛历史文化研究 [D]. 上海：上海体育学院，2013：55-57.
③ 周虎生．武术赛事综合效益研究 [D]. 武汉：武汉体育学院，2014：24.
④ 张波，姚颂平．中国古代体育竞赛的历史文化研究——以先秦射礼竞赛为例 [J]. 体育科学，2014，34（03）：76-81.

3. 从组织形式上看，突出“流程化”来“规范”参加者

张波（2013）将“射礼”分为9个阶段进行系统归纳[①]，从第1阶段“邀请和准备工作”中突出的“邀请仪式”组织方式，给参加者一种“尊重感”；第2阶段“入场式”中突出“行燕礼”及司射每次都请示与参赛者的表达“向宾请射，宾已准许”的组织规范，则给参加者一种“庄重感”；第3阶段“赛前准备”中突出的“相互揖让，轮流取弓矢”组织要求，给予了参加者一种“秩序感”；第4阶段“预赛”中突出的“司射上堂，目视上射，高喊口号”的一系列组织，给予了参加者一种“安全感”；第5、6阶段“正赛的准备工作和正赛”中突出的“司马命弟子取矢、参赛者入场、司射宣布规则、司射宣布比赛开始、司射宣布结果”等组织流程，给予了参加者一种“规范感”，而这其中“主人向司射献酒食，司射向助理司射献酒食”仪式，更凸显出对所有活动参与者的一份尊重。第7阶段“配合音乐的射礼竞赛”突出了“音乐”内容的组织，给予了参加者一种“轻松感”；第8、9阶段“竞赛结束和宴饮”中突出的“相互敬酒”，则给予了参加者一种“愉悦感”。从“射礼”组织形式上看，整个过程各种仪式穿插其中，可谓极其复杂，“流程化”特征尽显其中。通过这种“流程化”，并将“礼仪”细节植入，使每一个环节都让参加者有一种被尊重之感，也让参加者更加有一种“全力以赴”投入其中的心理表达。这种处处“流程化”的体现，凸显一种对“礼”的敬畏，一种意想不到的教育价值涵育其中。

4. 从活动规则上看，突出“趣味性”来“吸引”参加者

自春秋战国时期起，“射礼”就有一套完备的规则系统，而规则中就有诸多“趣味性”设置，具体表现在“三番射”中，即第一番射，射中的时候只由获者高声报获，但只报告结果，不计数；第二番射时，规则为“不贯不释”，没有射中或者射中而没有贯穿箭

① 张波．古代中国和希腊体育竞赛历史文化研究［D］．上海：上海体育学院，2013：55-57.

靶的也不计数；最为有趣的则是第三番射，“射箭凡不与鼓节相应者则不释算筹”，意为要求匹合音乐进行射箭，既射中的同时还要与音乐合拍，否则视为不中①。而且在整个比赛过程中，对输者还会有“饮罚酒”的设置，这更加突出了活动规则的“趣味性”，也将活动推向了一种高潮。因此，游戏及趣味性身体活动规则极大地吸引了参加者，也吸引了观众的关注，使得主人（组织者）有了莫大的成就感。活动规则的趣味性，渲染了紧张而热烈的气氛，而这些富有娱乐化、趣味性色彩的活动规则，也有利于增加人与人之间的社交互动，让“射礼”更成为一种活态身体文化，这即符合参加者“射艺”的个性特征，也满足了参加者的社会生活需要。这些奇巧的活动规则构思无不展示出古代民众的智慧与创造力，也使“射礼规则”更富趣味性的形式成为古代民众娱乐、消遣的一种身体活动。

（二）外：韩国“赓续传承”的个案考察

1. 从组织实施上看，韩国马山民俗活动“武艺”的融入，凸显“娱乐性”

通过衡阳师范学院蒋德龙博士与作者本人在韩国的学习体验，了解到韩国马山民俗节中的传统体育活动，为了传承文化，专门设置了一些区域，对马山历史上曾经出现过的体育活动进行了纪念性、象征性地展演，如投壶、踢胶鞋、飞船、空袋、肩扛木头、踢毽子、丢长线、秋千、板鞋、射箭、弹弓、铁环、套圈、铁投壶、木屐、陀螺等，同时这些活动也会提供给游客，免费进行民俗体育活动的集中体验，民众们也玩得不亦乐乎，其中具有武艺特征的“射箭”（图 6-1）及武术功法特征的“肩扛木头”（图 6-2）很受人们

① 张波，姚颂平．中国古代体育竞赛的历史文化研究——以先秦射礼竞赛为例 [J]. 体育科学，2014，34（03）：76-81.

欢迎[①]。也就是说，通过这样的融入完全可以达到一种活动参与目的，当然武术中的功法里面有很多可以进行比赛或者进行项目设置，本研究已将“武术功法”融入高校武术课程体系中，这个案例也为下一步开发出有趣味性的高校武术活动提供了实践参照。

图 6-1　射箭

图 6-2　肩扛木头

2. 从管理方式上看，庆南大学体育大会“放管服”模式，凸显“服务性”

作为庆南大学的一名留学生，看到每年庆南大学所举办的运动会可谓令人印象深刻。庆南大学没有像国内学校一样那种全校学生的运动会，学校将运动会的组织权下放到各个院系，各学

① 蒋德龙等．传承、共生与创新：韩国体育表象特征研究 [J]. 体育成人教育学刊，2019，35（06）：59-63+99.

院自行组织活动，而各院系在学校统一管理与协调下于每年 3 月底开始举行体育大会，一直到 5 月中旬左右结束。比如，4 月 4 日文学院，4 月 10 日工学院，5 月 3 日商学院……。每个学院根据学生人数及项目多少，举行 1 ～ 2 天不等[①]。体育大会的组织者，以每个学院的学生会干部为主，而学校主要提供资金、场地及相关设备，包括音响设备（韩国学生在比赛中会经常有唱歌活动）、帐篷、汽车运输等，做好一切服务性工作。学生会干部则组织活动的一系列流程及规则制定、人员安排等，并将酒（韩国大学生在体育活动中有饮酒助兴的习惯）、水、饮料、食品等配齐，供大家在参加活动时交流、娱乐、助兴等。可见在学生喜欢与愿意玩的事情方面，学校不会太过于干涉，而且还将学生喜欢的设备配足配其，在这种“放管服”的理念下，也为各学院活动热烈、有序、吸引学生参加等奠定了基础，如图 6-3，庆南大学同学们积极参与活动的场面。

图 6-3　庆南大学同学们积极参与活动的场面

① 蒋德龙等．传承、共生与创新：韩国体育表象特征研究 [J]. 体育成人教育学刊，2019，35（06）：59-63+99.

3. 从组织形式上看，庆南大学体育大会“灵活”的方式，凸显“参与性”

庆南大学体育大会场地是室外的露天操场，他们的体育活动大会没有开幕式，也没有领导讲话，体育大会没有发令枪，没有塑胶跑道，没有正式田径比赛特有的那种装有钢钉的专业运动跑鞋，没有紧张激昂的运动员进行曲。只是在比赛前一天会根据学生人数来布置帐篷，而帐篷布置时必不可少且能尽显韩国人民族“能歌善舞”特征的大型音响设备是其最大亮点，音响设备的置入并不是像中国那样进行赛事广播与播放歌曲，而是在竞技性较强的足、篮、排球比赛，以及突出朝鲜民俗体育游戏性质的活动，如拔河、跑步、跳绳、投壶、蹴鞠等过程中，进行唱歌、跳舞及歌曲对唱比赛，即在比赛过程中进行歌曲的互动。庆南大学校运会在组织形式上也非常新颖，往往都是男生、女生混合参与，比如拔河、投壶、砸球中都是男女混搭配合。啦啦队则无需统一坐在看台上进行助威，他们可以自由的走到自己的队伍旁边，进行助威。例如，军事系发出的声音是“힘！——군사학과！만세！——”（嗨！——军事学系！万岁！——）。往往由一个男生有节奏地发声开始组织，其他同团队员齐声大喊，听上去非常地野性（如图6-4），这使得即使不参加比赛的同学也身临其境般的进入比赛状态，因为“呐喊”让他们心情澎湃，乃至大汗淋漓。为此，蒋德龙等（2019）还认为，庆南大学校运会不完全是体育的大会，而是带有较重“游乐性质”的文体活动，因为这个活动中有唱歌、跳舞、游乐，甚至还有啤酒、美食与K歌，而体育比赛只是这个活动中的一部分，起到一种媒介与烘托作用。体育运动、歌唱、舞蹈、吃喝、游乐在大会中的交融互动与衬映，可谓相得益彰，其组织形式非常符合朝鲜民族热情、奔放，能歌善舞特征[①]。从庆南大学运动会的组织形式及项目设置来看，显得非常“灵活”“自由”，释放出人

① 蒋德龙等．传承、共生与创新：韩国体育表象特征研究[J]．体育成人教育学刊，2019，35（06）：59-63+99.

作为一种动物的奔放与豪情，竞技比赛的影子存在其中，但同学们赓续传承并创新了自己的本民族文化，这是其中最大亮点。中国武术参与活动的组织形式与项目设置在很大程度上仍然是舶来品，很多具有民族性的内容都已不见踪影，因此也就很难体现中国自己民族特色上的一种传承性。

图 6-4　啦啦队为拔河队员怒吼助威场景

4. 从活动规则上看，庆南大学各学院学生"穿插"安排，凸显"公正性"

在各类比赛中，因庆南大学有体育生及警察专业，他们接受过一定的体育训练，为了以示竞赛公平，学校将这两个系的学生进行平均分配，比如，体育系学生会被安排到声乐、雕塑、钢琴等系中去。同样，警察系学生也会被安排到行政、法学、政治等系中去①。这里我们要特别提到，韩国民俗活动中"跑"的规则，并不是完全需要用竞技田径场的塑胶跑道，而是用石灰线在沙土地上画出接力比赛的划线，在此基础上，全体学生沿着石灰线或站或蹲，围成一道"肉体"跑道边线，学生在这个肉体跑道边进行接力（如图 6-5），这些组成"肉体"跑道中的每个人又都是一名裁判，比赛的全过程可谓"无死角"关注，这样更加凸显了比赛的公正性，完全不需要所谓竞技比赛的"仲裁"这一岗位设置。这种"穿插"

① 蒋德龙等．传承、共生与创新：韩国体育表象特征研究 [J]. 体育成人教育学刊，2019，35（06）：59-63+99.

安排、规则设置，即能显示公平，又使不直接参与比赛的学生融入其中，让所有人员都亲自关注、亲临其境，有效提高了全体同学的参与性，即我们都是比赛的一份子。因此，从这个活动规则上看，即凸显公正，又带动了参与，可谓独具特色。

图 6–5 学生自己围成的边线接力赛

（三）中外合璧

从组织管理中，本节主要从中国古代“射礼”中进行了组织管理探寻，并从韩国马山民俗体育及庆南大学运动会中进行了个案考察。西周“礼射”是当时儒士、学生健身习武的娱乐性身体项目，而这些娱乐活动开展又与一些庆典结合，并将礼制文化融入其中，来隐喻一种“教化”思想，虽然也明确竞赛结果，但它凸显的是一种娱乐性，其过程带有一定的情节、角色与规则。从这里看，中国古代各类武艺活动的组织实施也突出了“游戏性”与“娱乐性”，有效带动了人们的参与。但这一具有民族特色的组织管理形式，在中国当今的武术参与活动中已经很难寻觅。但当我们从韩国的一些民俗活动与体育大会的个案考察中去品味时，似乎他们还有诸多传承并未完全消失，即本研究所提出的“赓续传承”含义，其民族底色还在，只是进行了组织创新。尤其是韩国将一些极具武艺特征的“射”“投”“抗”等活动进行了创新性组织，这更加启迪了我们在中国高校武术活动参与的设计中，要到历史中去探寻具有文化底色的内容，并进行组织创新，相信这样的形式将会带给学生一种欣喜。

第三节　以人为本——武术参与供给的提升之路

社会文化背景、学校的外部动力、大学生自身的内部动力及其交互作用是大学生武术参与促进的重要动力机制，决定了大学生武术参与的开始与持续、中止与退出。因此，我们必须坚持“以人为本”理念，通过推动社会文化背景、学校外部动力、大学生自身内部动力等，来调动学生的主动性，克服行为惰性，并在高校武术参与活动组织管理的各个层面进行“人性化”设置，确保各项政策、活动项目能够执行畅通、落地，以此才能对学生的武术参与状况进行有效引导，最终实现中国高校武术参与供给“提质增效”。

一、文化属性的价值提升

文化原点的力量决定着文化影响力强弱，如果文化原点的影响力不够，文化则不可能向外扩布与传播[①]。因此，中国高校武术中文化属性的“弱势化”值得我们反思。

（一）创设具有“教化”意义的武术参与活动之“文化场域”

为了探讨武术参与文化，本研究特别访谈了中国人民大学王智慧教授，他认为武术文化属性价值提升是一个非常宽泛的概念，具体要进行价值提升实属不易。因此，他建议将武术文化进行分层，即武术文化包含精神文化层、行为文化层和物质文化层三个方面，具体可以从这里面逐一进行探讨。基于专家意见，本研究进行大量文献分析与思考后，做出如下论述：

① 周正宏，王智慧．中国武术文化主观影响力水平的实证研究——基于不同区域群体的个案调查[J]. 北京体育大学学报，2017，40（09）：130-139.

1. 武术参与活动“精神文化”的提升

武术精神文化是武术文化的核心，又被认为是武术文化的心理要素，主要体现在礼、义、忠、孝、恭、谦、勇、勤等内核素质[①]，这些要素显著体现出习武人刚正不阿、侠肝义胆、自强不息等外在精神。本研究将从宏观和微观两个层面进行路径提升，具体见图6-5。从宏观层面看：首先，国家要树立相应具有“德艺双馨”的武术大家、明星等作为武术形象“代言人”，如中国武术形象大使“李连杰”就是一个很好案例，但仅树立一个“李连杰”还不够，还需要有更多的影视武打明星、武术运动员、民间拳师、武术学者，甚至是在校大学生都应有相应的杰出代表，把他们身上所具有的上述“精神文化”要素进行提炼，并大力弘扬，用这些精神力量去感染学生，进而达到一种“教化”作用。其次，要利用国家武术最优资源，如国家武术套路队、国家武术散打队、国家武术表演团等定期到各个高校进行巡回演出，将武术中最直观的精神形象、身体符号以表演、赛事等感官形式让学生充分认识武术的魅力，以“眼见为实”来传递一种“心灵震撼”进而想“身心实践”的“教化”效果；第三，要利用高校武术学者、文化知名人士所具备的高知识文化优势，进行“学术讲座”“文化沙龙”“主题演讲”等，将武术文化精髓用他们的专业知识进行通俗易懂且深入的表达，以此带动具有高知识能力大学生进行武术文化的深入思考。从微观层面看：各个学校要开足开齐武术课，将武术套路、散打、短兵、长兵等融入课堂，没有条件的也可以利用选修课、外聘教练方式予以进行；多举办一些武术文化活动，诸如开展武术文化沙龙、武术表演、武术赛事、武术培训等，鼓励学生积极融入其中。这里可以借鉴清华大学校园活动模式，这是基于本研究对清华大学乔凤杰教授进行访谈所了解的信息。清华大学举办的各类武术活动，都会邀请知名学者、文化名人以及学校领导参与，如“虚一学

① 贾燕，崔运坤．城市化背景下泰安市武术文化状况分析[J]．搏击（武术科学），2011，8（11）：34-35+77.

苑”学术讲座，每次都有来自清华大学、北京大学、中国人民大学等各领域不同专业的教授、学者、学生参加。而且清华大学“马杯”运动会武术比赛，也会邀请各个领域的官员、武术专家、知名人士现场参与，这些官员、专家、知名人士的影响作用无形中就会产生一种“示范”意义，将有效带动学生的积极性，给学生树立一种积极正向作用。作为高校，每个大学都有相关的知名学者，这一模式可以有效借鉴，利用高校资源优势将武术文化进校园落到实处，让当代大学生真正认识到武术文化魅力，这将有效提升武术参与活动的“精神文化”。

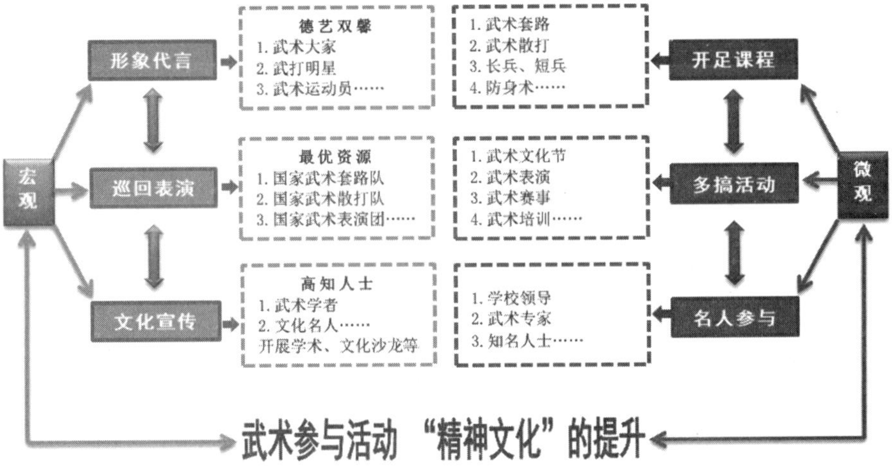

图 6-6　武术参与活动“精神文化”提升思路图

2. 武术参与活动“行为文化”的扩容

武术参与活动“行为文化”主要体现在学生参与到武术某拳种或某武术门派的一种行为，如少林、武当、太极，以及散打、短兵等行为文化。本研究所探讨的武术参与行为文化的含义将会更加广泛，基于供给侧改革中“供给创造需求”的核心思想，以及通过前文分析提炼“中外合璧”的诸多有益做法，都值得我们予以借鉴和参考。如武术参与活动“行为文化”不应局限在竞技武术方面，也不应局限在某武术拳种方面，否则势必会过于单一化。

应该将各种武术元素内容都融入进来，韩国的射箭、创新跑步竞赛法、扛木头等内容融入民俗活动及校园体育大会中单独进行比赛就是很好的一种“行为文化”创新。当然，中国武术行为元素也是极其丰富的，其中大量的武术表演、功法、格斗等内容就是一个资源库，而且这种极具武术学科属性的身体活动在课程建设中已有论述，并将其作为很重要的训练内容与考试内容。为此，本研究认为应该将武术参与活动的“行为文化”进行分类，来扩容武术参与活动的“行为文化”。基于武术的基本功能大致进行表演类、格斗类、功法类、养生类、娱乐类等分类与归纳，具体见表6–5。将武术参与活动“行为文化”进行归纳后，这样就为今后各高校开展武术活动打开了一种思维。只有将武术行为文化进行广泛吸纳，让其更多元，才能引领更多的同学参与其中，这样将有助于下一步进行武术活动参与的规则设定，来达到一种更广泛的“教化”作用。这里一定要注意的是，武术的参与一定是为大多数同学服务的，而不能只局限在一些武术特长生，只有参加者的基数增加，我们的教育、教化才能更广泛，不然再优秀、再有教化作用的武术文化也无“用武之地”。

表 6–5　武术参与活动“行为文化”扩容分类表

类型	内容
表演类	各类竞技、传统武术套路
格斗类	散打、摔跤、推手、短兵、长兵、脚斗士等
功法类	腰功、臂功、腿功等
养生类	八段锦、易筋经、五禽戏等
娱乐类	身体活动类：舞龙、舞狮、射艺、角力等；文化参与类：校园武术文化节、武术征文比赛、各类武术比赛等

3. 武术参与活动“物质文化”的改善

物质文化是指为了满足人的生存和发展需要而创造的物质产品，包括生产工具、劳动对象、创造物质产品的技术及其所表现的文化[1]。当前研究较多关注武术非物质文化遗产的保护研究，却忽视了直接映射在学生面前的武术相关物质文化的供给质量提升。武术的物质文化包含了武术的器材、建筑（场馆）、服饰等。因此，武术参与活动的物质文化除了应包含这些内容外，还应包括与活动方案执行中所涉及的各项实物性内容供给。这些物质文化在很大程度上反映了学生对武术特性及参与武术活动的认同和自豪感，是维系武术文化认同的重要纽带。正如韩国学校体育大会中，学校为体育大会所提供的音响设备、帐篷等，而且活动中还为学生提供了能够消遣娱乐的场所，使学生能够有条件进行美食、唱歌、跳舞，学生参与其中可谓“其乐无穷”。这里本研究所要突出表达的是，“物质文化”供给的改善，其实质就是一种“服务意识”的改善，能够“想学生之所想，急学生之所急”，这是一个前提。因此，本部分将从宏观和微观两个层面提出改善建议（见图 6-6）。从宏观上，基于供给侧改革背景，政府部门要引导武术物质文化生产企业，优化产品质量，提高武术物质文化产品供给的文化感、科技感、时尚感、创意性，进而能够吸引学生。从微观上，首先，引导学生自主创新，发挥能动性。政府、武术职能部门、学校还要能够给予学生一定的帮助，要鼓励学生创新，比如，现在高校武术参与活动中场地、器材的不足，文化感不强是一个很大问题，很多学校都没有配套场地，这部分本研究在课程供给的环境提升中已有论述，也提供了一些武术场馆的环境建设方案。还有武术结业证书的设计，那么高校武术比赛也要将武术比赛证书进行完美设计，这方面我们要加强重视。为此，本研究认为，创设具有“教化”意义的武术参与活动之“文化场域”，物质文化必不可少，各高校完全可以通过发挥大学生的能动性，进行文化创意，创作富有文化气息的字画、海报、标语对武术活动场地进行装饰，如对武术场地修饰成太极八卦图，这个场地完全可以由学生自己动手进行创作，尺寸也可以根据自己的需要进行灵活掌握，

① 唐智芳．文化视域下的对外汉语教学研究［D］．长沙：湖南师范大学，2012：153.

同学们在这种场地上进行比赛更能感受武术的文化内涵；不一定都要在武术地毯上进行比赛，这样有一定的限制性，因为很多学校也不具备提供专业武术地毯的条件。其次，职能部门要主动提供后勤保障。学校各类武术展演过程中，也要多利用现代高科技技术，通过灯光、音响、舞台升降旋转等背景表现和转换技术，以及先进的数字影音技术对武术展演效果进行文化创意；还有现在比较流行的LED灯光设备，可以与任意武术器材结合，增加武术舞台表演效果。当然，这个过程一定要根据各类武术活动的实际情况进行灵活选择，其目的就是要重视武术物质文化的高质量供给，要符合“供给创造需求”的主旨思想，从供给端和细节处改革、完善武术参与活动，通过细节处理让学生们感触武术活动组织者的“真情”，这样的真情也正是最真实的“教化”。

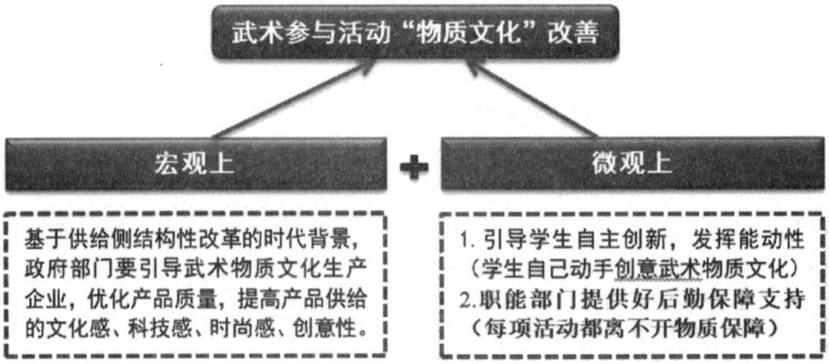

图 6–7　武术参与活动“物质文化”改善思路图

（二）创设具有“民俗”意义的武术参与活动行“身体感知”

吉灿忠等（2011）认为武术“文化场域”是一种定期、集中展示武术文化元素或武术文化活动的场所，其中武术文化节、各类武术比赛、武术教学等都属于武术的“文化场域”[①]。高校中的各类武术课、武术训练队、武术社团、校内外武术比赛等“文化场域”有着极其强烈的文化支撑力，只是我们当前没有进行有效开发和

① 吉灿忠，邱丕相，闻一鸣．传统武术“文化空间”委顿与雄起[J]. 武汉体育学院学报，2011，45（09）：50-54.

充分利用。这也是我们前面所探讨的中国传统武术文化在当前高校中“赓续传承”不够，更没有将武术那种神秘的、隐性的文化进行“认知表达”，以致高校武术文化场域没有产生对大部分学生的一种文化归属感。正如相关调查，非武术专业大学生的武术认知渠道主要源于电影、电视，电影、电视中所带来的某种神秘感和神奇力量让学生有了习武“冲动”①。为此本研究认为，要将传统的有关武术那种神秘的、神奇的、民俗意义的活动程纳入其中（见图 6-7）。首先，重大武术参与活动（武术文化节、武术大型比赛等）要被视为一种神圣的庆典活动来举办，要有仪式感，要隆重，要注重传统武术礼节、服饰、音乐等运用，如音乐，这个过程最好采用中国古典击打乐，制造一种热烈、威武的气场氛围来对学生心理产生情感凝聚与文化认同。再如，庆典场地要设置各种演武场，设置武术名家、学校专任武术教师、学生等各专区来讲习武艺或展示各自的技艺，通过武术名家等各自展演的“身体表达”，展示武术礼节的具体运用，以及武术服饰给演练所带来的韵味美，而讲习武艺环节则可以形成有效互动，让学生参与其中，这时可以将计划好的一些简单武术内容让学生进行体验，以此产生一种互动参与的体验价值；其次，比如在武术文化节中，可以通过收集古今武术兵器供大学生或其他人观赏和体验，来感受武术文化的历史厚重感，甚至也可以由专人指导，让学生体验一下古老的兵器，增加他们对武术活动的别具认知与身体感受；第三，要整理一些有关武术历史、文化、名人、论说、传说、神话等，在各类活动中进行文化宣传，从这些隐性的武术文化中使大学生获得文化认知与情感归属。因此，通过种种途径在高校武术的课程、社团、比赛等“文化空间”里，创设具有“民俗”意义的武术参与活动行“身体感知”，使大学生在理解自身与民族文化信仰之间的一种平衡，并最终支撑高校武术文化空间的可持续发展动力。

---

①　岳庆利等．非武术专业大学生武术认知的研究[J]．北京体育大学学报，2005(07)：1003-1006.

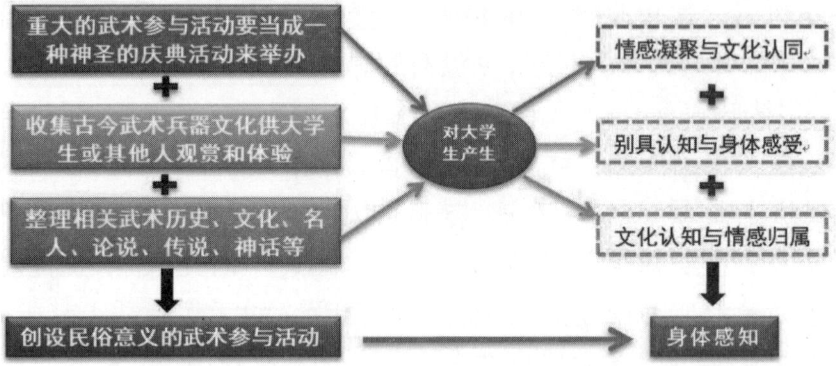

图 6-8 创设具有"民俗"意义的武术参与活动行"身体感知"思路图

二、核心需求的满足供给

（一）"学校方面"引领需求的武术参与内容供给——规定模式

在第五章，我们已经对引领学生需求的课程体系进行详细探讨，并提出了以高校武术课程应"增加武术文化知识，引领学生的文化内涵"和"结合实际综合技术内容，引领学生的技击需求"这两方面原则为依据进行了课程重构。我们知道，学生参与是课程的有效延伸，也是课程建设质量好坏的直接反映。因此，从课程建设内容方面将其创新性引入课外武术参与的必要性就显而易见了，这样可以利用教学资源形成有效的"课内外一体化"模式。为此，学校方面引领学生需求的武术参与内容供给，应结合武术课程设置进行。我们在前文已经对"武术参与活动'行为文化'扩容"进行了分类（表 6-5）。基于此，本研究选取了具有一定可操作性、内容简单、易于学生参与、游戏性强的项目进行构建，具体如表 6-6 所示。

表 6-6　“学校方面”引领需求的武术参与内容供给——规定模式表

活动类型	具体内容
功法类	腿功：横竖叉比赛、单腿 1 分钟连续低鞭腿打沙包、左右腿 1 分钟连续低鞭腿打沙包 腰功：涮腰摸远比赛 臂功：马步 1 分钟左右冲拳、1 分钟左右冲拳打沙包、1 分钟左右掼拳打沙包、拧长绳
表演类	套路个人赛与团体赛（根据课程教学及学校特色节选，其中具有一定武术特长的将以邀请的方式提供单独表演机会），集体踢腿比赛、连续侧手翻、1 分钟鲤鱼打挺。
格斗类	自由打靶（比赛：击点准确点、反应速度、力量）、条件实战（一方直拳进攻，另一方躲闪防守）
娱乐类	武术征文比赛（主题自拟）

通过以上规定模式的选择我们可以看出，本研究依据课程内容供给，进行了参与活动的内容提炼，相关内容操作性很强，我们也会在下文的规则中进行详细介绍。由此，武术参与活动“行为文化”在扩容的基础上又进行了实践创新，所有内容突出了武术学科属性，如在“功法类”设置方面，都是中国武术的传统练习方法，有柔韧性考察、有体能性考察，突出基本身体素质，通过这样的设置学生定会在课上课下进行有效练习，身体素质必然会提升，而且趣味性强；在“表演类”设置方面，套路比赛教学教什么就比什么，尤其是设置了团体赛和集体项目，多人组合增加团队意识，而连续侧手翻和鲤鱼打挺的设置则提升了学生的表现欲望，这里特别要提出的是，如大学生中有一些武术功底还不错的同学，一定要给予展示机会，本研究提出将以“邀请”方式将有武术特长的同学安排单独表演时间，突出“人性化”与“服务性”理念；在“格斗类”设置方面，首先强调的是安全，同时还要安排学生能够有效进行的内容，那么自由打靶和条件实战可以说是一个有力创新；在“娱乐类”设置方面，进行武术征文，贴合大学生文化素养较高的特点，通过他们自拟主题的文章撰写，在这个过程中自然就会加深对武术文化的理解，同时还锻炼了他们的文字撰写与表达能力。可以说，这些内容即是武术特色体现，同时也是

课程内容。当然，作为比赛活动，其具有一定的挑战度与专业性，这也起到了一定的参与活动引领、示范作用。下一步只要将相关活动管理流程进行细化，那么引领带动学生参与必将大有可为。

（二）“学生方面”满足需求的武术参与体系供给——自治模式

为了发挥学生的自主性与能动性，在学生自选模式方面，作为管理者，不应给予过多规定，这方面要向日本大学武道思想学习，要鼓励他们自由创新。为此，作为管理者，我们可以提供给学生一个模板，即前面设计的“规定模式”。在此基础上，鼓励学生大胆的融合任何体育项目来开展活动。可以以学生武术社团为核心，积极开展校园社团内武术竞赛、武术文化节、校际间武术交流等系列活动，以及开展大学武术文化论坛（传承与发展研究等）。这里本研究认为可通过学生的“三自治模式”以达成“学生方面”满足需求的武术参与内容供给。第一，大学生成为课外武术活动、大学武术俱乐部的管理主体，采用“学生自治”的方法，教师辅助；以武术社团为核心，自行组织活动和安排。第二，制定武术社团管理工作流程并严格执行，充分发挥学生自行组织教学和管理。第三，课外武术锻炼和竞赛的自治模式，以学生自己力量自行组织武术表演团、训练队等来调动周围学生积极性，并活跃大学武术文化氛围，这也是大学课外武术活动的关键。通过“自治管理”，可以有效锻炼学生在物力、财力和人力等方面的管理能力，同时也是发动、鼓励或者影响、促成学生自我成长与行动的一种有力手段。通过这样的改革，有利于把武术课程转化为武术参与活动的实践教学平台，同时还有利于将学生在武术参与活动中的好思路转化为武术课程资源，让武术课程与学生自治的满足需求供给形成良性互补，以此构筑全面满足学生需求的武术参与网络化供给体系。具体自选模式的表述见图 6-8。

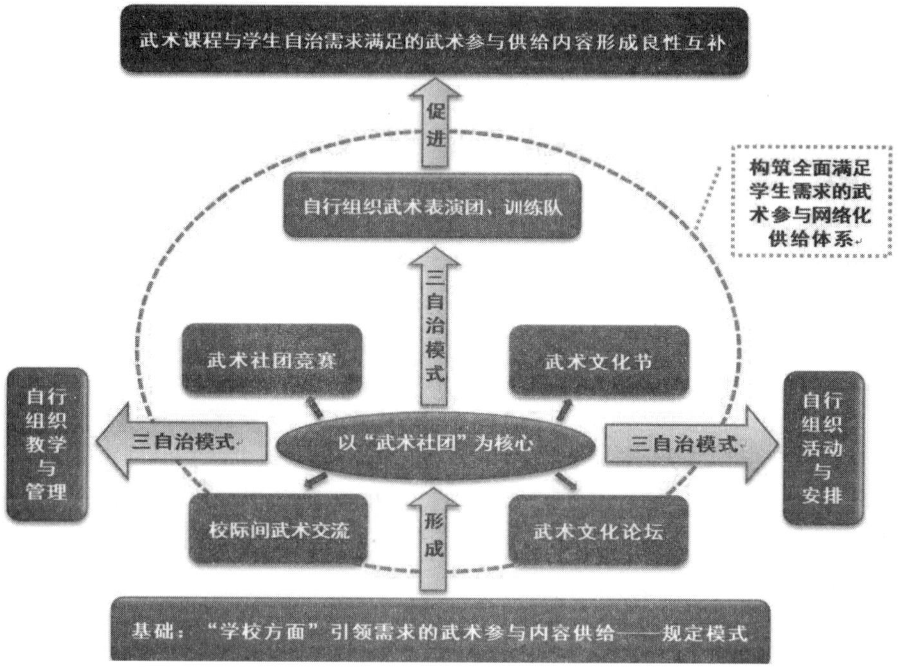

图 6-9　“学生方面”引领需求的武术参与内容供给——自选模式图

三、组织管理的人本合一

（一）从组织实施上看，突出“娱乐性”来“带动”参加者

我们从组织管理中的寻道之探中得出，无论是西周时期的“礼射”，还是针对韩国的相关个案考察都遵循了人们参与活动“玩”的心理需求，而这一需求也是有效带动人们参加的基础，是“以人为本”的体现。因此，当前高校武术参与的组织实施也应遵循这一基本原则，进行有效创新。武术参与活动一定不能离开特定的“文化场域”，即中国传统文化中在精神文化层、行为文化层和物质文化层三方面的体现。学者乔晓光（2004）认为，一种文化的兴衰往往依赖于拥有这种文化的人数[①]。而人与文化又是双向同构关系，人创造文化，文化也改变着人，人从一出生就生活

① 乔晓光．活态文化[M]．太原：山西人民出版社，2004：150-152.

并成长在特定的文化场域中，而人的思想、心理与行为也时刻受这种特定文化影响和熏陶①。为此，本研究认为高校武术组织实施的创新应到中国文化中去探寻，到大学生从一出生就感受的那种乡土气息中寻觅，进而构建具有民族文化特色的“武术盛会”，而不是以西方“竞技体育”为模板的运动会。为此我们可以依据前文中论述的古代“礼射”场景，进行适当创新，将高校武术参与活动的组织实施规划成一种盛大的民俗活动，开幕式（龙狮开场，嘉宾为舞狮“点睛”）、武术表演、各类民族文化展演活动（如武术服饰、武术兵器、书画、中医、民族歌舞等）、武术名家或校园武术明星技艺交流、现场武术参与互动（参见：活动内容供给规定模式表）、武术知识竞猜、棋术博弈（象棋、围棋）、各类美食等有效进行融入，在以“武”的主题下，将大学生具有各的方面才艺都“带动”起来，这样势必会形成一种宏大壮观的场面，犹如“武林大会”一般，这样就会满足不同人群需求，也引领学生武术参与需求的转向，即“总有一个活动适合你”。以此有效解决传统文化“在场”及如何拥有“这种文化的人数”问题。具体本研究将其进行勾勒，如图 6-9 所示。

图 6-10　高校武术参与组织实施创新图——武林大会

① 张士昌．现代大学文化力的培育与管理[J]．国家教育行政学院学报，2012(11)：3-6+2.

（二）从管理方式上看，突出“服务性”来“尊重”参加者

上文我们创新出凸显民俗活动、具有武术文化特色，“娱乐性”十足的“武林大会”，组织实施的创新与最终落地，必须有完善的管理理念、机制来组织这种创新进行有序实施。其中“服务性”意识是基础，这个我们在前文已经具体论述，在此不再赘述。由于本研究所创新的“武林大会”是一个复杂且系统的组织体系，因此需要多部门联合进行。在中国大学内部，绝大多数学校都建立了学校体委负责，学校体育部、学生会体育部等机构相结合的参与管理系统。针对不同活动的性质和特点，采取不同的参与管理形式。对体育课教学、全校性的学生体育运动、学生体育代表队训练与比赛等通常由学校体育部独立管理。学生或各体育协会、俱乐部及其相关的各类比赛则分别由参与的学生在学生会、团委帮助下自己参与和管理。结合当前我国高校武术参与服务供给管理的内部工作现状，高校武术参与活动可以挂靠在学校体育部门下，如图 6-10 所示。高校武术工作应该是在校长关注与支持下，由主管体育工作的副校长进行主抓，并由校体育运动委员会负责全校武术工作的开展，体育院、部来具体制定相关方案，体育院、部下属职能部门，如“武术参与活动办公室”直接进行具体设计、落实、参与相关工作的运行。团委、学生处、党政办、教务处进行具体协调相关工作，予以制度、政策、经费等相关方面的保障性服务，并最终以各教学院为单位进行活动参与，活动具体参与由各教学院相关负责人与武术参与活动办公室进行协调落实。武术参与活动办公室负责全年的活动管理，包括工作任务分配、计划制订、监督与考核等，以此形成一个分工明确且具有专业性、独立性的武术“服务机构”。各高校在建构起独立的武术参与活动参与机构后，接下来则是要保证武术参与活动的各部门权责分明、任务清晰，最终让“组织实施”更高效，活动内容真落地。

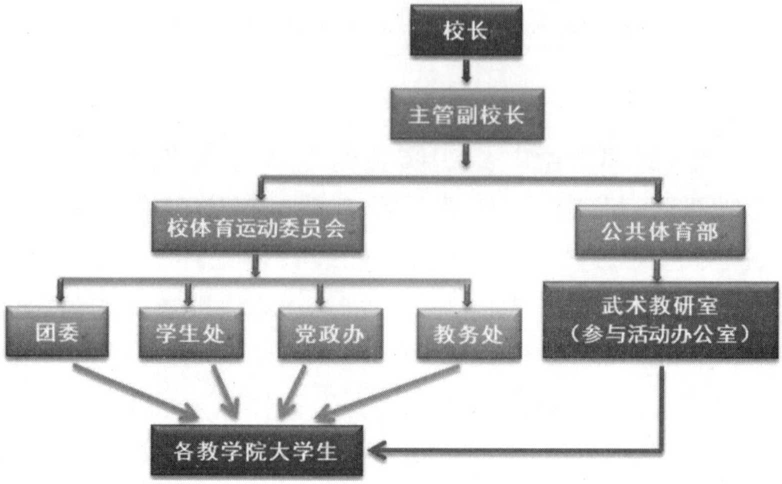

图 6–11　高校武术参与管理结构表述图

上图 6–10，我们勾勒出高校武术参与管理的结构图，这实现了高校武术参与活动需要哪些部门共同参与，其最终指向都是为了服务学生。但由于我国高校武术往往只被视为大学教育的一个组成部分，属于大学内部的一种行为，其管理方式呈现出“一元性”特征，即人们只探讨武术能为大学教育做什么。很显然，这种理念仅限于培养学生的社会职能。我们知道高校武术活动参与不仅是大学教育的组成部分，而且是国家、社会的组成部分。因此，在供给侧改革理念下，人们不仅要研究高校武术能为大学做什么，而且还要研究大学能为武术做什么，大学有义务使武术朝向高质量发展。换言之，要树立二元性高校武术观，这种二元性则显现出了高校要做“服务型”学校，各职能部门也要做“服务型”部门。很显然，这种高校“服务型”观念“打开”了高校武术参与的“围墙”与“掣肘”，本研究所设计的“武林大会”才能得以有效落地，武术文化才能得以弘扬。赋予高校武术二元性质是现代大学的社会责任，也是高校武术活动参与实践向前发展的客观要求。它将使得高校武术能够更自觉、更充分地满足新时期的社会需求，符合大学武术发展的历史潮流。因此，新时期高校及武术参与的“服务性”管理是最重要的使命。

（三）从组织形式上看，突出“多样化”来“吸引”参加者

组织形式本质上反映了一种通过合理分散发展而达到选择性集聚、群体空间优化的理念[①]。因此，组织形式能够实现武术参与资源的优化、动态组合与共享。为了实现高校武术活动参与组织实施目标的效益，就必须解决优化组织实施与管理过程的形式问题，同时还要注意目标决策过程中组织方式、过程损益问题。我们知道，高校武术参与活动是高校武术课程目标、思想以及内容等方面的有效延伸，无论何种组织形式，我们最终要达成的目标是一致的，即“承继民族优秀传统文化、弘扬民族‘尚武精神’”。由于，一种文化的兴衰往往依赖于拥有这种文化的人数[②]。因此，如何实现高校武术参与人群扩布，这是组织形式最需要关注的问题。经前文论述，当前中国高校武术参与组织形式总是出现学校的大包大揽，这就显得过于“单一化”，使得学生武术参与空间过于狭小。组织形式多样化已经成为一种社会基本表征。因此，采取“多样化”的组织形式来扩展空间则是必经之路，也是解决之道。因此，要避免“学校”的大包大揽，就要组建多样化的利益联结机制，即组建政府（包括武术管理部门）、社会、学校、教师、学生等利益相关者的连结机制，通过学校、教师、学生自主组织管理、外包、公私合作等途径，以多种多样的组织形式提供高校武术活动参与的供给服务，使政府、学校、教师、学生、社会等与武术部门共同承担武术活动参与的管理责任，组织政府的“专业”参与活动、社会的“公益”参与活动、高校的“教育”参与活动、学生的“娱乐”参与活动等形式，具体见图6-11。这样既发挥了政府、学校所掌握的资源调动优势，也强调了教师与学生的能动性，还融入了社会资源的管理、资金优势。这将有效把课内、课外的武术参与调动起来，进而形成灵活、多样、规范的高校武术参与

① 张京祥，邹军，吴启焰，陈小卉．论都市圈地域空间的组织[J].城市规划，2001（05）：19-23.

② 乔晓光．活态文化[M].太原：山西人民出版社，2004：150-152.

组织形式。同时，高校武术活动参与组织形式一定要注重“大众参与性”，要“生活化”，以此能贴近学生。特别要注重对学校内部各类武术活动组织形式的开发，要充分发挥学校内部武术参与活动“小型多样”优势，采用新颖的组织形式（如本研究上文所提到的“武林大会”相关组织内容），吸引不同需求、层次的学生参与其中，这是根本，也是重中之重。学院、系部，甚至组织部门可以制定奖惩制度，如可规定：一是各学院成绩与年度政绩挂钩；二是在比赛过程中，各参赛队不得少于本单位注册人数一定的比例，多则加分，少则扣分；三是设立奖励等级，并给予一定物质或现金奖励（比赛中可以设置拉赞助的形式对学生进行奖励或者成立武术比赛基金）。另外，学校的大众武术参与活动要做到“经常化”“日常化”，使武术比赛、武术活动成为学生休闲娱乐的重要内容之一。

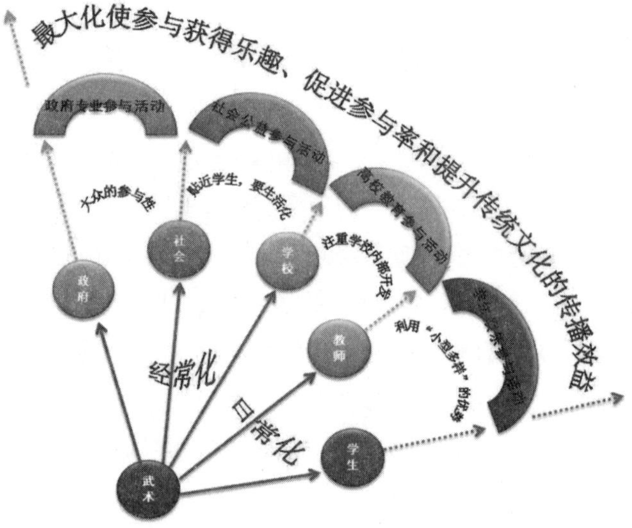

图 6–12　高校武术“多样化”组织形式表述图

基于以上论述，优化高校武术活动参与的组织形式，增强活动组织有效性，强化参与者的互动，努力为学生的武术参与提供个性化、多元化，甚至定制化的指导与帮助，以此最大化促使学生获得参与过程的体验乐趣，最终提升武术活动参与率及对传统文化的传播效益。

（四）从活动规则上看，突出“多元化”来“评价”参加者

课外武术参与活动表现出灵活性、开放性、兴趣性、综合性等特点，如果仅凭单一的竞技比赛规则模式，将无法起到全面激励学生的效果。高校武术教育活动参与的最大特点就是它的大众化，其本质目的在于提高参与度，但不同的武术活动，如教育部、教育厅等组织的专业活动，社会组织举办的公益活动，学校举办的教育活动，学生举办的娱乐活动等，其规则也具有一定的差异性。我们前文分析的高校武术教育活动参与主体及活动类型的多样性决定了不可能建立起在内容上“溶冶”所有活动规则于一炉、在结构上“潘德克吞式”的规则法典。因此，其活动规则就一定是多元化的，以此达成不同的活动目的。为此，本研究将通过宏观与微观两个层面进行“多元化”活动规则供给。

从宏观上，要制定多元主体管理的活动规则治理体系（具体见图 6-12）。首先，在强调多种主体参与状态下，明确责权及不同主体所承担的活动性质，充分发挥政府职能部门、社会公益组织，学校院系、学生等各自优势，制订不同性质的比赛规则，如：教育部或教育厅等官方组织所要制订的是专业规则体系，而各高校则制订具有教育性质的规则体系，社会组织则编制公益性质的规则体系，学生则编制娱乐性质的规则体系。这样各学校就能根据自身实际与全年（学期）总的各类文体活动指标开展丰富多彩、供绝大多数学生参加的课外武术活动，变过去课外武术活动规则的制订工作只靠学校体育部门提供，转变为政府、社会、院系、学生共同提供的活动规则供给体系。其次，基于普通高校大学生身体素质的参差不齐，为了鼓励更多人参与武术活动，应将各类武术参与活动分为大众或精英（有一定武术基础或体育特招学生等）组，就如同韩国庆南大学体育比赛中将体育系、警官系学生平均分到其他院系一样，即要坚持“课堂与课外、兴趣与技能、群体与竞赛、全面与分类”原则来制订各自活动参与规则，分类进行武

术活动参与规则评价。

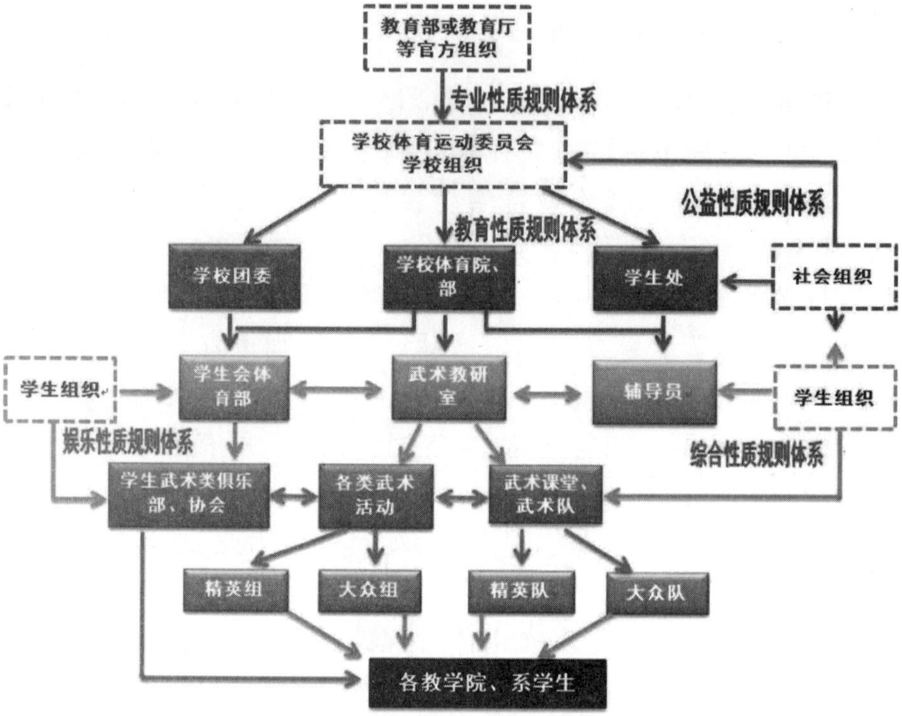

图 6–13　多主体参与的活动规则管理体系表述图

在微观上，要确定多元主体管理的活动规则制订原则。首先，从教育部或教育厅等官方组织来看，因其武术参与性质的相对专业化，它所要参与的对象都是一些武术基础比较好的学生，因此制订的武术规则体系要突出专业性，起到一种引领作用。因专业武术参与活动不是本研究所探讨的重点，为此这里不做详细分析。其次，再从社会的公益性质武术参与活动来看，通过公益表演、公益教学、健身指导等方式引导大学生通过武术进行社会实践与社会服务。因此，通过制订相应的激励规则对参与者公益精神进行肯定和褒扬，具体包括公益活动的认定规则、公益活动的物质奖励规则、大学生综合素质测评中德育测评规则、精神激励规则（如授予荣誉证书）等，让这些规则成为促进大学生通过武术有序参与公益活动的外在驱动力。第三，学校管理体系下的教育性质规则体系，这其中包括教师的课堂教学和学校组织相关的武术活动来达到育人与传承文化的目的。从学校大型武术活动与课堂上来说，一定要坚持武术教师的导向作用，把课堂“内外”的武术参与规则基础打牢，突出教育性、仪式性、文化性。比如可以规定学生穿传统的武术服饰予以加分、武术礼仪运用是否到位是评比的重要内容，而组织者和裁判员也应该进行良好的礼仪培训，所有的活动都要突出“以礼始，以礼终”（如图 6-13），并将此内容作为重要的评价依据，在同一个等级内，大家是公平竞争的，但仍要相互之间行礼以表示尊重，而且还要用敬礼的方式感谢观众、感谢裁判、感谢所有为此项工作而付出努力的人。整个参与活动本身是一场很好的教育展示会。同时，对于个人而言，通过这样的竞赛规则可以培育人的“君子之德”。

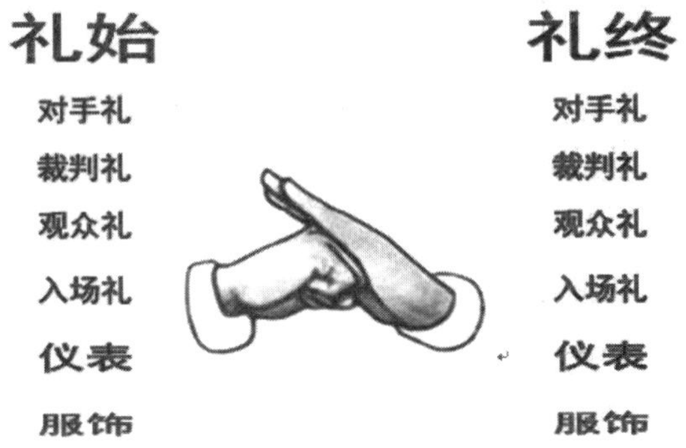

图 6-14　高校武术参与活动的礼仪规则

同时，还要着重强调课堂的教学、考核中要设置课外武术参与活动项目，学生在课上学习后，可直接参与比赛，即提前把规则制订好，来带动学生武术参与，起到一种引领、示范、辐射作用。例如，本研究所提出的综合化课程中的考试环节，就有 1 分钟鞭腿踢击沙包计数考核，我们可以利用此项内容创编竞赛规则，一分钟内从①到②循环往复的踢击沙包，一个位置每次只能踢击沙包 10 次，以一分钟所踢击个数来判定胜负（如图 6-14），这样的规则设计既有趣味性，也容易操作。以此类推，其他武术参与活动也可以进行相应规则创新。

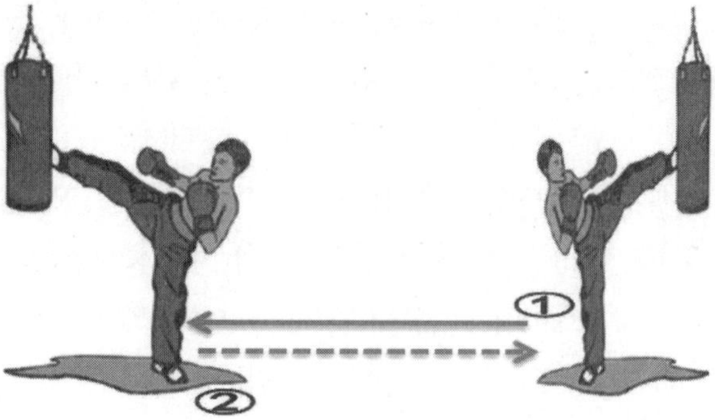

图 6-15　案例：鞭腿踢击沙包活动规则

第四，从学生娱乐性质活动规则的制订来看，要发挥学生的能动性，除了要创设条件让学生在学校内部自行组织活动外，还要引导学生与其他高校之间进行武术交流活动。因此，这就需要学生组织之间共同探讨相关活动规则，也可以邀请相关专家予以把关，只要符合“共同发展、共同进步”理念，都应予以支持，鼓励学生进行规则创新，这样能够扩大高校学生武术参与的自我提高，也将有力促进武术在高校的弘扬与发展，具体见图 6-15。

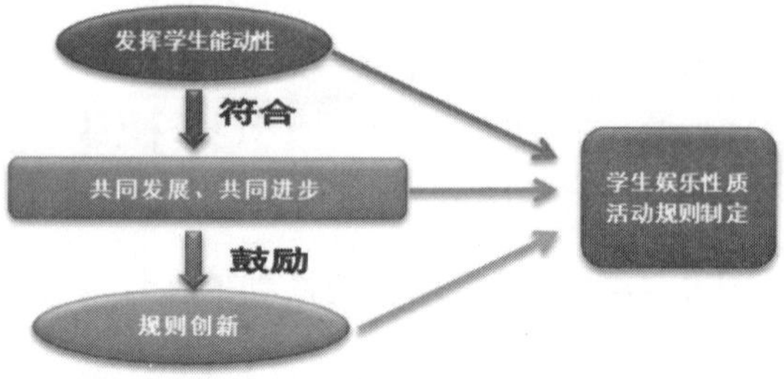

图 6-16　学生娱乐性质活动规则制订原则表述图

第五，从裁判员队伍构成来看，鉴于本研究提出的高校武术活动参与的大众化，比赛裁判也需要进行一些特殊设置，即多元化（见图 6-16）。为了更好的体现比赛公平性，专业性的比赛由专业裁判队伍组成，公益活动类、学生娱乐则完全自主选取。但学校教育类因其面向所有学生，是影响范围较广、持续时间较长、连续性较强的大型活动，则需要一些特殊化处理，除了比较直观的量化评分类由教师、学生负责外，所有表演性质的武术参与活动除了裁判员评分，另外还要设置评委打分，如裁判员由武术教师或邀请相关武术专家构成，评委则可由大学各教学院的书记或副书记构成（这样的设置就大大带动了各学院的动力，也是各学院荣誉的比拼）。裁判员评分占总分70%，评委评分占总分30%。

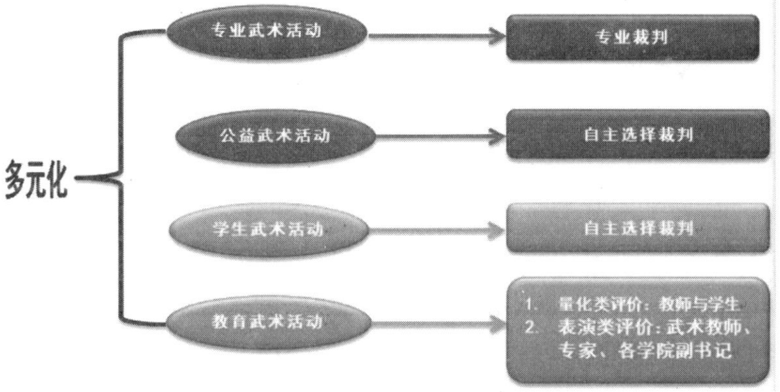

图 6–17　学生娱乐性质活动规则制订原则表述图

最后，无论何种性质的武术参与活动，都要保证其公正性，这也是维持武术活动参与正常进行的基本保障，而规则制订初衷也是为了确保武术参与活动开展的公平公正。例如，在学校总的教育性活动竞赛规则制订时，要召集体育部门专业教师、相关学生进行座谈，规则制订一定要听听他们的意见，切不可“想当然”“一言堂”。同时，还要避免异常频繁的“钟摆”式改革，不要造成武术活动参与规则的混乱局面，避免让教师、学生、裁判员等对这种动荡的武术参与活动规则无所适从，或出现僵化、封闭、独断的思维方式与规则生产模式。

【本章小结】

价值是表示人与各种对象之间需求和满足需求的关系[①]，或者说客体的存在、属性和变化同主体需要之间的关系[②]。价值定

① 宋希仁．伦理学大辞典 [K]. 长春：吉林人民出版社，1989：393.
② 刘建明．宣传舆论学大辞典 [K]. 北京：经济日报出版社，1993：528.

位，则可理解为将对象设定为满足人的何种需求。高校武术活动参与的价值体现是它的交流性、互动性、带动力及影响性。但综观中国高校武术活动参与供给发展情况，却呈现出竞技比赛“一枝独秀”的发展局面，进而出现“文化偏离”现象，这极大地限制与消弱了高校武术活动参与的价值体现，而核心需求的偏离又加剧了这一现象的产生。因此，本章所提出的中国高校武术参与价值呈现，正是将对象设定为最大化的满足与引领学生在身体、精神活动等方面的需求，区别于竞技式武术参与的单一化模式，而采取的是一种文化性、娱乐性、灵活性等多元化的参与模式。这也是本章节所提出的高校武术参与的价值定位，这一点至关重要。通过中外合璧的寻道之路，我们发现，无论是中国古代的射艺，还是国外其他民族的身体活动，“游戏—竞技—游戏”都是核心的活动参与路径，即竞技不是唯一性，而且通过“游戏与竞技”的创新，即“游戏中竞技，竞技中游戏”，在“玩”的过程中呈现具有教育价值的身体活动，这是一种人需求的最基本回应，并非出于社会需求而刻意地进行。因此，本章在回应学生最基本需求的同时，又将武术参与作为一种有效激励手段。通过提升武术参与文化、满足核心需求的武术参与内容，设置多元化、大众化的武术参与活动模式，使更多学生的武术锻炼得以展示，增强他们的自信心。同时也可为大多数学生提供训练反馈，提高其积极性。这种价值呈现符合人与各种对象之间需求和满足需求的关系。通过这种价值呈现，又进一步促进了更多的学生通过相关武术活动这个窗口来观察武术发展，了解武术内涵，以此超越当前高校开设武术只是为了武术学习与强身健体的狭小范围，真正实现课外武术活动参与是高校武术课程的补充和延续。

需要指出的是，本章所提出的这一高校武术活动参与体系既不是现有的竞技武术竞赛体系，也不是传统武术竞赛体系，而是专门为普通高校武术习练者构建的武术活动参与体系。活动参与内容是根据武术课程所要求掌握的技能素质和理论素质设定，并进行针对化延伸，以达到激励学生沿着正确的习武目标不断进步的目的。为了更快地实现这一目标，本章除了采取多途径的武术活动参与模式，还尝试构建了高校武术活动参与体系的联动管理机制，以实现让“大多数”学生都能够参加的战略目标，而不是只服务少数“精英”。

第七章　结　语

本研究系统梳理了高校武术教育服务供给优化的理论核心，并清晰勾勒从近代至现代高校武术教育在服务供给方面的变迁历程，发现其在历史变迁中不仅缺乏行之有效的理论指导，在实践中也饱受刚性调控的掣肘，以致在供给端产生了严重偏离，亟需在系统思维指导下，结合我国武术教育的历史与现实进行“顶层设计”和“系统改革”。基于此，本文详细研究了高校武术教育服务供给的制度设计，并科学架构了高校武术的课程与参与供给体系。依循上述研究路径，获得了一些有益结论：

一、基于新时代社会变革与机遇，本研究认为“供给创造需求”是高校武术教育服务供给优化的理论核心与研究的逻辑起点。同时引入社会治理理论，强调高校武术教育改革与管理的多元化、合作化、互动化。这源于我们要对高校武术教育历史性问题、现实性问题的深入考察，由此通过供给侧改革有效回应底层学生、教师的实际需要。同时，进一步反映高校武术教育改革的未来发展趋势，唯有提供供给质量，才是破解中国高校武术发展困境的核心与本质问题。

二、从近代至现代高校武术教育服务供给变迁历程中，我们发现从清朝光绪废除武举制到清末民初时期的民族危亡，国人认识到武术的重要性，倡导武术进入大学，以此重振国人的尚武精神来救国图存。但近代以来西方文化的进入，使中国出现“土洋之争”的社会思潮，而西方文化的强势发展，武术教育呈现出“西进东出”整体发展态势，并一直延续至今。因此，国人刻意改造武术并依附于西方体育而发展，由此武术制度、课程、参与等出现了供给偏离与水土不服。同时,本研究从近代至现代的武术教育历程与演进主线中,对中国学校武术教育服务供给轨迹展开了详细的理论探索,为高校武术教育研究提供了一定史料参照。

三、从顶层的制度设计上,本研究认为:一定要深入探索符合我国文化,建立以“学生为中心”为情感逻辑及适应社会发展程度的制度方式,并上升到国家高度来统筹规划。长期以来,尽管我国形成了较为完善的政策治理机制,但在高校武术这一领域政策制订还不完备,多体现为学校体育层面,高校武术教育制度供给依附于体育政策层面之下,表述过于笼统,以致无法形成制度层面“纲举目张”的统领作用。在问题审视中,政治主宰、刚性不足、认同缺失、多头治理等原因造成制度供给效益难以实现。为此,从日本武道教育的成功之处进行了政策借鉴,本研究提出了从“多元共治”“刚柔相济”“武术认同”“扁平管理”四个方面对高校武术教育制度供给进行优化的路径与建议。

四、高校武术教育服务供给优化的根本所在是“课程体系如何高质量供给”,但当前武术“竞技化”形式又占据着高校武术教育的主流,这使得本研究在思考如何重构高校武术课程体系时显得异常艰难。因为,高校武术课程体系绝不是几个动作随心附会的杜撰与嫁接,它必须遵循武术学科特征,突出武术的本真性来选取其技术核心进行创编,而且创编时要结合学生需求与高校武术教育的学时规定,还要体现简单易练、上手容易、打练结合的原则,这些都是课程体系重构需要考虑的重重难题。为此,本研究提出了通过“学科复归:高校武术课程的目标定位”“人本回归:高校武术课程的结构样态”“贴合实际:高校武术课程的内容供给”“质量提升:高校武术课程的实施路径”“情感遵从:高校武术课程的评价效果”“能力提升:高校武术课程师资的供给”这6个部分来有效回应与解决上述难题。

五、高校武术教育服务供给优化的价值体现在学生的“武术参与度”。但综观中国高校武术活动参与供给的发展情况,却呈现出竞技比赛“一枝独秀”的发展局面,这就导致了学生武术参与需求无法得到最大化满足，其本质是一种“价值偏离”和“文化偏离”，这极大地限制与削弱了高校武术活动参与的价值体现。通过中外合璧的寻道之路，我们发现，无论中国古代的射艺，还是国外其他民族的身体活动，“游戏—竞技—游戏”都是核心的活动参与路径，即竞技不是唯一性，而且通过“游戏与竞技”的创新，即本研究所提出的“游戏中竞技，竞技中游戏”，在“玩”的过程中呈现具有教育价值的身体活动，这是一种人需求的最基本回应，而并非出于社会需求而刻意改造。因此，本研究所提出的中国高校武术参与价值呈现，正是将对象设定为最大化的满足与引领学生在身体、精神活动等方面的需求，采取一种文化性、娱乐性、灵活性等多元化参与模式来回应学生最基本需求，使更多学生的武术锻炼得以展示，最终体现高校武术教育服务供给优化的根本目的，这也是本研究提出的价值定位之所在。

诚然，尽管以“供给侧改革”为研究视角，为更进一步完善中国武术教育发展提供了可能，但它仍然会挂一漏万，存在许多不足。当前高校武术教育发展困境是中国传统文化在错综复杂且纵横交错的现代社会发展变迁的一种必然现象，以“供给侧”视角对其进行改革只是对高校武术教育改革这一历史难题的一种尝试，它指引我们不要停留于武术教育改革与发展的理论描述，而要深入探析理论描述背后的实质问题，即“供给质量不高”。当然，高校武术教育的供给侧改革是一个系统工程，我们不仅要关注其在武术制度、武术课程、武术参与的结构是否转型升级了、是否有特色、包装的是否具有现代气息等“大事”，还要考虑到学生、教师学起来、教起来是否方便、放心和顺心等“小事”。正如当前国人在搞改革时，往往重视“大事”而忽视“小事”，喊口号、做面子工程，吸引眼球，但心里却没有装着学生、装着教师等“小事”。正所谓“细节决定成败”，如果高校武术还是“固步自封”“不思进取”，不为底层着想，武术也必将与学生们、教师们“渐行渐远”。作为一名高校武术教师和武术科研人员，希望本次研究既是一种对武术事业未来发展认知的新起点，也是为未来高校武术教育改革,建立多元化、个性化、多样化的供给体系,增加“优质武术教学”的有效供给,获得大学生重新认知武术、参与武术的新契机,以引导广大学生“武术”的学习回流。

附录（访谈提纲、调查问卷）

附件一：

专家访谈提纲

访谈对象：武术专家、体育教育专家

访谈目的：了解他们对目前高校武术教育发展的看法与意见，拓宽自己的研究思路，获得相应的指导建议。

1. 您认为高校武术教育与学校体育教育的关系是怎么样的？

2. 在目前的社会环境下，您认为高校武术教育最主要的功能与价值是什么？

3. 您认为目前的高校武术教育开展的如何？有哪些需要亟待改进的地方？

4. 您对我国学校武术课程的性质如何理解？

5. 您对当前的武术课程目标的评价、武术课程的首要目标如何界定？依据是什么？

6. 请问武术课程内容的选择依据有哪些？武术课程内容的主次程度该如何区分？

7. 请问不同年级、学段的武术课程内容特点，以及该教授学生的武术技术的多少、程度如何确定？

8. 您认为当前武术课程存在的最大问题在哪里？尤其是实

施过程最重要的环节在哪里?

9. 您对学校领导不重视武术课程的现象如何理解?

10. 您认为当前高校武术课程评价存在的主要问题是什么?您有什么好的意见制订相关评价内容和标准吗?

11. 您对高校武术教育供给侧改革有何建议,或者说以供给侧改革这个视角研究武术是否可行?

12. 您对本研究选题、内容、过程等方面有什么建议?

访谈对象：________

访谈时间：________

访谈地点：________

附件二：

《高校武术教育现状》调查问卷(教师)

亲爱的老师：

您好！

我是教育部人文社科基金青年项目“供给侧改革背景下学校武术教育供需错位与调配路径研究”（18YJC890044）课题组,因研究需要,现对课题中涉及的高校武术教育相关改革问题进行调研。作为高校武术教育的实施者和参与者,您的意见或建议对本研究有着重要参考价值,期冀能在百忙之中抽空对此问卷表达出您的真实观点与看法,并将其填入此表。对于您的帮助,本人表示衷心感谢！

课题主持人：王稳

1. 您的基本情况(请直接选择或填写)：

（1）您的性别：______

[A]男

[B]女

（2）您的年龄：________

[A]25 岁及以下

[B]26—35 岁

[C]36—45 岁

[D]46—55 岁

[E]56 岁及以上

（3）教龄：______

[A]5 年及以下

[B]6—10 年

[C]11—15 年

[D]16—20 年

[E]21—25 年

[F]26—30 年

[G]31 年及以上

（4）您的职称：______

[A]助教

[B]讲师

[C]副教授

[D]教授

（5）您所教年级为____，您本学期教的班数为____；平均每班学生数为___。

（6）您的学历：___

[A]本科

[B]硕士研究生

[C]博士研究生

（7）您的学位：___

[A]学士

[B]硕士

[C]博士

（8）您毕业的学校：__________所学专业：__________

（9）您擅长的武术项目：__________

2. 您对自身教师职业的喜爱程度：___

[A]非常喜欢

[B]比较喜欢

[C]无所谓

[D]不喜欢

3. 在武术课程实施的过程中，教师是课程实施主体的核心，您对此看法是：______

[A]认可

[B]不认可

[C]不确定

4. 您是否参加过相关武术课程的业务进修与培训？___

[A]是

[B]否

5. 您所在的学校是否开设了武术课程？___

[A]是（选择此项请继续回答下面问题）

[B]否（选择此项，调查结束）

6. 您所在学校的武术课程内容主要是由谁决定的（单项选择）：___

[A]教育主管部门的规定

[B]校领导

[C]教务处（科）

[D]体育管理人员

[E]体育教师

[F]其他（请写明）___

7. 您所使用的武术教材版本为（请填写教材名称与出版社）：__________

8. 您所教授的武术课程内容包括（请写明）：__________

9. 除武术课程内容之外，您还教授过哪些体育内容（请写

明）：________

10. 在您的武术课程中，给学生介绍过武术文化或传统知识吗？

［A］有 ［B］没有

11. 如有介绍过武术文化或传统知识，请简单介绍一下你是如何植入教学的：

____

____

12. 您认为武术课程内容应具备以下哪些特性（多选题）：＿

［A］教育性

［B］文化性

［C］娱乐性

［D］身体活动性

［E］健身性

［F］技击性

［G］其他（请写下您的看法）：________

13. 您是否赞同“以满足学生的兴趣为主要原则”的观点？（单项选择）：＿＿

［A］非常赞同

［B］比较赞同

［C］一般

［D］不赞同

［E］很不赞同

14. 当前高校武术课程内容存在诸多问题，您认为有哪些？＿

［A］内容过于复杂，学生无法掌握

［B］套路技术太多

［C］偏竞技化

［D］课程太过陈旧，不适应社会发展

［E］课程内容重复，缺乏系统性

［F］教学内容安排过多，不能系统学习武术技术

[G]内容设置与课程目标的对应性不明确

[H]内容设置与具体实施存在差距

[I]忽略了学生的需求,忽视了学科发展

[J]补充：________________________________

15. 您认为学校武术课程内容应该(单项选择)：_____

[A]越丰富越好,只要是学生喜欢的都可以作为武术课内容

[B]精选教学内容,让学生在有限的时间内真正掌握武术技术

[C]以技击为主,以套路为辅

[D]不开设套路,只开设技击

[E]无所谓,只要让学生活动起来就行

16. 贵校武术课程学时安排是(单项选择)：_____

[A]1 学时 / 周

[B]2 学时 / 周

[C]3 学时 / 周

[D]4 学时 / 周

17. 通常一次武术课,所教授的学生平均人数为(单项选择)：

[A]30 以下

[B]31—40

[C]41—50

[D]51 以上

18. 您认为影响教师实施武术课程的主要原因是(多选题)：

[A]学校领导不重视、支持不够 [B]自身的技术、技能水平

[C]学校武术器材、设备等资源缺乏；

[D]观念更新不够,不能很好地理解相关文件精神；

[E]没有一个教学与研究团队,缺乏教学研究环境；

[F]缺乏学习进修机会,不能及时补充新兴项目技术、技能；

[G]安全因素；

[H]空间因素(如场地)；

[I]时间因素(如教学时数不足)

[J]其他：_________

其中排在前三位的是：

19. 贵校开展的武术活动有哪些(多选题)：

[A]武术协会活动

[B]武术俱乐部活动

[C]武术队

[D]各种形式的武术竞赛

[E]校际武术交流

[F]社会武术参与

20. 您认为对学校武术课程的评价应该从哪些方面进行？（可多选）____

[A]课程理念

[B]教学内容

[C]教学方法

[D]教学组织

[E]教学效果

[F]教材选择

[G]课堂气氛

[G]课程目标

[H]课程方案

[I]课程实施

[J]课程组织

[K]竞赛成绩

21. 请您就目前学校武术课程的目标、内容、实施以及评价发表您的观点，并对本课题提出建议。

____

____

问卷到此结束，对您的帮助再次表示感谢！

附件三：

《高校武术教育现状》调查问卷（学生）

亲爱的同学：

您好！

我是教育部人文社科基金青年项目“供给侧改革背景下学校武术教育供需错位与调配路径研究”（18YJC890044）课题组，因研究需要，现对课题中涉及的高校武术教育相关改革问题进行调研。学生群体的学习期望是高校武术教育服务供给优化研究重点内容之一，因此通过此调查问卷了解同学们对武术需求的真实情况和同学们对当前武术课程的看法和感受。作为高校武术教育最直接的参与者，同学们的看法和感受是高校武术教育改革的最重要基点。因此，同学们的意见和看法对本研究的意义重大。问卷的答案无对错之分，贵在真实、客观。对于同学们的热情帮助，本人表示衷心感谢！

课题主持人：王稳

1. 学校：______

2. 性别：______

[A]男

[B]女

3. 年级：______

4. 您是否上过武术课或参与过与武术相关的活动：___

[A]是

[B]否

5. 您是否喜欢武术：___

[A]是

[B]否

6. 通过学习了解传统文化意义___

[A]是

[B]否

7. 通过武术学习了解与掌握健康知识___

[A]是

[B]否

8. 通过武术学习和同学建立良好关系___

[A]是

[B]否

9. 通过武术学习希望找到个人的兴趣爱好___

[A]是

[B]否

10. 通过武术学习为了体育考试___

[A]是

[B]否

11. 通过武术学习形成吃苦耐劳的品质___

[A]是

[B]否

12. 通过武术学习赢得同学关注___

[A]是

[B]否

13. 通过武术学习表现自己的运动天赋___

[A]是

[B]否

14. 你所在学校武术课程学时安排是___

[A]1 学时 / 周

[B]2 学时 / 周

[C]3 学时 / 周

[D]4 学时 / 周

15. 在上一个学期中，武术课程被其他课程占用次数是（单项选择）

[A]不存在

[B]1–3 次 / 学期

[C]4–6 次 / 学期

[D]7–9 次 / 学期

16. 所在学校的武术课程是____（单项选择）

[A]以套路学习为主

[B]以格斗学习为主

[C]以健身气功为主

[D]套路、格斗、健身气功皆有涉猎

17. 你最喜欢的项目是____（单项选择）

[A]武术套路

[B]武术格斗

[C]武术健身气功

18. 你对武术教师教学的满意程度____（单项选择）

[A]非常满意

[B]比较满意

[C]无所谓

[D]不满意

[E]很不满意

19. 除学校课堂武术教学外，你还参加过下列哪些活动：（多选题）

[A]武术协会活动

[B]武术俱乐部活动

[C]武术队

[D]各种形式的武术竞赛

[E]校际武术交流

[F]社会武术参与

20. 了解武术的途径有____（多选题）
[A]电影电视
[B]网络媒体
[C]武侠小说
[D]朋友
[E]武馆武校
[F]各类武术表演
21. 当前哪些因素影响你参加武术课学习：____（多选题）
[A]内容陈旧，不适应社会发展
[B]教师业务不强，技术示范不专业；
[C]教学内容过多，不能系统学习运动技术；
[D]武术学习环境差，缺乏场地、器材设施；
[E]学校不重视，可有可无；
[F]教学目标不清楚，不知道每节课要达到什么目的；
[G]教学方法单一；
[H]补充：________________________________
22. 你对学校武术课程的满意程度：____（单项选择）
[A]非常满意
[B]比较满意
[C]无所谓
[D]不满意
[E]很不满意
23. 能否谈谈您对武术课程以及武术教师的建议：

____

____

问卷到此结束，对同学们的帮助再次表示感谢！

参考文献

书籍类

[1] 维加雷洛著 . 从古老的游戏到体育表演：一个神话的诞生 [M]. 乔咪加译 . 北京：中国人民大学出版社，2006.

[2] 于志钧 . 中国传统武术史 [M]. 北京：中国人民大学出版社，2009.

[3] 中共中央马克思恩格斯列宁斯大林著作编译局 .《马克思恩格斯选集》第 21 卷 [M]. 北京：人民出版社，1965.

[4] 刘树林 . 产业经济学 [M]. 北京：清华大学出版社，2012.

[5] 克罗齐耶 . 法令不能改变社会 [M]. 上海：上海人民出版社，2007：231–232.

[6] 中共中央马克思恩格斯列宁斯大林著作编译局 .《马克思恩格斯文集》第 1 卷 [M]. 北京：人民出版社，2009.

[7] 扈中平，刘朝晖 . 挑战与应答：20 世纪的教育目的观 [M]. 济南：山东教育出版社，1996.

[8] 罗时铭 . 中国体育通史（第三卷）[M]. 北京：人民体育出版社，2008.

[9] 周伟良 . 中国武术史 [M]. 北京：高等教育出版社，2003.

[10] 徐才，张文广，周西宽等 . 中国武术史 [M]. 北京：人民体育出版社，1996.

[11] 邱丕相等 . 中国武术教程 [M]. 北京：人民体育出版社，2004.

[12] 国家体委体育文史工作委员会编 . 中国近代体育史 [M]. 北京：北京体育学院出版社，1985：203.

[13] 牛犇 . 抗战时期陪都体育史料 [M]. 重庆：重庆出版社，1989.

[14] 郭玉成 . 中国武术与国家形象 [M]. 北京：高等教育出版社，2013.

[15] 郑旭旭，袁镇澜 . 从术至道——近现代日本武术发展轨迹 [M]. 厦门：厦门大学出版社，2011.

[16] 邱丕相 . 中国武术文化散论 [M]. 上海：上海人民出版社，2007.

[17] 钟启泉 . 课程论 [M]. 北京：教育科学出版社，2007.

[18] 邱丕相等 . 武术文化传承与教育研究 [M]. 北京：高等教育出版社，2011.

[19] 辛格霍夫著 . 刘永强译 . 我们为什么需要仪式 [M]. 北京：人民大学出版社，2009.

[20] 崔乐泉 . 中国体育通史（第一卷）[M]. 北京：人民体育出版社，2008.

[21] 乔晓光 . 活态文化 [M]. 太原：山西人民出版社，2004.

[22] 宋希仁 . 伦理学大辞典 [K]. 长春：吉林人民出版社，1989.

[23] 刘建明 . 宣传舆论学大辞典 [K]. 北京：经济日报出版社，1993.

[24] 王智慧 . 尚武精神的消逝：社会变迁下的民族传统体育文化记忆与传承 [M]. 北京：北京体育大学出版社，2018.

[25] 国家体委武术研究院编纂：中国武术史 [M]. 北京：人民体育出版社，1997.

[26] 托马斯 · 库恩 . 科学革命的结构 [M]. 金吾伦，胡新和译 . 北京：北京大学出版社，2012.

[27] 梁启超 . 中国历史研究法补编 [M]. 北京：中华书局出版社，2010.

[28] 林伯源 . 中国武术史 [M]. 北京：北京体育大学出版社，1994.

[29] 联合国教科文组织 . 学会生存 [M]. 华东师范大学比较教育研究所译 . 北京：教育科学出版社，1996.

期刊论文类

[1] 刘祖辉 . 武术热及其文化价值论 [J]. 武汉体育学院学报，2014，48（2）.

[2] 武冬，吕韶钧 . 高等学校武术课程体系改革研究 [J]. 北京体育大学学报，2013，36（03）.

[3] 王稳 . 错位与平衡：学校武术教育发展的供给侧探析 [J]. 中国学校体育（高等教育），2018，5（11）.

[4] 邱丕相，王国志 . 当代武术教育改革的几点思考 [J]. 体育学刊，2006（02）.

[5] 温搏，王旭景，石牙牙 . "文化空间" 视野下的高校武术文化传承研究 [J]. 首都体育学院学报，2016，28（03）.

[6] 胡鞍钢，周绍杰，任皓 . 供给侧结构性改革——适应和引领中国经济新常态 [J]. 清华大学学报（哲学社会科学版），2016，31（02）.

[7] 顾明远 . 学习和解读《国家中长期教育改革和发展规划纲要（2010–2020）》[J]. 高等教育研究，2010，31（7）.

[8] 任波 . 中国体育产业结构的形成机理、演进逻辑与优化策略 [J]. 沈阳体育学院学报，2018，37（04）.

[9] 晨钟 . "文献资料法" 管窥 [J]. 体育科学，2006（03）.

[10] 任波等 . 中国体育产业结构的形塑逻辑与供给侧改革路径 [J]. 天津体育学院学报，2019（1）.

[11] 雷震 . 从社会学的角度审视体育制度的构成要素与功能 [J]. 北京体育大学学报，2005（06）.

[12] 李彬彬，符明秋 . 家庭影响青少年体育参与的研究进展

[J]. 成都体育学院学报,2004（01）.

[13] 张康之 . 论主体多元化条件下的社会治理 [J]. 中国人民大学学报,2014,28（02）.

[14] 李卓嘉,雷学会,王岗 . 学校武术教育务实推进的路径选择 [J]. 北京体育大学学报,2016,39（09）.

[15] 王小鹏,梁同福,王会儒 . 通识教育视域下的高校武术教育探索 [J]. 运动,2016（17）.

[16] 丛灿日,付冬梅 . 中国高校体育工作失范的归因及应对——《高等学校体育工作基本标准》引发的思考 [J]. 体育学刊,2015,22（06）.

[17] 汤立许 . 建国 60 年来学校武术教育发展的嬗变与走向研究 [J]. 西安体育学院学报,2010,27（04）.

[18] 郎勇春,张文涛,李伟艳 . 当代学校武术教育的失范与矫治 [J]. 上海体育学院学报,2011,35（03）.

[19] 王建华等 . 普通高校武术公共课教学现状及发展对策研究 [J]. 沈阳体育学院学报,2004（02）.

[20] 陈琳,王智慧,陈盈 . 学校武术教学内容及思想的演进与启示 [J]. 体育与科学,2010,31（05）.

[21] 王智慧 . 传统学武程序与现实教武现象悖论探析 [J]. 体育与科学,2007（04）.

[22] 赖锦松,余卫平 . 高校武术运动实施俱乐部一体化改革的思考 [J]. 湛江师范学院学报,2005（03）.

[23] 汤攀,谭明义 . 普通高校课外武术活动的研究 [J]. 合肥学院学报(自然科学版),2007（03）.

[24] 温搏等 ."文化空间"视野下的高校武术文化传承研究 [J]. 首都体育学院学报,2016,28（03）.

[25] 于颖,陈文文 . 智慧课堂教学模式的进阶式发展探析 [J]. 中国电化教育,2018（11）.

[26] 赵光圣,戴国斌 . 中国学校武术教育现实困境与改革路径选择 [J]. 上海体育学院学报,2014,38（01）.

[27] 余胜泉，汪晓凤．“互联网 +”时代的教育供给转型与变革 [J]. 开放教育研究，2017，23（1）.

[28] 张继生等．身体、情境、认知：武术教学的具身性及其哲学探索 [J]. 武汉体育学院学报，2017，51（1）.

[29] 季浏，马德浩．新时代中国学校体育改革与发展 [J]. 体育科学，2019，39（03）.

[30] 王稳，蒋德龙，李晓华．“互联网 +”时代学校武术教育供给体系构建研究——基于供给侧改革理论视角 [J]. 沈阳体育学院学报，2019，38（05）.

[31] 王岗，李世宏．学校武术教育发展的现状、问题与思考 [J]. 成都体育学院学报，2011，37（05）.

[32] 褚宏启．教育治理：以共治求善治 [J]. 教育研究，2014，35（10）.

[33] 杨建营．普通学校武术教育改革理念探析 [J]. 沈阳体育学院学报，2016，35（04）.

[34] 张峰，赵光圣．学校武术教学改革的实践路径 [J]. 上海体育学院学报，2015，39（1）.

[35] 杨建营，邱丕相．现代化发展对武术造成的消极影响研究 [J]. 武汉体育学院学报，2010，44（5）.

[36] 杨宝雷．高校公共体育武术课供给体系创新研究 [J]. 商丘师范学院学报，2017，33（06）.

[37] 钟秉林，方芳．一流本科教育是“双一流”建设的重要内涵 [J]. 中国大学教学，2016（04）.

[38] 郭磊等．高校公共体育教学中的供给侧改革研究 [J]. 西安体育学院学报，2018，35（04）.

[39] 周光礼．“双一流”建设中的学术突破——论大学学科、专业、课程一体化建设 [J]. 教育研究，2016，37（05）.

[40] 耿银贵，肖坤鹏，杨勇．大学体育素质教育供给侧改革研究 [J]. 体育文化导刊，2017（02）.

[41] 周志雄，朱俊玲．中国高等体育院校教育发展的战略研

究——中国高等体育院校教育与人才市场的理论探索和实证分析 [J]. 北京体育大学学报，2002（04）.

[42] 刘亮，付志华 . 全面深化体育改革的哲学审视、理念创新与策略选择 [J]. 南京体育学院学报（社会科学版），2016，30（03）.

[43] 范铜钢等 . 大国崛起与武术公共服务体系架构 [J]. 南京体育学院学报（社会科学版），2012，26（02）.

[44] 王竹立等 . 智能手机与“互联网 +”课堂——信息技术与教学整合的新思维、新路径 [J]. 远程教育杂志，2015，33（4）.

[45] 勾学玲 . 浅析质性研究方法 [J]. 学理论，2012（33）.

[46] 顾明远 . 学习和解读《国家中长期教育改革和发展规划纲要（2010–2020）》[J]. 高等教育研究，2010，31（07）.

[47] 贾康，苏京春 . 探析“供给侧”经济学派所经历的两轮“否定之否定”——对“供给侧”学派的评价、学理启示及立足于中国的研讨展望 [J]. 财政研究，2014（08）.

[48] 贾康，徐林，李万寿，姚余栋，黄剑辉，刘培林，李宏瑾 . 新供给经济学理论基础的比较与分析 [J]. 现代产业经济，2013（05）.

[49] 胡鞍钢，周绍杰，任皓 . 供给侧结构性改革——适应和引领中国经济新常态 [J]. 清华大学学报（哲学社会科学版），2016，31（02）.

[50] 刘元春 . 论供给侧结构性改革的理论基础 [J]. 理论导报，2016（03）.

[51] 张为杰，李少林 . 经济新常态下中国的供给侧结构性改革：理论、现实与政策 [J]. 当代经济管理，2016，38（04）.

[52] 吴宝元，丁雨 . 新时代社会主要矛盾转化背景下体育与娱乐融合发展研究 [J]. 广州体育学院学报，2018，38（03）.

[53] 康戈武等 .《中国武术段位制系列教程》的学校教学指导方案研究 [J]. 武汉体育学院学报，2014，48（10）.

[54] 洪浩，田文波 . 现代化进程中武术教育新理念与体系重构 [J]. 武汉体育学院学报，2013，47（11）.

[55] 姜静静 . 中国体育服务业转型升级：机遇、挑战与路径

[J]. 西安体育学院学报,2018,35(02).

[56] 杨建营,王家宏 . 三种武术教育改革思想辨析 [J]. 武汉体育学院学报,2015,49(08).

[57] 余胜泉,汪晓凤 . “互联网 +”时代的教育供给转型与变革 [J]. 开放教育研究,2017,23(01).

[58] 邓凤莲,杨辉 . 中国近代学校体育课程与教学沿革回望 [J]. 教学与管理,2008(27).

[59] 汪海波 . 论科学技术的历史发展 [J]. 中国浦东干部学院学报,2015,9(06).

[60] 房保俊 . 百年中国大学理念的变迁及启示 [J]. 现代大学教育,2010(01).

[61] 吉灿忠,孙庆祝 . 民国《大中小学国术课程标准》及其当代启示 [J]. 上海体育学院学报,2016,40(02).

[62] 林向阳 . 全球化背景下中国当代体育发展的质疑与思考 [J]. 体育文化导刊,2004(03).

[63] 刘帅兵 . 民国时期体育议决案对武术教育发展的影响 [J]. 体育科学,2017,37(10).

[64] 王智慧,蔡宝忠 . 对我国近现代学校武术内容及活动变迁过程的研究 [J]. 北京体育大学学报,2004(10).

[65] 王华倬 . 论我国近现代中小学体育课程的发展演变及其历史经验 [J]. 北京体育大学学报,2005(07).

[66] 高小军 . 国家体育总局武术研究院工作报告(2008 ~ 2011)[J]. 中华武术(研究),2012,1(01).

[67] 杜舒书,张银行 . 中国武术教育的近现代转型研究 [J]. 西安体育学院学报,2016,33(06).

[68] 易剑东 . 民国时期武术竞技述论 [J]. 成都体育学院学报,1995(03).

[69] 邓先海 . 清末湖北新军的营兵运动会 [J]. 体育文史,1995(03).

[70] 易剑东 . 中国武术百年历程回顾——面向 21 世纪的中

国武术 [J]. 体育文史,1998（01）.

[71] 王岗,田桂菊 . 中国武术：20 世纪的传统流失与当代的回归及振兴 [J]. 北京体育大学学报,2007（09）.

[72] 张应强 . 论传统文化与高等教育改革 [J]. 高等教育研究,1996（03）.

[73] 杨文轩 . 论中国当代学校体育改革价值取向的转换——从增强体质到全面发展 [J]. 体育学刊,2016,23（06）.

[74] 王岗,李世宏 . 学校武术教育发展的现状、问题与思考 [J]. 成都体育学院学报,2011,37（05）.

[75] 刘海峰,李木洲 . 教育部直属高校应分布至所有省区 [J]. 高等教育研究,2012,33（12）.

[76] 刘文武 . 论“本体与人本统一”的武术发展理念 [J]. 武汉体育学院学报,2017,51（03）.

[77] 郭玉成 . 传统武术在当代社会的传承与发展 [J]. 上海体育学院学报,2008（02）.

[78] 金玉柱,王岗 . 主体性阐释：中国武术发展的自在路径与必然选择 [J]. 武汉体育学院学报,2017,51（04）.

[79] 王岗,邱丕相 . 重构中国武术教育体系的理论研究 [J]. 上海体育学院学报,2008（03）.

[80] 侯志涛,黄银华,金宁 . 近代武术发展之启示 [J]. 山东体育科技,2017,39（02）.

[81] 郭玉成,郭玉亭 . 当代武术教育的文化定位 [J]. 武汉体育学院学报,2009,43（06）.

[82] 洪浩,田文波 . 现代化进程中武术教育新理念与体系重构 [J]. 武汉体育学院学报,2013,47（11）.

[83] 潘冬 . 中日文化交流视域下的日本武道现代化转型及其启示 [J]. 暨南学报(哲学社会科学版),2016,38（07）.

[84] 孙喜和,李柏 . 武道必修化过程中的教育投资研究——兼谈对我国武术教学的启示 [J]. 体育与科学,2013,34（02）.

[85] 王允武等 . “自治”理论及其中国实践 [J]. 西南民族学

院学报(哲学社会科学版),2002（07）.

[86] 王名等 . 社会共治：多元主体共同治理的实践探索与制度创新 [J]. 中国行政管理,2014（12）.

[87] 吗凤岐 . 政治教育学 [J]. 北京：人民教育出版社,2007：60.

[88] 王晓晨,吉灿忠 . 日本武道近现代转型中对技击的处理及启示 [J]. 山东体育学院学报,2014,30（01）.

[89] 王岗,邱丕相 . 中国武术：尴尬的境遇与发展的新策略 [J]. 体育与科学,2006（04）.

[90] 黄璐 . 国际体育组织自治问题审视——以奥林匹克善治改革为背景 [J]. 天津体育学院学报,2016,31（01）.

[91] 赖天德 . 认真抓好学生每天一小时体育锻炼 促进中央 7 号文件的全面落实 [J]. 中国学校体育,2008（05）.

[92] 雷军蓉,巩子天胤 . 中国武术本体走向的迷失与价值变迁 [J]. 北京体育大学学报,2014,37（06）.

[93] 蒋国勇 . 社会认同视野下乡村档案文化建设的长效机制研究 [J]. 浙江师范大学学报(社会科学版),2013,38（06）.

[94] 李友梅 . 重塑转型期的社会认同 [J]. 社会学研究,2007（02）.

[95] 褚宏启 . 教育治理：以共治求善治 [J]. 教育研究,2014,35（10）.

[96] 陆小黑,唐美彦 . 中国武术侠义精神历史变迁的理论诠释 [J]. 沈阳体育学院学报,2016,35（05）.

[97] 季浏 . 论面向学生的中国体育与健康新课程 [J]. 体育科学,2013,33（11）.

[98] 王岗等 . 重构学校武术教育体系必须强化“文化意识”[J]. 体育学刊,2009,16（12）.

[99] 杨建营,等 . 学校武术的定位及其教育体系的构建 [J]. 山东体育学院学报,2008（09）.

[100] 邱丕相,杨建营 . 武术套路教学改革的新思路 [J]. 体育

学刊,2007(07).

[101] 郭玉成,邱丕相. 高等院校民族传统体育学专业的历史使命 [J]. 博击(武术科学),2006(02).

[102] 王军伟,王震. 中国武术的文化使命及实现路径 [J]. 体育文化导刊,2018(09).

[103] 王岗,韩金清,侯连奎. 中国武术"立德树人"的价值取向:求真向善尚美 [J]. 体育学刊,2018,25(06).

[104] 蔡仲林,施鲜丽. 学校武术教学改革的指导思想——淡化套路、突出方法、强调应用 [J]. 上海体育学院学报,2007(01).

[105] 武冬,吕韶钧. 高等学校武术课程体系改革研究 [J]. 北京体育大学学报,2013,36(03).

[106] 赵光圣,戴国斌. 我国学校武术教育现实困境与改革路径选择——写在"全国学校体育武术项目联盟"成立之际 [J]. 上海体育学院学报,2014,38(01).

[107] 陈天霞等. 高校体育教学实施课内外一体化改革的思考 [J]. 广州体育学院学报,2001(03).

[108] 郭琼珠等. 普通高校体育课程中民族传统体育内容改革的现状调查研究 [J]. 北京体育大学学报,2006(02).

[109] 常继斋,张云龙. 民间传统武术在普通高校推广的可行性研究 [J]. 运动,2010(11).

[110] 陈健,马拴平. 高校武术教学中传统文化的缺失及对策研究 [J]. 福建体育科技,2017,36(02).

[111] 张宇峰等. 普通高校体育课"课内外一体化"俱乐部教学模式实证研究 [J]. 哈尔滨体育学院学报,2013,31(04).

[112] 易剑东,谢军. 中国武术百年历程回顾——面向 21 世纪的中国武术 [J]. 体育文史,1998(05).

[113] 马廉祯. 论现实视角下的近代"土洋体育之争"[J]. 体育科学,2011,31(02).

[114] 张恒波等. 学校武术百年发展的文化本位缺失及重构 [J]. 成都体育学院学报,2019,45(03).

[115] 李春木 . 新版专业目录调整视野下“武术与民族传统体育”专业人才培养现状与思索 [J]. 南京体育学院学报(社会科学版),2013,27(02).

[116] 申国卿 .“文化强省”视域下的中原高校武术教育发展战略研究 [J]. 山东体育学院学报,2011,27(11).

[117] 陈根福等 . 普通高校武术方向硕士研究生教育与培养之研究 [J]. 苏州大学学报(自然科学版),2009,25(02).

[118] 于修涛 . 武术硕士研究生培养现状与对策研究 [J]. 搏击(武术科学),2014,11(12).

[119] 王登峰 . 教育中的体育和体育中的教育 [J]. 体育科学,2017,37(12).

[120] 王文辉 . 高校武术普修课教学中存在的几个问题 [J]. 六安师专学报,1998(01).

[121] 杨建英,杨建营,徐亚奎 . 学校武术教育的发展轨迹探析 [J]. 北京体育大学学报,2017,40(07).

[122] 王稳 . 从“暴力景象”到“本质溯源”——《孔乙已》尚武精神缺失研究 [J]. 吉林化工学院学报,2019,36(04).

[123] 金玉柱,王岗,张再林 . 中国武术：一种身体的文化修行——基于身体哲学的视角 [J]. 北京体育大学学报,2017,40(04).

[124] 郭玉成 . 传统武术在当代社会的传承与发展 [J]. 上海体育学院学报,2008(02).

[125] 冯宪光,傅其林 . 审美人类学的形成及其在中国的现状与出路 [J]. 广西民族学院学报(哲学社会科学版),2004(05).

[126] 原军义 . 论跆拳道礼仪 [J]. 体育文化导刊,2015(12).

[127] 汪正毅等 .21 世纪我国高校体育教学改革方向研究 [J]. 北京体育大学学报,2002(02).

[128] 刘文武 . 武术教学与体育项目教学的区别 [J]. 北京体育大学学报,2015,38(10).

[129] 刘文武,岳庆利 . 武术师资培养问题反思 [J]. 北京体育

大学学报，2018，41（03）.

[130] 郁中秀，严军．当今世界高师教育发展趋势研究 [J]. 上海师范大学学报（哲学社会科学版），1989（02）.

[131] 贺文瑾，石伟平．我国职教师资队伍专业化建设的问题与对策 [J]. 教育发展研究，2005（19）.

[132] 刘文武，杜杰，胡海旭．学校武术教育——定位、现状、对策 [J]. 武汉体育学院学报，2015，49（09）.

[133] 张磊，孙有平，季浏，董翠香．范式及其反思：我国高校体教专业术科教学改革研究 20 年 [J]. 武汉体育学院学报，2014，48（07）.

[134] 李富刚，涂琳琳，季浏．对学校武术教学内容的反思 [J]. 西安体育学院学报，2014，31（05）.

[135] 杜亚丽，陈旭远．透视生态课堂的基本因素及特征 [J]. 教育理论与实践，2009，29（19）.

[136] 杨帅．大学生对传统武术的兴趣、参与动机与程度的调查与分析——以沧州师范学院非武术专项学生为例 [J]. 中国学校体育（高等教育），2017，4（02）.

[137] 李硕豪，魏昌廷．高校课改警示：对存在主义课程观的现代审视 [J]. 河北师范大学学报（教育科学版），2011，13（06）.

[138] 阳洪波．对高校体育教育专业武术必修课教材改革思考 [J]. 西昌师范高等专科学校学报，1999（04）.

[139] 季浏．我国《普通高中体育与健康课程标准（2017 年版）》解读 [J]. 体育科学，2018，38（02）.

[140] 胡庆山，郭敏，王健．我国体育课程实施研究评析 [J]. 北京体育大学学报，2012，35（02）.

[141] 杨干．体育竞赛中虚假现象产生的原因与体育伦理道德建设 [J]. 南京体育学院学报（自然科学版），2004（02）.

[142] 周生旺，张翠梅，王海滨．武术发展的困惑、突破与抉择 [J]. 体育成人教育学刊，2017，33（01）.

[143] 刘海元，袁国英．关于开展阳光体育运动若干问题的探

讨 [J]. 体育学刊,2007（08）.

[144] 郭瑞芃等 . 中外青少年体质健康测评体系对比研究 [J]. 中国体育科技,2019,55（06）.

[145] 刘海元,袁国英 . 关于开展阳光体育运动若干问题的探讨 [J]. 体育学刊,2007（08）.

[146] 谢琴,吴佑年 . 大学生身体自尊与体育锻炼参与的研究 [J]. 广州体育学院学报,2002（05）.

[147] 吉洪林,李烁 . 武术教育改革视角下学校武术竞赛路径选择 [J]. 山东体育学院学报,2017,33（03）.

[148] 孙健等 . 武术套路竞赛规则的演变对比赛评判客观性的影响 [J]. 体育学刊,2009,16（02）.

[149] 王铁新,常乃军 . 我国民俗体育研究综述 [J]. 体育文化导刊,2009（10）.

[150] 贺幸辉 . 奥运会 · 虚拟时代 · 人类庆典方式：里约奥运会启示录——《体育与科学》学术工作坊“里约奥运会主题沙龙”综述 [J]. 体育与科学,2016,37（05）.

[151] 蒋德龙 . 体育人类学研究对象的认识过程、特征及其发展趋势 [J]. 体育学刊,2015（3）.

[152] 尹国昌,涂传飞,钞群英 . 当前我国民俗体育文化发展存在的问题及其对策 [J]. 南昌大学学报(人文社会科学版),2007（05）.

[153] 阎彬,马学智 . 文化视野中的武术热：历史回溯与现实观照 [J]. 北京体育大学学报,2016,39（02）.

[154] 张波,姚颂平 . 中国古代体育竞赛的历史文化研究——以先秦射礼竞赛为例 [J]. 体育科学,2014,34（03）.

[155] 周正宏,王智慧 . 中国武术文化主观影响力水平的实证研究——基于不同区域群体的个案调查 [J]. 北京体育大学学报,2017,40（09）.

[156] 贾燕,崔运坤 . 城市化背景下泰安市武术文化状况分析 [J]. 搏击(武术科学),2011,8（11）.

[157] 吉灿忠，邱丕相，闻一鸣．传统武术“文化空间”委顿与雄起 [J]. 武汉体育学院学报，2011，45（09）.

[158] 岳庆利等．非武术专业大学生武术认知的研究 [J]. 北京体育大学学报，2005（07）.

[159] 张士昌．现代大学文化力的培育与管理 [J]. 国家教育行政学院学报，2012（11）.

[160] 张京祥，邹军，吴启焰，陈小卉．论都市圈地域空间的组织 [J]. 城市规划，2001（05）.

[161] 叶欣，陈绍军．高等体育教育供给侧结构性改革的发展理念与策略研究 [J]. 武汉体育学院学报，2017，51（07）.

[162] Gill, Kash. Make martial arts part of the school day[J]. *Education Journal*，2015，(236)：7–8.

[163] Winkle, Jason M., ozmun, John C. Mmartial arts：An Exciting Addition to the Physical Education Curriculum [J].*The Journal of Physical Education, Recreation & Dance*，2003，74（4）：28–29.

[164] Albert Dalia. Fighting Heroes：The Core Values of the Xia Tradition in Early China[J]. *Loumal of Asian Martial Arts*，2011，20（3）：9–21.

[165] Sallis, J. F . Environmental Influences on Physical Activity：Applying Ecological Models[J].*NASPSPA Conference Abstracts, Journal of Sport&exercise Psychology*, 2000, S1.

[166] Aarnio. M . , Winter, T . , Kujala, U . M . , et al . Familial Aggregation of Leisure Time Physical Activity：A Three Generation Study[J]. *International Journal of Sport Medicine*，1997（18）.

学位论文类

[1] 崔艳艳．中国普通高校体育教学环境研究 [D]. 石家庄：

河北师范大学,2012.

[2] 李慧敏 . 广西本科院校武术隐性课程现状及对策研究 [D]. 桂林:广西师范大学,2018.

[3] 赵世杰 . 网络教育技术在高校体育教学中的应用研究 [D]. 广州:华南师范大学,2005.

[4] 汤万松 . 人本关怀下的体育课程改革研究 [D]. 长沙:湖南师范大学,2016.

[5] 黄睿 . 跨学科视野下中国高校体育科研创新能力研究 [D]. 福州:福建师范大学,2013.

[6] 张波 . 古代中国和希腊体育竞赛历史文化研究 [D]. 上海:上海体育学院,2013.

[7] 唐智芳 . 文化视域下的对外汉语教学研究 [D]. 长沙:湖南师范大学,2012.

[8] 周虎生 . 武术赛事综合效益研究 [D]. 武汉:武汉体育学院,2014.

[9] 吉洪林 . 学校武术竞赛研究 [D]. 上海:上海体育学院,2015.

[10] 杨亮斌 . 建构主义视阈下中小学校武术课程研究 [D]. 上海:上海体育学院,2017.

[11] 杨帆 . 上海市高等师范类院校武术专业师资人才培养的现状调查与对策研究 [D]. 上海:华东师范大学,2013.

[12] 胡雅欢 . 运动训练专业课程体系的重构研究 [D]. 重庆:西南大学,2010.

[13] 马辉 . 河北省独立学院体育教育现状研究 [D]. 石家庄:河北师范大学,2012.

[14] 宋亚洲 . 普及与推广视域下大学生武术传习方案的实验研究 [D]. 石家庄:河北师范大学,2019.

[15] 邢秋皓 . 武术段位制在北京市普通高校推广研究 [D]. 北京:北京体育大学,2012.

[16] 陈浩 . 普通高校武术段位制推广模式研究 [D]. 开封:河

南大学,2016.

[17] 鱼宏映 . 新疆高校少数民族大学生武术课程开展现状与对策研究 [D]. 北京：北京体育大学,2011.

[18] 刘伟 . 深圳市高校武术教学现状与对策研究 [D]. 大连：辽宁师范大学,2014.

[19] 张峰 . 中小学武术教学改革探骊 [D]. 上海：上海体育学院,2015.

[20] 胡雅欢 . 运动训练专业课程体系的重构研究 [D]. 重庆：西南大学,2010.

[21] 任斌 . 漳州市高职院校体育教学现状及优化对策研究 [D]. 漳州：闽南师范大学,2014.

[22] 林向阳 . 普通高校体育教材设计与编写的理论探索 [D]. 福州：福建师范大学,2006.

[23] 韩白璐 . 近代日本中小学军事体育教育 [D]. 长春：东北师范大学,2016.

[24] 李想 . 近代日本道德教育及其与日本军国主义的关系研究 [D]. 北京：中国地质大学,2015.

[25] 韩璐 . 嘉纳治五郎武道思想研究 [D]. 太原：中北大学,2017.

[26] 本多雄治 . 清末民初日本武文化对中国影响 [D]. 广州：暨南大学,2006.

[27] 张璐 . 马克思主义公平正义观视域下新时代社会治理创新研究 [D]. 兰州：兰州大学,2019.

[28] 谢明远 . 制度变迁对我国民办武术学校教育发展的影响研究 [D]. 天津：天津体育学院,2018.

[29] 王华倬 . 论我国近现代中小学体育课程的发展演变及其历史经验 [D]. 北京：北京体育大学,2003.

[30] 张文鹏 . 中国学校体育政策的发展与改革研究 [D]. 武汉：华中师范大学,2015.

[31] 王德磊 . 中国武术现代流变历程及其规律探索 [D]. 武

汉：武汉体育学院，2009.

[32] 周新伟 . 历史教科书叙述研究 [D]. 漳州：闽南师范大学，2019.

[33] 王晓晨 . 学校武术教育百年变迁研究（1915–2015）[D]. 上海：上海体育学院，2017.

[34] 李晓影 . 新疆高等教育服务质量与学生满意度实证研究 [D]. 乌鲁木齐：新疆财经大学，2012.

[35] 刘敬严 . 基于服务营销视角的高等教育质量管理研究 [D]. 天津：天津大学，2009.

[36] 余智 . 从善政到善治的群众体育发展研究 [D]. 上海：上海体育学院，2015.

[37] 蔡蕊 . 公共体育服务视域下潍坊高校武术社团功能审视 [D]. 石家庄：河北师范大学，2018.

[38] 王飞 . 普通高校武术公共课教学改革与创新研究 [D]. 济南：山东师范大学，2007.

[39] 岳红丽 . 江苏省普通高校实施《全国普通高等学校体育课程教学指导纲要》现状调查与对策研究 [D]. 苏州：苏州大学，2012.

[40] 马文国 . 文化全球化背景下的武术教育与学校武术 [D]. 上海：上海体育学院，2008.

[41] 刘志红 . 学校体育教学评价体系构建与可操作性研究 [D]. 石家庄：河北师范大学，2007.

[42] 余智 . 从善政到善治的群众体育发展研究 [D]. 上海：上海体育学院，2015.

报纸类

[1] 陈静 . 中国还有人文版“四大发明”——陈炎教授访谈录 [N]. 中国社会科学报，2009–9–17，第 2 版 .

[2] 余闯 . 教育改革也要供给侧发力 [N]. 中国教育报，2016–

03-03（001）.

[3] 柳友荣 . 也应重视高等教育的“供给侧”改革 [N]. 中国教育报,2015-12-14（009）.

[4] 陈和 . 深化供给侧结构性改革 [N]. 经济日报,2017-11-14（010）.

[5] 全面深化课程改革落实立德树人根本任务 [N]. 中国教育报,2014-06-23（008）.

[6] 刘跃进 . 繁荣哲学社会科学再创中华文化辉煌 [N]. 文艺报,2016-06-08（002）.

[7] 本报评论员 . 坚定不移推进供给侧结构性改革 [N]. 人民日报,2016-12-19（001）.

[8] 习近平 . 决胜全面建成小康社会 夺取新时代中国特色社会主义伟大胜利 [N]. 人民日报,2017-10-28（001）.

网站类

[1] 全国教育事业发展统计公报 [EB/OL].[2019-08-22].. http：//www.moe.gov.cn/jyb_sjzl/sjzl_fztjgb/

[2] 课程 [EB/OL].[2020-03-16].https：//baike.baidu.com/item/%E8%AF%BE%E7%A8%8B/3314872？ fr=aladdin

[3] 中华人民共和国高等教育法 [EB/OL].https：//baike.baidu.com/ item/ 中华人民共和国高等教育法 /2342685？ fr=aladdin

[4] 毛泽东 . 中国新民主主义青年团第二次全国代表大会 [N]. 人民日报 [EB/OL]. 人民网授权发布 http：//www.people.com.cn/GB/historic/0817/1953.html

论文集类

[1] 徐一冰 . 整顿全国学校体育上 [C]. 国家体委体育文史工作委员会、全国体总文史资料编辑委员会 . 北京：人民体育出版

社,1992.

文件类

[1] 教育部办公厅 . 全国普通高等学校体育课程教学指导纲要 [Z]. 教体卫艺 [2002]13 号 .